职业院校学生人文社科通识课教材

历 史

主　审　张梅芳
主　编　林建华　张忠超
编　者　胡晓彤　朱　沛　曹　荣
　　　　李　文　赵敏俊

苏州大学出版社
Soochow University Press

图书在版编目(CIP)数据

历史／林建华，张忠超主编. —苏州：苏州大学出版社，2014.6(2022.7重印)
ISBN 978-7-5672-0891-9

Ⅰ.①历… Ⅱ.①林… ②张… Ⅲ.①世界史—高等职业教育—教材 Ⅳ.①K1

中国版本图书馆 CIP 数据核字(2014)第 113394 号

历 史

林建华　张忠超　主编

责任编辑　张　芳

苏州大学出版社出版发行
(地址：苏州市十梓街1号　邮编：215006)
常州市武进第三印刷有限公司印装
(地址：常州市武进区湟里镇村前街　邮编：213154)

开本 787 mm × 1 092 mm　1/16　印张 15.25　字数 317 千
2014 年 6 月第 1 版　2022 年 7 月第 31 次修订印刷
ISBN 978-7-5672-0891-9　定价：36.00 元

若有印装错误，本社负责调换
苏州大学出版社营销部　电话：0512-67481020
苏州大学出版社网址　http://www.sudapress.com
苏州大学出版社邮箱　sdcbs@suda.edu.cn

前　言

很多人一直有这样的误解,学习历史没什么用。

历史究竟是怎样一种学问？民国大史学家吕思勉的回答是:历史就是研究人类社会的沿革来认识其变迁、进化之间的因果关系。要想明白事情的因果关系,需要经验;一个人的经验有限,这就需要借助于各个时代的记载;记载就是历史。我们这里所学的历史仅指人类社会的发展历程,它有两个特点:一是主要指过去的事;二是必须是真实的。

中国之所以能成为四大文明古国中唯一一个历史至今不曾中断的国家,其本质原因就在于我们的文化一直传承至今。当一个外国人比中国人还熟悉中国历史的时候,这是中国人的悲哀;当大多数国人都不了解本国历史的时候,这是国家的悲哀。这是学习历史的一个重要意义。学习历史的另一个现实意义是使人明智。历史蕴藏着丰富的生活经验和思想资源,可以提高人的素质,提升人的修养,增长人的智慧,我想这一点是毋庸置疑的。多学一点历史知识,对自己的为人处世、素质发展和能力提高都是非常必要的,无论你今后从事何种职业。英国文豪莎士比亚就曾说过,历史在每一个人的生活中。

说了这么多并不是要大家以后去研究历史,而是说作为一个学生,起码要了解和掌握基本的历史知识。本书尝试从最基本的历史常识做起,以普及知识为指导思想,汇聚历史的点滴。内容安排上具体分为两个部分:中国历史部分以时间为轴,以历史上的重大事件和人物为血肉,再现古代的王朝兴衰、近代的民族抗争、现代的曲折探索;世界历史部分以空间为轴,分区域简要介绍各文明古国的兴衰和取得的成就,重点阐述对近现代世界产生重大影响的欧洲,力图呈现给大家一部人类文明史。

本书的特点表现在:一是针对职业院校学生的特点,不过分追求学科的系统性,强调可读性、趣味性和普及性;二是图文并茂,融历史知识介绍于日常的阅读中,利于拓展学生的知识广度与维度;三是以"知识拓展""知识链接""推荐阅读书目"等形式插入尽可能多的延展性知识,帮助学生丰富知识面,开阔视野,提高知识储备。

在本书的编写过程中参考并借鉴了有关资料,在此谨向原作者致以敬意与感谢。由于时间紧促,未及一一联络,敬请谅解。

书中难免存在疏漏和不妥之处,望读者批评指正。

编者

第一部分　中国历史

第一章　原始社会时期
- 第一节　神话是历史的母亲 ……003
- 第二节　神话背后的真实 ……005
  - 知识拓展：神话与现实 ……007
- 第三节　三皇五帝文明起 ……008
  - 知识拓展：人文初祖 ……012

第二章　夏商与西周时期
- 第一节　夏朝的统治 ……013
- 第二节　商的兴亡与西周建立 ……015
  - 知识拓展：夏商的政治制度 ……018
- 第三节　周天子的天下 ……018
- 第四节　青铜铸造的文明 ……020

第三章　东周时期
- 第一节　西周灭亡和东周建立 ……023
  - 知识拓展："春秋""战国"名称的来历 ……024
- 第二节　春秋争霸战争 ……025
- 第三节　战国纷争和社会变革 ……028
  - 知识拓展：春秋战国时期经济的发展 ……030
- 第四节　春秋战国时期的文化 ……031
  - 知识拓展：百家争鸣的历史背景 ……034

第四章　秦汉时期

第一节　秦统一中国 ……… 035
  知识拓展：秦始皇 ……… 038
第二节　秦末农民大起义 ……… 039
第三节　西汉的建立 ……… 041
  知识拓展：刘邦斩白蛇 ……… 042
第四节　汉武帝巩固大一统王朝 ……… 042
第五节　东汉的兴衰 ……… 044
  知识拓展：两汉的赋税制度 ……… 045
第六节　沟通中外文明的"丝绸之路" ……… 046

第五章　三国两晋南北朝时期

第一节　三国鼎立 ……… 048
  知识拓展：曹操 ……… 050
第二节　西晋的短暂统一和北方各民族的内迁 ……… 050
第三节　东晋南朝时期江南地区的开发 ……… 052
  知识拓展：玄学 ……… 054
第四节　北魏政治和北方民族大交融 ……… 054
第五节　魏晋南北朝的科技与文化 ……… 056
  知识拓展：南朝四百八十寺 ……… 059

第六章　隋唐时期

第一节　隋朝的积淀 ……… 060
  知识拓展：隋炀帝的暴政 ……… 062
第二节　大唐盛世的开创 ……… 062
  知识拓展：开元盛世 ……… 064
第三节　盛唐的自豪 ……… 065
  知识拓展：隋唐时期的社会生活 ……… 068

第七章　五代十国与两宋时期

第一节　五代十国 ……… 069
  知识拓展：周世宗改革 ……… 072
第二节　北宋的建立与变法 ……… 073
  知识拓展：范仲淹与庆历新政 ……… 077

第三节　南宋的兴衰 …………………………………… 077
　　☞ 知识拓展：两宋时期皇权及制度 ………………… 082

第八章　蒙元时期

第一节　蒙古崛起与征战 ……………………………… 083
第二节　元朝的统治 …………………………………… 088
　　☞ 知识拓展：回族的形成 ……………………………… 091

第九章　明清时期

第一节　明朝的统治 …………………………………… 092
　　☞ 知识拓展：靖难之役 ………………………………… 104
第二节　清朝封建专制统治的空前强化 ……………… 104
　　☞ 知识拓展：金瓶掣签制度 …………………………… 111

第十章　晚清民国时期

第一节　两次鸦片战争 ………………………………… 112
　　☞ 知识拓展：鸦片的危害 ……………………………… 116
第二节　太平天国运动 ………………………………… 116
　　☞ 知识拓展：《资政新篇》 …………………………… 119
第三节　洋务运动 ……………………………………… 119
　　☞ 知识拓展：轮船招商局 ……………………………… 121
第四节　戊戌变法 ……………………………………… 121
　　☞ 知识拓展：京师大学堂 ……………………………… 123
第五节　民主革命 ……………………………………… 124
　　☞ 知识拓展：中国同盟会 ……………………………… 126
第六节　北洋军阀的统治 ……………………………… 126
　　☞ 知识拓展：北洋军阀 ………………………………… 127

第十一章　新民主主义革命和社会主义建设时期

第一节　民主与科学 …………………………………… 129
　　☞ 知识拓展：巴黎和会 ………………………………… 132
第二节　建国大业 ……………………………………… 132
　　☞ 知识拓展：七七事变 ………………………………… 135
第三节　新中国的成立和社会主义制度的建立 ……… 135
　　☞ 知识拓展：抗美援朝 ………………………………… 137

第四节　社会主义建设在探索中曲折发展 ……………… 137
　　☞ 知识拓展：中国共产党第八次全国代表大会 ………… 140
第五节　崛起之路 …………………………………………… 140
第六节　复兴之路 …………………………………………… 144
　　☞ 知识拓展："一国两制" ………………………………… 144

第二部分　世界历史

第十二章　古老的文明
第一节　尼罗河的孕育——古代埃及 ……………………… 149
　　☞ 知识拓展：古埃及象形文字 …………………………… 155
第二节　美索不达米亚的珍珠——古代巴比伦 …………… 155
　　☞ 知识拓展：犹太人的兴衰 ……………………………… 160
第三节　印度河的生机——古代印度 ……………………… 160
　　☞ 知识拓展：阿育王 ……………………………………… 165
第四节　欧洲的先觉者——古代希腊、罗马 ……………… 165
　　☞ 知识拓展：希波战争 …………………………………… 174

第十三章　中古时代的世界
第一节　中古时期的西欧——基督教参与下的政治分裂 … 176
　　☞ 知识拓展：查理曼帝国分裂 …………………………… 181
第二节　中古时期的美洲——神秘而独特的美洲文明 …… 181
　　☞ 知识拓展：特奥蒂瓦坎古城遗址 ……………………… 185
第三节　中古时期的西亚——冉冉升起的新月 …………… 185
　　☞ 知识拓展：《古兰经》 …………………………………… 189

第十四章　活跃的西方——近代世界的跳动
第一节　大航海时代——世界隔绝状态的突破 …………… 190
　　☞ 知识拓展：拜占庭帝国 ………………………………… 194
第二节　文艺复兴——冲破黑暗的力量 …………………… 194
　　☞ 知识拓展：文艺复兴的巅峰人物及其代表作 ………… 197
第三节　宗教改革——上帝在哪里 ………………………… 197
　　☞ 知识拓展：三十年战争 ………………………………… 199
第四节　制度的变革——商品引发的革命 ………………… 199
　　☞ 知识拓展：日本明治维新 ……………………………… 203

第五节　启蒙运动——我们需要光明 …………………… 203
　☞ 知识拓展：百科全书派 ……………………………… 205
第六节　殖民去吧——西欧列强的海外扩张 …………… 206
　☞ 知识拓展："无敌舰队"之战 ………………………… 208
第七节　工业革命——机器转动的时代 ………………… 208
　☞ 知识拓展：万国博览会 ……………………………… 212

第十五章　战争与和平——面向未来的世界

第一节　巴尔干火药桶——第一次世界大战 …………… 213
　☞ 知识拓展：矛盾重重的欧洲 ………………………… 217
第二节　震撼世界的革命——苏维埃的胜利 …………… 217
　☞ 知识拓展：阿芙乐尔号 ……………………………… 220
第三节　为正义而战——第二次世界大战 ……………… 220
　☞ 知识拓展：诺曼底登陆 ……………………………… 226
第四节　非直接武装对抗——冷战 ……………………… 226
　☞ 知识拓展：冷战过程及其重大事件 ………………… 228
第五节　多股力量的崛起——世界多极化 ……………… 228
　☞ 知识拓展："一带一路"倡议 ………………………… 231
第六节　科技浪潮——快速发展的世界 ………………… 232
　☞ 知识拓展：克隆羊多利 ……………………………… 234

第一部分

中国历史

原始社会时期

学习目标与要求：

1. 了解中国开天辟地的神话故事；
2. 知道史前时期中国境内有代表性的文化遗存；
3. 了解炎黄时期社会特点；
4. 知道中国是世界四大文明古国之一。

建议教学时数

2 课时

第一节　神话是历史的母亲

一、神话的诞生

中华民族是一个历史悠久的民族，文字记载的历史就有 5000 多年，那么没有文字记载以前的华夏大地又是什么样子呢？受好奇心驱使，人类总想对自己的前世今生寻根问底，千万年前我们的祖先就开始用有限而简单的认知探索这个深邃无比的问题：世界从何而来？人又从何而来？为了寻找答案，他们努力探索，历史在这破碎声中拉开了帷幕！

人类最早的故事往往是从神话传说开始的。什么是神话？它单指神的故事吗？可别想得那么缥缈，实际上它挺有人气的。神话其实蕴含着人类原始时期的历史，也就是人类演化初期所发生的那些事，只不过因为早期人类认识水平较低，面对神奇的大自然，只能靠"神迹"来解释。

二、盘古开天辟地

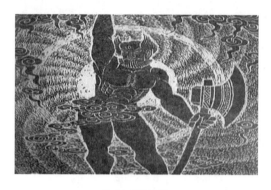

盘古开天辟地

在中国，流传最广的是盘古开天辟地的故事。万物之初，整个宇宙到处混沌一片，既分不清上下左右，也辨不出东西南北，整个世界就像一个中间有核的大鸡蛋。人类的祖先盘古便在其中孕育，酣睡了一万八千年。他醒来时周围一片黑暗，他什么都看不见。于是，他决定舒展一下筋骨，捅破这个大鸡蛋。他拔下自己的一颗牙齿，把它变成威力巨大的神斧，抡起来用力向周围劈砍，大鸡蛋破裂开来，沉浮成两部分：轻而清者不断上升，变成了天；重而浊者不断下降，变成了地。盘古怕天地还要合拢，便头顶天脚踏地，如同擎天巨柱屹立于天地之间。他的头在天为神，脚在地为圣，天每日升高一丈，地每日增厚一丈，盘古每日生长一丈。如此一日九变，又经过了一万八千年，天变得极高，地变得极厚，盘古的身体也变得极长，足足有九万里。

盘古就这样撑着。在天地稳固之后，他长长地吐出一口气，微笑着倒了下去，与世长辞。就在这刹那间，他的左眼飞上天空变成了太阳，右眼飞上天空变成了月亮；他的头化作了东岳泰山（在山东），脚化作了西岳华山（在陕西），左臂化作了南岳衡山（在湖南），右臂化作了北岳恒山（在山西），腹部化作了中岳嵩山（在河南）；他的头发点缀于天空变成夜里的万点繁星；他的汗珠变成了地面的湖泊；他的血液变成了奔腾的江河；他的肌肉变成了土地；他的骨头、牙齿、骨髓变成了金属、珍珠和宝石；他呼出的气体变成了清风和云雾；他发出的声音变成了雷鸣。

盘古开天辟地后，世间有了阳光雨露，大地上有了江河湖海、草丛树木，甚至有了花鸟鱼虫，可仍旧没有生机，只因人类还没有诞生。

三、女娲造人

盘古的事业由女娲接手，她要为这凄冷的世界注入生机。她用手抓起地上的黄泥，和上水，照着自己的影子捏了起来。捏着捏着，捏成了一个小小的东西，模样与女娲差不多，也有五官七窍，双手两脚，捏好后往地上一放，居然活了，呱呱叫着，欢喜得直跳，她把这些小东西叫作"人"。人虽然很渺小，却是天神照着自己的模样造出来的，自然与别的生物不同，眉宇间流露出领导天地的气概。女娲见了，非常

女娲造人

满意,她想把世界变得热热闹闹,让世界到处都有她亲手造出来的人,于是不停地工作,捏了一个又一个。但是世界毕竟太大了,她工作了许久,双手都捏得麻木了,捏出的小人分布在大地上仍然太稀少。她想这样下去不行,就顺手从附近折下一条藤蔓,伸入泥潭,沾上泥浆向地上挥洒。结果点点泥浆变成一个个小人,与用手捏成的模样相似,这样一来速度就快多了。女娲见新方法奏了效,越洒越起劲,大地就到处有了人。

女娲在大地上造出许多人来,心中高兴,寂寞感一扫而空。她觉得很累了,要休息一下,到四处走走,看看那些人生活得怎样。一天,她走到一处,见人烟稀少,十分奇怪,俯身仔细察看,见地上躺着不少小人,动也不动,她用手拨弄,也不见动静,原来这是她最初造出来的小人,这时头发已白,寿终正寝了。女娲见了这一情形,心中暗暗着急,她想到自己辛辛苦苦造人,人却不断衰老死亡。这样下去,若要使世界上一直有人,就要不停地造人,这可不是办法。于是,女娲参照世上万物传宗接代的方法,让人类也男女交合,繁衍后代。因为人是仿神的生物,不能与禽兽等同,所以她又建立了婚姻制度,后世人就把女娲奉为"媒神"。女娲看到她的孩子们生活得很幸福,十分满意,便悄悄地离开了人间。她不以创造人类的功臣自居,而是把它归功于大自然。这位人类的母亲是那样伟大,又是如此谦逊,受到世世代代人们的爱戴,成为远古神龛上的尊者。

> **知识链接**
>
> 女娲,风姓,以其功高而充三皇,代伏羲而立。当其末年,诸侯有共工氏与祝融战。不胜而怒,头触不周山崩,天柱折,地维缺。女娲乃炼五色石以补天,断鳌足以立四极。
>
> ——《淮南子》

第二节 神话背后的真实

一、人类起源

两三百万年前,地球上出现了人类。当尼罗河流域文明、两河流域文明、印度河流域文明和爱琴文明相互竞争时,中华民族的祖先,也为人类文明的起源和多元发展增添了浓墨重彩的一笔。他们的足迹遍布中华大地的南北东西,丰富的文化遗存说明了中华文明产生的多元性。

随着科学的发展,人类文明从最初的蒙昧和无知中走出来。19世纪中期,英国博物学家达尔文发现了物种进化的规律,科学地揭示了人类的由来:人的祖先是类人猿通过

人类进化

创造性的劳动进化而来的,远古历史就是一部人类进化史。科学发现开始取代神话传说。

二、类人猿进化

最早的人类是怎样从猿类进化而来的呢?循着先人的脚印,我们找到了距今300万年的人类起点。考古发掘和古人类学的研究告诉我们,至少在这个时间点上地球上诞生了人类,要注意的是他们刚刚和猿类分开,跨入人类的门槛。简单地说,人类的祖先就是猿。那么,人类的直接祖先是谁呢?我们称其为腊玛古猿或南方古猿。腊玛古猿因环境所迫离开了森林,开始用后肢着地并支撑起整个身体,用前肢去采摘,久而久之便有了手与脚的分工,通过本能式的生存劳动,逐渐成为真正的人,当然在这一阶段只能称他们为"正在形成中的人"。南方古猿能够使用天然石块和木棒,经过百万年的辛劳终于制造了第一件工具,转变为"真正的人",结束了漫长的过渡阶段。

三、旧石器时代

工具对于人类来说无疑是关键性的一项创造,考古学家注意到这一特性,遂用工具对早期人类社会进行分期,从人类起源至农业出现以前称为"旧石器时代"(距今约300万年至距今约1万年),这一阶段的人类主要是通过采摘果实、狩猎或捕捞获取食物。当时,人们群居在山洞里或部分群居在树上,以一些植物的果实、坚果和根茎为食物,同时集体捕猎野兽、捕捞河湖中的鱼或蚌来维持生活。由于体质和智力水平的局限,当时人类使用的工具都是石制的,且其制作方法主要采用打制法,大体上分别相当于人类体质进化的能人和直立人阶段、早期智人阶段、晚期智人阶段,逐渐由猿人向现代人进化。非洲旧石器时代考古在世界上占有重要地位,这里不仅发现了迄今为止年代最早的人类化石和石器文化,而且它还是世界上已知的人类各发展阶段没有缺环、年代前后相继的地区。

四、中国早期原始人类的典型代表

值得注意的是,东亚地区同样也是人类的起源地。这一时期的考古发现遍布华夏,云南腊玛古猿化石和湖北南方古猿化石均距今约300万年,云南建始人遗迹距今250万~200万年,元谋人化石距今约170万年,陕西蓝田人化石距今约80万年。北京周口店发现的北京猿人化石最具考古价值,1927年,科学家在此发现了远古人类的两颗牙齿化石,轰动了整个世界。两年后,中国科学家裴文中在同一地点发现了北京猿人一个完整的头盖骨,随后又在猿人洞发现了3个北京猿人头盖骨化石。经过科学分析,北京猿人生活在距今四五十万年前,能够直立行走,除了使用石器之外还留下了用火的痕迹。由于生产力低下,北京猿人还是过着群居的生活。

大约距今3万年前,在中国境内发现人类进一步进化的遗迹,其因发现于山顶的洞穴中而被称为"山顶洞人",模样基本上与现代人一样,并且具有明显的黄种人特征。

他们采取打磨结合和钻孔技术，能制造出更为复杂的劳动工具，并能制作出丰富的装饰品，可见当时人们已经有了爱美的观念。这些装饰品不仅被人生前佩戴，而且还被作为陪葬品安放在人的尸体旁边，尸体周围被撒上一层赤铁矿粉，代表红色的血液，也许是希望死者能够再生吧。衣服也有了，一律皮草，用近80毫米长、火柴棍粗细的骨针来缝制。山顶洞人已懂得使用"火"，能够钻木取火。食用经火加工的食物更易于人体吸收，从而改善体质，延长寿命。同时火也可驱除寒冷、驱赶猛兽，使弱小的人类有安全的保障。山顶洞人的种种文化成就，是依靠由血缘组合的群体取得的，人类社会开始从原始人群时期进入氏族公社时期。

北京人举火追逐野兽

五、新石器时代

新石器时代"新"在哪儿呢？一是石器的制作技术更加成熟，以磨制石器为主，可穿孔，器形更加规范，一眼就能看出这是什么东西、有什么用处。二是随着气温变暖和自然环境的变化，人类走出深山和丛林，选择邻近水源的地方聚族而居，出现了原始种植业。典型的文化遗存有二：一北一南，涉及中国最重要的两条河流。首先是黄河中下游的仰韶文化，以农业为主，渔猎为辅，并且开始有意识地驯养猪、狗，肉食相对有保证。其次是长江中下游的河姆渡文化，农业以水稻为主，房舍采用干栏式建筑，分两层，底

山顶洞人复原像

层架空，上面住人，既可防蛇虫猛兽之害，又可防南方的潮湿，下面还可以养殖家禽家畜，一举多得。这两个遗存的考古成果，证明了中国是世界上农业产生最早的地区之一，古文献中也记载了神农氏种植五谷，教民稼穑。食物有保障，促进了文明的发展，中国古代神话中就有文明发展的传说，如嫘祖种桑养蚕、仓颉造字等。

知识拓展

神话与现实

第三节　三皇五帝文明起

一、三皇五帝

　　数量众多的上古文化遗存向人类揭示了那个时代先民的形象和生活场景，可惜没有直接的文字记载。在中国，直至商朝才有系统完整的甲骨文。人们要想上溯过往，尤其是文字还没有出现的时代，怎么办？除了对已发掘的文化遗址进行研究外，还可以从商朝以及后代人撰写的古籍中去追寻那段漫长历史的蛛丝马迹。要想了解历史，年代是很重要的。但是古人的时间观念不强，记述的事情都没有准确的年代，动不动就是一万八千年，也怪不得后人把它当神话故事来看。所以，读古代历史，尤其是上古历史只能根据事实来推断年代。而古人所说的事实，又要把它归到一个酋长或者半神半人的英雄人物身上，也就是那些传说中的杰出的帝王。

　　三皇五帝，是中国在夏朝以前出现在传说中的"帝王"。现在看来，他们都是部落首领，由于实力强大而成为部落联盟的领导者、上古杰出首领的代表。无论是按照神话传说，还是史书的记载，都认为三皇所处的年代早于五帝的年代。

三皇五帝

　　三皇是谁呢？有多个说法，可分为五个组合：
* 燧人、伏羲、神农
* 伏羲、女娲、神农
* 伏羲、祝融、神农
* 伏羲、神农、共工
* 伏羲、神农、黄帝

可以考证的是，燧人氏那个时候中国还处在渔猎时代，主要是教民熟食。人们只知其母，不知其父。饿了就找吃的，吃饱了就将多余的食物丢弃，还没有私有观念。到了伏羲的时候，人类社会进入了游牧时代。族群从山谷之中分散到各处平原，家族观念由此产生。从游牧时代逐步进入农业社会的原因是人口增多，大地的自然供给不够了，所以神农才教民农作。最后一种说法由于《尚书》的影响力而得到广泛流传，伏羲、神农、黄帝成为中国最古的三位帝王。此外，汉朝的纬书（汉代依托儒家经义宣扬符箓瑞应占验

> **知识链接**
>
> 原始社会生产力低下，人们对于许多自然现象不可能有科学的解释，因此他们把某种动物、植物或非生物等当作自己的亲属、祖先或保护神，相信它们有一种超自然力会保护自己，并且还可以获得它们的力量和技能，这类事物我们称为图腾。在原始人的眼里，图腾实际是一个被人格化的崇拜对象。

算命之书，相对于经书，称为纬书）中称三皇为天皇、地皇、人皇，是三位天神，书中记载鱼龙混杂，我们又不能穿越回去验证，以上五个组合随便选哪个都行。

五帝也有五个组合，不像"三皇"那么乱：

* 黄帝、颛顼、帝喾、尧、舜（《史记·五帝本纪》）
* 少昊、颛顼、帝喾、尧、舜（《尚书序》）
* 庖牺（伏羲）、神农、黄帝、尧、舜（《战国策》）
* 太昊（伏羲）、炎帝、黄帝、少昊、颛顼（《吕氏春秋》）
* 黄帝、少昊、颛顼、喾、尧（《资治通鉴外纪》）

因为民间求神拜佛的需要，第四种说法最为流行，意指东、西、南、北、中五个方位的天神，东方太昊，南方炎帝，西方少昊，北方颛顼，中央黄帝，这就好像青龙、白虎、朱雀、玄武四瑞兽的上下左右关系，坊间广为流传。不过，再多翻翻书籍，就会倾向于选择第一种，毕竟司马迁为写《史记》进行了实地考察，广泛收集资料，反复筛选，认真负责，其内容可信度更高。

总的来说，三皇五帝属中国上古时期，距今5000年左右，鲜有当时的文字实物资料流存，主要靠传说流传至今，因此这段历史对于后来的人们存在很多含糊不清之处。我们大致已知道：三皇时代是中华文明的萌芽期，正经历着母系氏族社会到父系氏族社会的演变。到五帝时代，已经是父系氏族社会，不过女子仍有较高的社会地位，嫘祖等女性人物在文明发展中也有很大的贡献。五帝时代文明是三皇时代文明的延续。以文字为例，传说伏羲创造八卦，而在黄帝时代仓颉造字；女娲、伏羲时代的龙崇拜，在炎黄时代进一步发展。传说炎帝是神农部落首领，也是各部落联盟的首领，天下共主。黄帝和伏羲部落有密切的传承关系，后来黄帝取代炎帝成为天子，为五帝之首，五帝以后即为夏、商、周时代。

二、炎黄与蚩尤

黄帝诞生

8000多年前的原始社会后期,华夏大地上散布着众多的部族,比较大的部族有黄河流域的姬姓部落,首领是黄帝,这个部落大约活动于陕西中部地区。还有一个以炎帝为首的姜姓部落,起源于黄土高原,之后迁到了山东地区,自称神农氏后裔,可能因为他们较早开始谷物种植的缘故吧。中原地区还有个华族,除此之外还有居住在东方的夷族、北方的狄族、西方的戎族和南方的蛮族。古史传说中的中国历史就从黄帝开始。

据古史记载,黄帝是有熊国的国君少典之子,姓公孙,因居于轩辕之丘,又称为轩辕氏。后来他继承了有熊国的王位。又因他以土德称王,土色为黄,故称为黄帝。农耕时代,人们的生活水平提高了,所以衣服、住居、器用、葬埋都比古人讲究,文化也自然进步了,所以就有了文字。人们过上了定居的生活,有了积蓄,于是就有了对其他部族的掠夺。这样部族之间的战争也就随之而起。这一时期是中国即将跨入文明的英雄时代,各个原始部族之间展开了血腥的兼并。

在炎帝时期,居住在今山东济水一带的九黎族部落兴起,首领名叫蚩尤。据说,他有81个弟兄,个个人面兽身,铜头铁额,不吃五谷,只吃石头,用金属制造兵器,把炎帝打得大败。炎帝

陕西省黄陵县黄帝庙大殿

只好去找实力更强的黄帝。此时,黄帝正想往东边扩展地盘,就和炎帝组成部落联盟,在涿鹿与蚩尤展开了一场大决战。

《史记》记载,涿鹿之战进行得非常激烈,双方都请来了神灵参战:在涿鹿郊野,两军摆开阵势大战。蚩尤布下百里大雾,三日三夜不散,致使兵士辨不清方向。黄帝便令风后造指南车,风后据之又演化出遁甲之法。蚩尤请风

征战蚩尤

伯、雨师纵风下雨，命应龙蓄水以攻黄帝。黄帝请来天女魃于东荒止雨，驱应龙至南极。最后，黄帝杀死了蚩尤，分尸葬于四处，使之不得完尸，但也抹不了蚩尤的威猛、勇敢，直到几千年后，刘邦在沛县起兵反秦时，还要祭祀蚩尤以鼓舞士气。

共同的敌人没有了，接下来的一幕是"天无二日"，炎黄两大部落在涿鹿附近的坂泉展开大战，接连打了三个回合，最后炎帝部落被打败，黄帝把他们并入自己的部落中。

这两战只能看作当时各部族融合的典型事件。

三、禅让制

由于远古时代生产力极为落后，人类必须依靠集体的力量，共同劳动、平均分配食物才能生存下去，因此，人们需要选举出贤能、公正的人当首领，以带领大家抵御外来的侵袭，进行生产劳动与平均分配食物。这种认知顽固地影响着人们，即使社会已经进入部落联盟时代，联盟首领或帝王让位给别人，也要由参加联盟的各部族的首领推举，这种方法称为"禅让制"。"禅让制"很民主，在位首领大公无私自愿推行，通过综合考察投票表决，以多数人的意见做出决定，继任者和现任者往往没有血缘关系。"禅让制"的第一实践者便是传说中的唐尧与虞舜。

帝舜画像

在黄帝之后的很长一段时间，尧出任部落联盟首领，年纪大了决定要确定继任者，以便尽早培养和训练。经各部族首领推举，舜成为尧的接班人。

为什么大家都会不约而同地推荐舜呢？那是经过一番考察的：舜的父亲糊涂透顶，舜的生母死得早，继母心肠歹毒，继母生的弟弟极其傲慢父亲却很宠爱他，这几个人联合起来几次想要谋害舜。舜能够屡次逃脱显示出他具有很高的智商，同时他又很大度，就当这些事没发生过，情商也很高，确实是人才。不过，尧觉得耳听做不得真，眼见才为实，就让自己的两个女儿娥皇、女英嫁给了舜以此来考察他。舜果然德才兼备，名实相符。舜被举荐后，先协助尧作为下手，随后代替尧执行联盟首领事务。尧见他为人正直，办事公道，刻苦耐劳，深得人心，便将首领的位置禅让给舜。舜一开始推辞不就，召集各部落要让位于尧的儿子丹朱。结果，各部落首领都去朝觐舜而不去见丹朱，大事需要决断都请命于舜，赞歌里的主角也都是舜而不是丹朱。这是天命所归，于是舜继任为部落联盟首领。

其后的夏禹也是这样，在舜年老的时候，就把位子让给了治水有功、众望所归的禹。

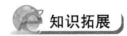

人文初祖

评述与思考

1. 火的使用对原始人类的生存和进化有什么作用？
2. 山顶洞人与北京人相比有哪些进步之处？
3. 河姆渡原始居民是怎样生活的？
4. 说说黄帝对中华文明有哪些贡献。
5. 什么是禅让制？为什么会实行这一体制？

第二章

夏商与西周时期

> **学习目标与要求：**
>
> 1. 了解夏、商、西周三代的政治更替；
> 2. 识记西周的分封制和宗法制的内容和特点，分析分封制和宗法制的作用和影响；
> 3. 了解青铜器的高超技艺，感受古代先人的智慧；
> 4. 掌握夏、商、西周政治制度的沿革、社会经济的发展和思想文化的繁荣。

建议教学时数

4 课时

第一节　夏朝的统治

一、夏朝的建立

世界许多古老的民族都流传着远古时期有关洪水的传说，中国也不例外。相传唐尧时期洪水滔天，泛滥成灾，四方部落的首领都推荐鲧来治理，采用筑坝挡水的方法，结果花了9年时间，适得其反，水灾越治越厉害了。舜继承尧担任部落联盟首领后，认为鲧治水不力而将其处死，任用鲧的儿子禹继续治水。禹聪明能干，汲取了父亲治水失败的教训，改堵为疏，四处考察制订方案，并动员了各部族的人民都来参加治水，自己也亲手拿起工具和他们一起开挖，禹在外治水十多年，三次过家门而不入，一心扑在治水上，终于将泛滥肆虐的洪水制服。此事反映了远古时代人们和自然界进行的艰苦斗争。人们为了表达对禹的感激之情，尊称他为"大禹"。相传，禹在治水时将全国划为9个地域，这就是中国也被称为"九州"的由来。

大禹治水的成功得到舜的赏识，舜把禹作为接班人来培养，让他代替自己处理联盟事物，当舜年老之时自觉让贤。不过，这种"禅让"制度并没有维持多久。

原始社会时期，一切大事由氏族部落共同讨论决定，氏族首领和军事首领由选举产生，没有任何强制手段，全靠风俗和威望，没有绝对的统治与被统治，最高首领只不过是部落事务的组织者与管理者。禅让制也就是在这样的大环境下才能推行。后来最高上级的称呼变了，不叫联盟首领而改称"王"。这从哪儿算起的呢？相传禹在位的时候，社会生产快速发展，财富逐渐增多，禹便发动了一场针对南方苗族的战争。我国的奴隶制度就是在氏族、部落间的联合兼并战争中发展建立起来的。制度变了，称谓也就变了，夏朝在此基础上建立。

对苗族的战争，禹这一方取得了巨大的胜利，禹就将战俘作为奴隶赏赐给战功显赫的人，以获取他们的忠心。禹的统治力不断增强，为了显示威严，他还时不时到各处去巡视，召集各方首领在指定时间到指定地点会盟。一次在淮河边的涂山举行了隆重的祭天祀土的仪式，表示禹受命于天，是天之子，从而掌管天下。1万多个部落带来朝贺的礼物同声称颂禹的功德，都表示愿臣服于夏，年年纳贡。禹成为名副其实的"天子"，自称"夏后"（"后"即"王"）。涂山之会是禹向天下四方宣告夏王朝建立的标志，中国第一个王朝就此诞生，时间大约是公元前2070年。

二、"家天下"的出现

数年后，禹为了巩固夏王朝的统治再次巡守，在江淮流域又开了次大会，比之前更加威严，赏有功、罚有罪，用军队、监狱这些氏族社会没有的东西巩固他的政权，又用德教的方式使各部族归顺。而江南古越人部落的一位酋长防风氏有独霸一方的野心，此次大会姗姗来迟。禹毅然将其处死，并曝尸三日，杀一儆百。各地诸侯见此情况，深知夏王朝的国威和夏天子的权威神圣不可冒犯。这充分说明，自禹开始，国家产生，王权出现。

禹本想继续禅让，准备由东夷首领伯益接手，但同时也给了自己儿子启很高的职位。伯益辅佐禹的时间很短，没有取得天下民众的拥护，而这时的启已经有了相当大的实力。伯益见势便主动放弃，建议由禹的儿子启来继承，禹就顺水推舟把王位传给了启。启即位之后兢兢业业，以天下为家，以家为天下。他认为既然王位是

大禹

戴冠冕的夏禹

父亲传给他的，他为何要传给外人而不传给自己的子孙？禅让制到此寿终正寝，演变为王位世袭制。后来的列祖列宗思想觉悟和启差不多，所以这个制度在中国就一直延续了4000多年。直到1912年2月12日宣统皇帝下诏退位，王位世袭制才算终结。这个王位世袭制的特点，简单来说就是家天下，具体来说就是王位更替采用父死子继或兄终弟及的方式。帝王的"家天下"从此创立。

三、夏桀的暴政

自禹、启之后，夏朝经历了470多年，最后一个王叫桀。他武艺超群，赤手空拳可以格杀虎豹，能把铁钩像拉面条一样随意弯曲拉直。如此勇武之人应该有能力成为一个英明的君王，遗憾的是，夏桀把所有的聪明才智都用在暴虐、享乐和瞎折腾上，为宠妃喜大兴土木，建造了一座很漂亮的宫殿，用美玉、石头砌出琼室、瑶台。宫殿修好后，夏桀就和喜住进琼室、瑶台，吃喝玩乐。老百姓被迫上缴大部分劳动成果，自己只能吃糠咽菜。

夏桀

大臣关龙逄看到这些现象，实在忍不住了，就手捧黄图，黄图上边绘制着祖先们的丰功伟绩，包括大禹治水的图像，跑来给夏桀看（因为当时没有文字，所以只好看图说话）。关龙逄说："希望您看了以后，能像大禹一样节俭，爱惜民力，效法先王，善待民众，停止胡作非为，得到天下诸侯的拥戴，久享国运。若是继续挥霍无度，任意杀人，亡国的日子就不远了。"夏桀听不进去，说："我是太阳，居天下之上，永远存在，谁敢反我？"关龙逄说："您知道吗？人们一听见您的太阳说就头疼，天天指着太阳咒骂：时日曷丧，予汝偕亡！说您这个太阳什么时候灭亡啊，我们都盼着呐，宁可我们也不活了，愿意与您同归于尽！"夏桀大怒，下令将黄图焚毁，对关龙逄说："你最好少干预我的事，否则你会死得很难看。"关龙逄还是喋喋不休，站在朝堂上轰也不走，夏桀就把他关进监狱。关龙逄在监狱里还是闹哄，寻死觅活，不依不饶。夏桀被他气坏了，将其斩首了事，然后警告朝臣们说："今后有再像关龙逄这样的人来进言，一律杀头。"于是言路断塞，贤臣绝迹。夏王朝已日薄西山。

第二节　商的兴亡与西周建立

一、商汤灭夏与商的建立

商部落的历史可以追溯到母系氏族公社时期。这个部落的始祖叫契。传说契的母亲简狄洗澡，忽然发现燕子下了个蛋，吃了以后便怀孕生契。所以古代有"天命玄鸟，降而生商"的传说。契长大后帮助大禹治水有功赐姓受封。传至商汤（又叫成汤），行仁

商汤

德之政，商族逐渐壮大。

与夏桀的大杀忠良不同，商汤求贤若渴，广为招罗人才，即使是出身奴隶的伊尹，也被其想尽办法招揽来，与贤臣仲虺为左右相。汤以亳（今河南商丘）为前进据点，积极治国，准备灭夏。他采用伊尹的计策，逐个攻灭夏的属国，孤立夏桀。当万事俱备时，商汤满怀信心地召开誓师大会说："不是晚辈我胆大妄为，举兵犯上，只因夏朝作恶多端，罪有应得啊！大家也都说夏朝有罪，我惧怕上天的威严，不能不去攻打它；夏桀如此暴政，现在我一定去征伐他。你们倘若辅助我，奉行上天的旨意，我会大大地赏赐你们。请你们不要怀疑，我是不会说假话的。你们倘若不听从我，我会严厉惩治你们和你们的家人。"

汤起兵后，双方在鸣条（今河南封丘东）决战，夏桀战败，逃到南巢（今安徽巢湖西南）后死去。汤和伊尹继续率军西进，彻底消灭夏王朝的残余势力，攻克夏都。汤和伊尹在夏都告祭天地以后就率军回到了亳。这时期商的声威已达于四方，各地的诸侯、方伯以及大大小小的氏族、部落的酋长们纷纷携带方物、贡品到亳来朝贺，表示臣服于汤。汤对前来朝贺的诸侯皆以礼相待，汤自己也只居于诸侯之位，表示谦逊。"于是诸侯毕服，汤乃践天子位"（《史记·殷本纪》）。也就是在"三千诸侯"的拥护下，汤做了天子，告祭于天，宣告了商王朝的建立。

商朝的王位继承主要是用兄终弟及这种方式，同母的弟兄依次都立尽了，就回转过来立长兄的儿子。王位几经传承，至汤的长孙太甲时，因其不事朝政、荒淫暴虐而被宰相伊尹放逐，直到太甲悔过自新，痛改前非。随后又有几波王位争夺战，皆因兄终弟及的王位继承方式导致王室的内斗日趋激烈造成了频繁迁都，一些方国部落也趁机进攻，这种情况直到盘庚迁殷才告结束。这些都为商朝的甲骨文所记载。迁殷后，盘庚实行汤的政策，减轻对民众的剥削，抑制贵族奢侈的恶习，自己也生活简朴，被称为中兴贤王。故商朝也称殷朝。

二、纣王的暴虐

纣王是商朝最后一位君王，他文武双全。他是父亲帝乙的第三个儿子，名为寿王，力大无比，据说可以手捉飞禽，奔逾猛兽，倒拖九头牛。有一次大家在朝堂上议事，忽然一阵怪风袭来，飞沙走石，大厅的大柱猛然折断，支撑房顶的大梁轰然落下，大家一阵慌乱。在这万分危急的时刻，只见寿王一个箭步冲上前去，犹如威武的天神，用一只右手牢牢托住重逾千钧的大梁，大声喝道："慌什么！卫士何在？"宫廷守卫连忙答应。"你们去找一根柱子来！"过了良久，几十名卫士才费力抬来一根柱子，寿王一把揽过，抵在梁头，猛一发力，将房顶撑回原状。众大臣目瞪口呆，纷纷上前称赞。有一个词叫

"托梁换柱"就是这样来的。他的哥哥微子非常佩服他，就主动要求把太子的名分让给他，后来帝乙归天，寿王即位，名为纣王。纣王对商朝的领土开拓有极大贡献，"纣克东夷"，就是指他多次攻打东南地区的夷族，将之纳入商的统治。西周正是趁商的重兵在东南的机会东进灭商的。

但纣王奢靡浪费，大兴土木营造鹿台（最后在此自焚而死）；暴虐嗜杀，对有反对意见的臣下一律采用重刑，并发明炮烙之刑（此刑具用铜制成，长五尺有余，宽约三尺，用刑时，将它放在火上烤红，将人捆在上面，人的身体一接触，马上就会被烧得吱吱响，疼痛难忍，不一会儿就会命归黄泉）。

商纣王淫乱，商纣的叔父比干冒死劝谏，纣王大怒说："你这样做是想当圣人吧？我听说圣人的心脏有七个孔穴，我看看你有没有。"说罢下令剖开比干的胸膛，取出他的心脏来观看。在外部，姬昌（也就是后来的周文王）的长子伯邑考曾因前往朝歌朝觐时垂青于妲己的美色而触怒纣王，被剁成肉酱，做成馅饼。残酷的纣王让姬昌吃了馅饼，并把姬昌囚禁了两年。经周部族的臣子们多方营救，并向纣王行贿，姬昌才获得释放，由此他对商纣王种下了深仇大恨。获释后的文王，不遗余力寻找辅国伐商之才，重用在渭水之滨垂钓的姜子牙，以国事托之。

三、武王伐纣与西周的建立

武王即位后继承父志，重用太公望（即姜子牙）、周公旦等人治理国家，周日益强盛。约公元前1048年，武王在孟津大会诸侯，前来会盟的诸侯竟有800个。但一些有实力的方国还没有真正发动起来，所以，大会仅举行了誓师仪式，是为"孟津之誓"。直至纣王发展到六亲不认，囚箕子、剖比干，不顾虑财政，

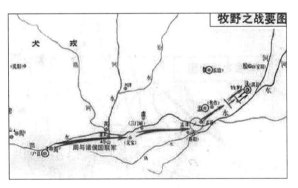

牧野之战示意图

持续发动征讨东南夷的战争，把商朝弄得国困民乏，武王见时机已到，乃发表伐纣檄文，亲率战车300辆，虎贲（敢死队）3000员、甲士（披甲的士兵）45000人，进攻朝歌。一路上许多的部落方国加入讨伐大军。在牧野之战中，商朝因为正规军人数不足（都去打东南夷了），只好把奴隶组织起来，但奴隶未经训练，没有战斗力，且痛恨纣王统治，结果在阵前倒戈，反攻商军。商军乃大败，纣王自焚于鹿台，周武王以钺（铜斧，权力的象征）砍下纣王头颅，代表诛杀商纣，殷商正式灭亡，史称"武王克殷"。周王朝建立，定都镐京（今陕西西安西南）。

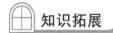

夏商的政治制度

第三节　周天子的天下

一、西周的井田制

周朝时流行两句话，叫"普天之下，莫非王土；率土之滨，莫非王臣"。这两句话强调了土地归属问题，普天之下，土地都是周天子的，个人无权拥有，有钱都别想买到。贵族可以层层分封，形成"天子—诸侯—卿大夫—士"这样的阶梯式贵族等级体系。获得册封之后，土地可以世代享用，但只有使用权，没有所有权，绝对不能转让买卖，而且还得向中央王朝缴纳供赋。因道路和渠道纵横交错，把土地分隔成方块，周边为私田，中间为公田，形状像"井"字，这种制度叫井田制。井田制始于商朝，到西周时已发展成熟。耕种者自然是庶民以及奴隶。

周武王

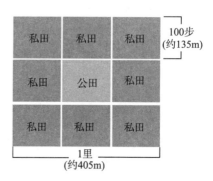

西周井田制示意图

二、西周的分封制

与井田制相配套的是分封制。为了统治广阔的领土，周武王分封了71个诸侯国，姬姓诸侯占近三分之二，天子的兄弟、叔伯、子侄一个不漏，封邦建国，作为王室的屏藩，拱卫王室。武王之弟、重臣周公受封在鲁国，因为要辅佐年幼的成王，便由他的长子伯禽前往鲁国。封完亲戚后再封功臣，建立周朝功劳最大的非姜子牙莫属，所以他的

知识链接

周天子分封诸侯有一套隆重的策命礼。此礼在太庙进行,由周天子向诸侯授予藏有王命的文书(即策、册),文书记载了对受命者的封赠、任命,包括封土的疆界、人口和土地的数量等。然后还有"授土""授民"的仪式,以及颁给礼器、兵器、车马、服饰等,作为权利的象征。礼成之后,周天子与诸侯双方之间正式建立了从属的关系。

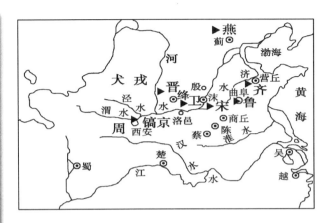

西周分封制示意图

后代被封在齐国。再往后是先代贵族,比如商纣王的叔叔微子早就归顺了周朝,被封为宋国国君。除此之外还有尧舜禹的后代、有名有姓的英雄人物,不管他们的后代是真的还是假的都被封为国君。

周朝搞分封,归根到底还是由于生产力水平低,交通不发达,面对这么辽阔的王土,要是不靠分封制来管理,周王无法治理。周王决定只管理国都周围的地方,其他土地分给诸侯,只要诸侯服从命令,贡献财物,随从作战,没有非分之想,管好自己的封地,他们的权力和自由度是相当大的。

在分封的同时,西周又确立了朝觐制度,这一制度又分为朝与觐两类,一般情况下春季的叫"朝",秋季的叫"觐",且有三年、五年之别。朝见天子时,诸侯必须带上玉帛、兽皮及地方特产作为贡品,称为"朝贡"。如诸侯不履行朝觐的义务,一次削其爵,两次夺其地,三次则会被视为大不敬,天子可派兵讨伐。

三、西周的宗法制

西周分封制加强了中央对地方的控制,但是新问题又出现了。"井田"与"分封"形成的权力如何世代相传,才不会出现前代争权夺利的混乱状况?"立嫡以长不以贤,立子以贵不以长",嫡长子继承制开始出笼。按照周朝的宗法制度,宗族中分为大宗和小宗。周王自始至终为天下的大宗。天子除嫡长子以外的其他儿子被封为诸侯。诸侯对天子而言是小宗,但在他的封国内却是大宗。诸侯的其他儿子被分封为卿大夫。卿大夫对诸侯而言是小宗,但在他的采邑内却是大宗。从

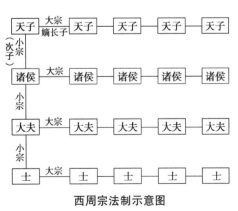

西周宗法制示意图

卿大夫到士也是如此。因此贵族的嫡长子总是不同等级的大宗。大宗不仅享有对宗族成员的统治权，而且享有政治上的特权。宗族组织和国家组织合二为一，宗法等级和政治等级完全一致，于是"天子建国，诸侯立家，卿置侧室，大夫有贰宗，士有隶子弟，庶人工商各有分亲"（《左传》）。在这个等级阶梯中，贵族们各有不同的政治地位和经济特权，由此形成了国家体制。把一国的事情和一家的事情看成一体，于是"孝"这个字就变得非常之重。天子要抚诸侯，诸侯要敬天子，宗主体恤族人，族人尊敬宗主。列国之间要讲信修睦。至于"隶子弟"和"庶人工商"这些平民劳动者，或称之为"国人"，通过各自的"分亲"关系与所属宗主确立隶属关系，形成最基层的劳动组织。"敬宗"和"尊祖"成为社会的基本信条。

> **知识链接**
>
> 所谓刑不上大夫，周礼规定，面对刑罚贵族是享受特权的，称为八议之法：第一是议亲，第二是议故，其次分别是议贤、议能、议功、议贵、议勤、议宾。既然能规避法律责任，历朝历代统治者也就继续沿用了。

四、西周的礼乐制度

依据宗法制度的嫡庶、长幼、亲疏等关系，周朝贵族的各种等级得以确定，从而形成奴隶制的各种名分。按照名分，确立伦理规范和行为准则；依据规范和准则，制定有关社会政治法度；为体现等级，缓解社会矛盾，周公又创设礼乐制度。

周朝的社会道德规范统称为"礼"，在举行礼仪活动时常常以歌舞相伴。周礼分为五礼：吉礼，用于各种祭祀活动；凶礼，用于丧葬和哀悼各种灾祸；宾礼，用于诸侯朝见天子；军礼，用于军事和相关领域；嘉礼，用于各种吉庆活动。周朝的礼乐主要通行于士和士以上的贵族阶层，天子用礼仪约束贵族的行为，明确他们之间的尊卑关系。对于下层人民，则以刑罚治之，礼乐是不适用的，所以说刑不上大夫，礼不下庶人。

第四节　青铜铸造的文明

一、商周的青铜铸造

铜是在人类社会发展中起着重要作用的一种金属，在我国的使用历史已有数千年，《史记》中就有"黄帝采首山铜"的记载。红铜加入锡、铅成为合金，历经几千年的化学反应，其表面出现一层青灰色的锈，"青铜"一词便由此而来，古人则称之为"金"。

现有的考古资料表明，我国早在夏朝就掌握了红铜锻造和青铜冶铸技术，商周时期采用范铸法和蜡模法，创造了极其绚烂的青铜文化，独步世界。

1939年，河南安阳殷墟出土的司母戊鼎，重达832.84千克，高达133厘米，造型雄伟庄严，是迄今为止出土的世界上最大最重的青铜器；1938年出土于湖南宁乡的四羊方尊，是商朝晚期青铜礼器，高58.3厘米，重达34.5千克，为现存商代青铜方尊之中体型最大者。其造型雄奇，采用了圆雕与浮雕相结合的装饰手法，肩、腹部与足部作为一体被巧妙地设计成四只卷角羊，各据一隅，在庄静中突出动感，匠心独运，达到了技术与艺术的完美结合。此两件青铜器与鸮尊、大盂鼎、虢季子白盘、龙虎尊、铜冰鉴、曾仲游父壶、珊生簋、匽侯盂并称"中国十大国宝青铜名器"。

四羊方尊

四羊方尊局部雕饰

二、青铜文明

青铜材料的稀有和铸造工艺的先进性，使得它区别于其他器物，在古代常被用作礼器。商周社会以严格的反映等级制度的规章仪式来维护政治、经济权力，青铜器的制作和赠予正是与当时贵族间婚媾、宴享、朝聘、会盟和铭功颂德等礼制活动紧密相关的，礼器的使用有着严格的规定，其种类和数量的多寡直接代表了贵族等级的高低。王室或公室宗庙中的青铜礼器，历来被视为国家或宗族立国、立族的象征，成为商周以来文质彬彬的贵族等级体系和先秦时代独具特色的权力表达的写照，古代文明体制的核心，所谓"礼乐征伐自天子出""国之大事在祀与戎"，无不与青铜器有着千丝万缕的联系。大禹铸九鼎，是一国诸侯统治中原的夏王朝立国的标志；鼎迁于商，则是夏王朝灭亡和商王朝建立的明确证据。王所制造的鼎被视为国家统治权力合法性的象征，美籍华裔学者张光直先生说过，青铜便是政治和权力。

在青铜时代，中国已经建立了国家，有了相对发达的农业和手工业，并且汉字也已发展成熟。大约从夏代开始，中国进入青铜时代。到了商代，青铜器的应用几乎涉及社会生活的各个方面。由于青铜工具的锐利远胜于石器，加以当时的铸造技术可以制作出适合于不同用途的各种手工工具和农具，有力地推动了社会生产的发展，因此，拥有众多人口的都邑出现了。在这些都邑中，人们建造起巨大的宫殿，修造了大型王陵，构筑起城垣与壕沟之类的防御设施。都邑与各地之间有马车与舟船等交通工具相联结；契刻的甲骨文，用于记录社会生活中的事件；天文、历法、医学等科学也发展起来。青铜工具用于采矿业，可以采出更多的矿石。冶炼业发展的结果，反过来又促进了青铜铸造业的发展。这种良性循环,使中国的青铜时代得到了充分的发展。中国灿烂的青铜文化在世界文化遗产中占有独特的地位。

1. 西周采用了哪些制度治理天下?
2. 古代十大青铜名器是哪几件?请选一件予以详细介绍。
3. 宗法制对我国的历史影响深远,在今天的生活中,找找哪些具体活动或者思想观念是其影响的表现。你如何看待这些影响?

【推荐阅读书目】

① 白钢主编:《中国政治制度史》(上下卷),天津人民出版社,2016年。

② 李朝远、周亚、马今洪、吴来明、廉海萍著:《中国青铜器》,五洲传播出版社,2004年。

③ 李学勤、郭志坤主编,郭泳撰:《细讲中国历史丛书·夏史》,上海人民出版社,2015年。

④ 李学勤、郭志坤主编,王进锋撰:《细讲中国历史丛书·殷商史》,上海人民出版社,2015年。

⑤ 李学勤、郭志坤主编,黄爱梅撰:《细讲中国历史丛书·西周史》,上海人民出版社,2015年。

东周时期

学习目标与要求：

1. 了解春秋争霸和战国兼并的史实，了解春秋战国的时代特征；
2. 识记商鞅变法的内容、特点和历史作用；
3. 了解百家争鸣产生的时代背景、主要派别及其思想观点。

建议教学时数

4 课时

第一节　西周灭亡和东周建立

一、西周灭亡

自武王三代之后，周朝逐渐加重了对平民和奴隶的统治与剥削，刑罚也变得更残酷，到了第十个君王周厉王时更加残暴。本来周初大分封，把土地山林赏赐给各级贵族，国人（住在首都的城里人）可以采果、砍柴、打猎、捕鱼，可厉王认为既然"普天之下莫非王土"，那么，天下的东西就都是"孤"的，连根柴火都不准动。上至贵族大臣，下到平民百姓对此都极为不满，怨怒不已。厉王便下令：谁敢私下议论他、说他坏话，一旦被举报就处死。于是，人们不敢再在公开场合说话，路上碰面了也只能以目示意。最后国人暴动把厉王赶走了，由与天子血缘最亲近的周公、召公两位大臣联合执政，史称"周召共和"，公元前841年就是"共和元年"，这是中国历史有确切纪年的开始。

周厉王的一番作为使他最后死在了"外国"（古时候首都叫中国），儿子宣王继位，曾使国家一度富强，但也只是回光返照，毕竟周王室已大不如前，诸侯对王室的离心倾向越来越大。

宣王一死，幽王即位。这时的西周王朝已经陷入混乱之中，诸侯国和边远方国各行其是，不听周朝指挥。周幽王整天吃喝玩乐，不理政事，重用奸臣，宠幸妃子褒姒。褒姒不大爱笑，周幽王心血来潮，开了个烽火戏诸侯的玩笑。烽火狼烟（夜里举火，白天火看不清就烧狼粪产生浓烟）关系着国家安危，诸侯们整装到来，结果泄气而去。褒姒倒是笑了，幽王得意，但亡国危机更加严重。幽王还想立褒姒生的孩子为王，把原来的太子废了，这严重违背了礼制，太子外公联合犬戎等进行反抗。因周朝国都那点兵不济事，幽王忙令举烽火。由于之前有过烽火戏诸侯，等到这次真的需要勤王时，诸侯都按兵不动了。公元前771年，犬戎攻破西周都城镐京，周幽王身死国灭，西周灭亡。

二、周室东迁与王权衰落

等到镐京失陷，幽王被杀的消息传来，诸侯们才明白这一回烽火不是游戏，于是纷纷起兵勤王，击败了犬戎，收回了国都，逃亡太子被立为国君，是为平王。但王畿之地（天子直接管理的土地）已为战火摧毁，一片荒凉，根本无法立足，平王自己又没多少兵，只好在诸侯们的武装护卫下，辗转将都城东迁到洛邑（今河南洛阳），史称"东周"。

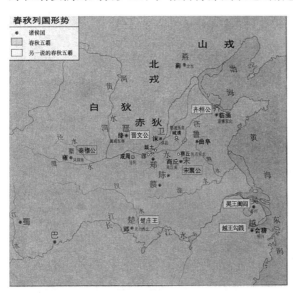

春秋列国形势图

西周王室东迁之后，地盘缩小，力量削弱，对诸侯已不再有威慑力，诸侯们暗地里不再听从天子的命令，不再朝觐和纳贡。到了周平王的孙子周桓王继位时，王室与郑国交恶，郑国竟派人收割王室洛邑的庄稼。双方尖锐的矛盾终于引发了战争，公元前707年，周桓王亲自率领周兵和陈、蔡、虢、卫四国部队讨伐郑国。结果郑国部队力挫联军，桓王还被郑国大将一箭射中肩膀。手下人造反不但没被惩治，自己反而被修理了一顿，周天子威信自然是一落千丈，失去了驾驭四方诸侯的力量，从此只是名义上的天下共主。稍后，各路诸侯纷纷崛起，"礼乐征伐自天子出"变为"自诸侯出""自大夫出"，大动荡的时代来临了。

知识拓展

"春秋""战国"名称的来历

第二节 春秋争霸战争

一、齐桓公首霸

一开始,诸侯们对周王室还没有取而代之的胆量,知道自己力量不济,周天子虽然力量衰微可以不放在眼里,其他诸侯却彼此虎视眈眈,由此揭开了为争夺更多土地和人口的争霸序幕。

第一位霸主是齐桓公。齐国的祖宗是姜太公(子牙),封于山东一代,修其政,因其俗,有渔盐之利,通工商之业,发展得很快。公元前 686 年的一场内乱,搞得齐国没了国君,公子(王的儿子)小白夺得王位,即齐桓公。经鲍叔牙举荐,齐桓公不计前嫌,拜差点射死自己的管仲为相,进行改革。管仲又叫管夷吾,很有个性,打仗的时候人家往前冲他往后跑,跟朋友做买卖老算计人家,特别务实。

管仲相齐倒也是尽心尽力。为了增强国力,管仲鼓励农耕,叫"相地而衰征",根据土地好坏、肥瘠来定赋税轻重;"与民分货",土地上的收获拿出一部分给生产者。这些措施刺激了生产力的发展,实际上这些措施正默默变更着当时的社会体制。除了奖励农耕,管仲还大力倡导工商业!官府掌管钱币(铜钱为主,辅以金银)的铸造,按年岁的丰凶和老百姓的需求来经营货物。经济发展之后,管仲着手加强中央集权,并通过"寓兵于农"的政策,使兵民合一、军政合一,训练出了一支牢牢掌握在国君手中大约 3 万人的常备军。按照以前的规定,诸侯国军队不能超过 7500 人,周天子自己的部队规模也就 3.5 万人,可想而知其他国家哪里是齐国的对手。

管仲相齐

齐国要扩张,总得师出有名才好。当时的情况是:中原各国为抢地盘一片混乱,而天子管不了;周边少数民族政权也觊觎中原。齐桓公遂采纳管仲的提议"尊王攘夷",打出维护周天子(名义上的共主)的名义压制诸侯,又驱逐少数民族侵扰,以获得众人好评,其真正目的是扛起大旗称霸中原。

齐国的行动很快,先联合燕国打败了北戎,又联合其他诸侯国"存邢救卫",阻止了狄人的侵袭。公元前 656 年,齐国又组建多国部队讨伐不向周王室纳贡(贡品就是茅草)的楚国。楚国见形势不利,派人求和,管仲义正词严地说:你们楚国恶意扣押自己国家的特产物资茅草不上贡,导致天子每次举行祭神大典的时候,没法过滤酒水,天子威信一落千丈，我们今天来就是要向你们讨回茅草，使天子能够顺利地举行祭神仪式。楚国只得乖乖低头认错。此后的齐桓公俨然以天下霸主自居，多次大会诸侯。天子见齐国势大，也不得不派人参加会盟。齐国的霸业达到顶峰。

二、晋楚霸权的确立

齐桓公之后，齐国内部争权夺利使国力下降，楚国趁机向中原扩张。楚国属于南蛮少数民族，据称是颛顼帝的后裔。西周中期受封为子爵，国君嫌爵位太低干脆自己称王，和天子平起平坐。周天子亲自去讨伐楚国，结果战败掉入江中葬身鱼腹。正当楚国迅速扩张的时候，晋国异军突起。晋国从武公在位时开始奠定基业，他的儿子献公为美色所惑另立太子，酿出祸乱，公子重耳自此在外流亡十九年，定了与楚国的退避三舍之约，修了秦晋之好，最终登上了晋国国君宝座，是为晋文公。他豁达大度，胸怀壮志，礼贤下士，返国之后整顿晋国，严明纲纪，南下击败楚国，取威定霸，名声大振。诸侯大会上，周天子册封晋文公为"侯伯"（诸侯之长，也就是霸主），并赏赐他黑、红两色弓箭，表示他有自由征伐之权，晋文公成为继齐桓公之后的又一位霸主。

在齐国称霸时，楚国因受齐国抑制停止北进，转而向东吞并了一些小国，国力强盛。当齐国衰落后，楚国称霸之心再起。公元前613年，楚庄王新即位，做了国君，为了观察朝野的动态，也为了让别国对他放松警惕，当政三年以来，没有发布一项政令，在处理朝政方面没有任何作为，朝廷百官都为楚国的前途担忧。晋国趁这个机会，把几个一向归附楚国的国家又拉了过去，订立盟约。楚国的大臣们很不服气，都向楚庄王提出要他出兵争霸权。无奈楚庄王不听那一套，白天打猎，晚上喝酒，什么国家大事都不放在心上。他知道大臣们对他的作为很不满意，还下了一道命令：谁要是敢劝谏，就判谁的死罪。有个名叫伍举的大臣，实在看不过去，决心去见楚庄王，说：楚国山上有一只大鸟，身披五彩，样子挺神气，可是一停三年，不飞也不叫，这是什么鸟？楚庄王心里明白伍举说的是谁，他说：这可不是普通的鸟，这种鸟，不飞则已，一飞将要冲天；不鸣则已，一鸣将要惊人。你去吧，我已经明白了。

一鸣惊人的楚庄王

打这以后，楚庄王决心改革政治，一方面把一批奉承拍马的人撤了职，把敢于进谏的伍举提拔起来，又请了楚国有名的一位隐士孙叔敖当令尹（楚国的国相）帮助他处理国家大事；另一方面则制造武器，操练兵马，当年就收服了南方许多部落，往北一直打到周都洛邑附近。为了显示楚国的兵威，楚庄王在洛邑的郊外举行了一次大检阅。这样一来，把周天子吓坏了。周天子派大臣王孙满到郊外去慰劳楚军。楚庄王问起王孙满周王宫里藏着的九鼎大小轻重怎么样。九鼎是象征周王室权威的礼器，楚庄王问起九鼎，就表示他有夺取周天子权力的野心。在彻底击败中原大国晋国以后，这个一鸣惊人的楚庄王就成了霸主。

三、吴越争霸

到了春秋晚期，长江下游的吴国和越国相继崛起。吴国乃周王室近亲，相传泰伯、仲雍为让贤于季历（周文王之父）而避居太湖东岸的梅里一带（今江苏无锡、苏州一带），一改礼制，断发文身，并把中原先进的生产技术带到此地，当地人归而从之，遂建立吴国，西周建立后，吴国正式得封。

最初的吴国地处偏远，默默无闻。吴王寿梦继位后，不甘受楚国的控制，于公元前585年正式称王。但寿梦并非头脑发热，而是在晋国的帮助下学习先进战术，逐渐建立起强大的水军和陆军，完成了称霸的前期准备工作。吴王阖闾在位时，重用著名

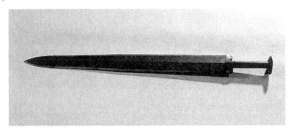

越王勾践剑

军事家孙武和逃亡而来的楚国旧臣伍子胥，兴兵伐楚，五战五捷，攻下楚国都城郢（今湖北江陵北）。楚昭王逃跑，幸亏忠臣申包胥到秦国搬了救兵才得以复国。越王听说吴王兵驻郢都，国内空虚，便举兵伐吴。吴越之战，阖闾伤重而亡，其子夫差接手，迫使越王勾践臣服，稳定后方之后，挥师北上打败齐军。公元前482年，吴王夫差在黄池（今河南封丘附近）与诸侯会盟，争得了霸权。

与此同时，越王勾践卧薪尝胆，积蓄力量，经过长期的准备，趁吴军北上之机率兵攻破吴都姑苏（今江苏苏州），9年后，灭了吴国。越王灭吴之后，继续率大军北渡江淮到达徐州，当时的天子周元王刚刚即位，听说越国灭了吴国，于是派人到徐州赐给越王祭祀肉，命他为伯，统帅诸侯，中原诸国都尊奉越国号令，越王号称霸王，称霸一时。

陆续称霸的齐桓公、晋文公、楚庄王、吴王阖闾、越王勾践在历史上被统称为"春秋五霸"。大体上，当时诸侯国接近于异族的都强，居于腹地的偏弱。这五位诸侯完成了一个重要仪式——会盟诸侯，周天子并予以承认（不认也得认）。诸侯大国争霸，无疑显示了周朝王权的削弱，自平王东迁后周天子的统治更加衰微，周朝处于礼崩乐坏的境地，新兴地主阶级悄然而起。

第三节 战国纷争和社会变革

一、战国纷争

春秋末期,诸侯国内部政权争斗从侯王下移至卿大夫。据《资治通鉴》记载,公元前403年发生了一件大事,晋国出现了韩、赵、魏三卿分晋的局面。无独有偶,齐国的大夫田氏取姜氏而代之,他们都得到了周王的正式册封。楚、秦、燕等国都出现了卿大夫策划的政治动荡。春秋时期,天子被架空,权力下移至诸侯,战国时期继续下移,由诸侯而卿大夫而士。这种局面的出现,周初的分封制起了很大作用。天子把土地分给诸侯,诸侯分封给卿大夫,卿大夫再分封给士,层层下分。当时条件有限,上级只管城邑周围,地方势力自然增大。所以天子被诸侯架空,诸侯就会被自己国内的卿大夫架空,中央权力自然走向衰落。三家分晋让国家赖以生存的礼制彻底崩坏,周王朝的末日即将来临。

所谓战国时期,是指经过春秋时期的兼并形成的20多个大小诸侯国继续较量,经过一番兼并,基本上就剩下齐、楚、燕、秦、韩、赵、魏实力较强,从春期五霸演变为战国七雄。七雄的地理分布是:秦在西,齐在东,燕在北,楚在南,中间赵、魏、韩。七雄间相互抗衡、分化整合,逐渐显现出天下一统的趋势。

二、春秋战国时期的社会变革

春秋战国时期,铁器牛耕已经出现,社会生产大踏步向前,诸侯国的一些贵族就把分封或赏赐的土地据为己有,尤其荒地开垦的数量大量增加。公田荒芜和统治者的侵田夺土,与井田制产生了冲突,使其日趋解体。各国先后进行了赋税制度的改革,规定不论公田、私田都要缴税,这就等于变相承认了土地私有。土地所有制就这样由国有制向私有制转变。这是最重要的转变。

知识链接

中国古代民众的职业分为四种。《汉书·食货志》对他们下了个定义:学以居位曰士,辟土殖谷曰农,作巧成器曰工,通财鬻货曰商。后世进一步细分"行曰商,坐曰贾"。这时候国家和商人可以说是相依为命的,国家缺的东西都得靠商人来解决。

春秋战国时期商业发达,在贵族全盛的时代,一切享用都要与身份相称,下层社会的人有了钱也没处用,所以商业发展不起来。但是现在生产的方式不断进步,传统的贵族制度又逐渐被破坏,只要有钱,就可以打破身份的限制,商业进一步发达,于是原来的"贵贱"逐渐被"贫富"所取代。这是春秋战国时代,社会的一种大变迁。

各诸侯国的变法顺势而起，如春秋时期齐国的管仲改革，鲁国的"初税亩"，战国时期李悝在魏国、吴起在楚国、商鞅在秦国的变法，都预示着新制度的建立。但是李、吴的变法均告失败，尤其吴起失败得最惨，支持他的楚悼王一死，贵族们就把吴起射死了。

春秋时期，随着宗族体系的日趋解体，传统的礼乐制度也难以维持，出现了礼崩乐坏的局面。在各国的政治斗争中，以下犯上的夺权事件层出不穷，不遵循旧有礼制的现象也经常发生。一些从诸侯手中夺取了权力的卿大夫，不仅僭越诸侯之礼，甚至还僭用天子的礼制。春秋时期的孔子竭力要将社会重新纳入礼乐的规范，但是他的理想无法实现。进入战国时代，社会变革的加速使传统的礼乐制度被彻底破坏。各国纷纷进行变法，法律制度普遍建立，从而取代了礼乐的地位，成为维护新的政治秩序的工具。

三、商鞅变法

当犬戎弑幽王的时候，西垂大夫发兵救周，平王东迁时又发兵护送，居功至伟，平王就封他为诸侯，将那片被犬戎劫掠的宗周之地分给了他，这才有了秦国。秦国多位国君在对西戎的战争中战死，长期的征伐使秦人尚武善战，为拱卫中原做出了一定贡献。但战争也使得本国经济落后，常受其他六国的鄙视，称其为夷狄之邦。

公元前359年，秦孝公继位，他对秦之衰痛心疾首，向天下下求贤令：宾客群臣有能出奇计强秦者，尊其官，与之分土。卫国人卫鞅（后受封商地食邑而称商鞅）入秦，教孝公霸道之术，孝公力排众议，以卫鞅为大良造，实施变法。为了让秦人相信他，卫鞅在城南门立根木头，谁能扛到北门就赏五十金。结果有人轻轻松松就拿到了钱。商鞅徙木立信，变法因此而顺利推行，具体措施如下：

1. 重农抑商，奖励耕织。实行这一政策的原因还是当时生产力水平太低了，如果老百姓都弃农经商的话，会动摇国家的根本，所以政策上必须重农。另一方面是当时的商品主要是奢侈品，与百姓的生活无关，有道是农者天下之根本，黄金珠玉饥不可食、寒不可衣。

2. 奖励军功，按功授爵。之前实行的是世卿世禄制，有人生下来就是高官厚禄。现在商鞅把秦国的爵位分为二十等，其中一到八等是民爵，只要在战场上获得敌人首级，爵位就能上升。这种激励制度使得秦军在战场上骁勇异常，被称为虎狼之师。

3. 废分封，行郡县。以前的分封制严重削弱中央权力，使中央失去了对诸侯国的控制。现在县及郡的长官都由国家来任命，从根本上加强了中央集权。

商鞅徙木立信

知识链接

战国时代末期，秦国越来越强大，各诸侯国贵族为了对付秦国的入侵和挽救本国的灭亡，竭力网罗人才。他们礼贤下士，广招宾客，以扩大自己的势力，因此养"士"（包括学士、方士、策士或术士以及食客）之风盛行。其中以养"士"著称的有魏国的信陵君魏无忌、赵国的平原君赵胜、楚国的春申君黄歇、齐国的孟尝君田文，时称"战国四君子"。

秦铜车马

4. 燔诗书，明法令。这是典型的法家思想的表现，强调法治，要求大家服从命令听指挥。

5. 令民为什伍，实行连坐。十家一什，五家一伍，一家有人犯法大家都要受牵连。

迁都咸阳后，商鞅再次变法，彻底废除旧的世卿世禄制、建立新的专制主义中央集权制，推行郡县制以加强中央集权，重视农业，出现了"家给人足"的繁荣景象，全国百姓以私斗为耻，以为国家立下战功为荣，国家战斗力不断增强，富国强兵的秦国成为战国后期最强大的国家。

公元前338年，秦孝公死，这时受商鞅新法"迫害"而被剥夺政治特权的旧贵族，发起针对商鞅的反攻倒算。秦惠文王为了缓和矛盾，拿商鞅做替罪羊，将其车裂。商鞅虽死，但秦法延续。秦惠文王继续奉行商鞅变法以来的国策，秦国日益富强，一跃成为七国之中实力最强的国家，为统一天下创造了条件。

知识拓展

春秋战国时期经济的发展

第四节 春秋战国时期的文化

一、百家争鸣的出现

要了解古代的思想，首先得明白一点：古人所想解决的都是"有""无"等这些形而上的问题，而解决这些问题又都是靠想象和推测。他们说万物的本源是"气"，又推测一切万物都起于"阴阳"二力的结合，"有"的根本是出于"无"，从"无"到"有"是阴、阳二力还没有分，老祖宗称其为"太极"，一分为二了称为"两仪"，阴阳不断和合就是无穷无尽了。所以他们所崇拜的最大对象便是"天地"，但万物又是据时间而衍生出来，所以次于天地的崇拜便是"四时"，分配在四方再加上上天下地，就是"六合"，如果去掉一个天，然后把五种基本的物质形态配上去，就成了"五行"。八个方位就成了"八卦"，连着中央算在一起就成了"九宫"，契合了古人"一生二、二生三，三三而九"的思想，围绕九宫的周围就有了所谓的"十二地支"，正好对应十二个月份。

古代的学术都是贵族所专有，因此要讲学派的话只能从东周以后说起了。东周时期，社会正经历着一场大变革，大小诸侯为称霸争雄，礼贤下士招揽人才，社会贤达之士从不同角度对自然、社会、人生提出自己的看法和主张，思想言论空前自由，诸子百家蜂拥而起，比较有代表性的称为"九流十家"：儒家、道家、法家、墨家、名家、阴阳家、纵横家、杂家、农家、兵家。这一时期成为中国历史上第一个也是最为重要的思想文化高峰期。

二、诸子之流

道家：老子是春秋时期人，道家学派创始人，传说姓李名耳字老聃，著有《道德经》一书，其核心思想是"道"，"道"是无上主宰，道生一，一生二，二生三，三生万物。世界有其自然规律，"祸兮福之所倚，福兮祸之所伏"，我们只需顺应它，由此衍生到政治上就是无为而治，就因为有人想有为，破坏了规矩，于是就有了阴谋诡计、战争，人们就要遭受苦难。老子的理想社会是小国寡民，鸡犬相闻，人们老死不相往来。这就构成了老子学说的两个特点：一是朴素辩证法；二是无为。同时他认为人一定要顺应自然，自然就是天道，

诸子百家图

由此又衍生出了以柔克刚、水滴石穿的道理。战国时代，道家又出了位庄子，认为道是天地万物的本源，平等看待一切，天地万物和谐相处，人可以通过修养得道，与道同体，"而万物与我为一"，人生的苦难就可以解脱。

儒家：与无为相反的是有为，这是孔子一生所坚持的，由此创立了儒学。孔子是春秋时期鲁国人。孔子思想的核心是"仁"，它有两个含义，一是"仁者爱人"，要关爱他人，"己所不欲，勿施于人"，自己不喜欢的不能强迫别人接受，把别人当作自己；二是"克己复礼为仁"，约束自己，视听言行都要遵循周礼，"君君、臣臣、父父、子子"，君要像君，臣要像臣，父要像父，子要像子，臣事君忠心，子待父孝顺，保持低贱者对尊贵者的尊崇和亲族之间的爱。以此为出发点，孔子认为国家管理应该用德政取代苛政，以道德教化作为治理社会的主要手段；针对社会礼制混乱的情况，孔子又提出各种人都应该明白自己的等级和身份，贵贱有序，尊卑有位，什么样的人就干什么样的事，遵守自己的本分，绝不做名分以外的事，每个阶层的人就要对自己的生活知足，否则就要天下大乱。孔子的想法很天真，他所处的时代，诸侯就是不想老老实实做诸侯，大夫就是不想老老实实做大夫，所以孔子周游列国推销他的思想而屡屡碰壁，最后只能回家开私学编书去了。孔子开私学打破了学在官府的情况，平民有了受教育的机会，他提倡因材施教，是素质教育的先驱。为阐述自己的思想观念，孔子编订整理了《诗》《书》《礼》《易》《春秋》，这就是后来儒家的五经。《论语》的内容则是由他的弟子根据他生前言论整理而成的。孔子在当时被诸侯们认为不合时宜，却适应了封建大一统时代以"尊尊亲亲"来维护封建统治秩序的需要，汉朝董仲舒把它改造成"三纲五常"，受到汉武帝赞赏，其遂成为社会主流思潮，孔子也被称为"孔圣人""大成至圣先师"。战国时期提出"仁政"学说的孟子被称为"亚圣"。他认为国之根本是百姓，主张民贵君轻，政在得民，宽刑薄税。还有位代表是荀子，主张制天命而用之。

法家：主张以法制治理国家的法家思想在春秋战国时期很受追捧，他们认为历史是向前发展的，当代肯定比古代强，所以要不断进行改革。这与法先王的儒家显然是格格不入的。法家的著名人物有管仲、李悝、商鞅，集大成者是韩非子。韩非子主张建立君主专制的中央集权的封建国家。秦王嬴政极为欣赏韩非子，曾经用武力把他抢到了秦国，但韩非子是韩国公子不肯事秦，加之李斯忌其才华不断挑唆，韩非子最终被害。韩非子提出了一整套中央集权君主专制理论，认为"法"是处理政务的唯一准则，"术"是政治斗争的权术，"势"是君主的威势，三者结合杀伐果断赏罚分明，国家自然治理得好。秦王朝就是以法家思想作为治国方略的。

墨家：民间的显学是墨家，创始人墨子（翟）有十大主张：尚贤、尚同、节用、节葬、非命、天志、明鬼、兼爱、非攻、非乐。这些主张都是针对当时的社会问题提出的，形成三大思想，即兼爱、节用、神教，核心是兼爱。墨子生活于民间，看尽了世人的疾苦和贵族的贪婪，他吸收儒家的仁爱思想，希望天下人都能互帮互助、互爱互利，如果都把别人当作自己的亲人一样加以爱护，天下就不会有战争和动乱，也就天下太平了。

从兼爱思想出发，墨子不赞成贵族专政，主张起用平民来管理国家，常年穿着草鞋奔波于列国之间，向统治者游说，人才选拔一律在平等条件下竞争，胜者为官长，败者为徒役，做到"官无常贵，而民无终贱"。为了引起人们重视，墨子的学说加入了鬼神成分，想以此来警戒国家管理者。墨家还构建行动组织，任何一国之城池受到攻击向他们求救，他们都会义无反顾地前来帮助守城，离去时不取分毫。

兵家：战争年代兵家也极为出彩，孙武作为代表被尊为"兵圣"，《孙子兵法》被奉为"兵经"。孙子虽是齐国人，却功成名就于吴国，他经伍子胥力荐，训练吴王嫔妃而显军威，领吴兵三万败楚军三十万，继而威震齐国，征服越国，为吴国霸业立下汗马功劳。孙子兵法认为"兵者国之大事"，必须通过对敌我双方的政治、天时、地利、将领、法制五个方面的分析、研究、判断来预测战争的结局，"先计而后方可战"，以正兵合，以奇兵胜，"奇正相生相变"，变幻无穷。

总体而言，儒家偏于伦理政治方面，道家偏于哲学，法家偏于政治法律方面，墨家也偏于伦理这一方面，但是敬天明鬼使其宗教味道更重一点，其他学派如阴阳家的学说包括了天文、律、历、算数等学问，名家侧重明辨论理，纵横家则专讲外交。

三、春秋战国时期的科学和医学

春秋时期，天文历法有了很大发展，鲁国的天文学家多次观测到日食，据记载，公元前613年，"有星孛入于北斗"，是世界上公认的首次关于哈雷彗星的确切记录，比西方早670多年。春秋时我国历法已经形成自己固定的系统，基本上确立十九年七闰的原则，比西方早160年。战国时期出现了世界上最早的天文著作《甘石星经》，书中详细记载了金、木、水、火、土五大行星的运行和出没规律，同时还记载了800多个恒星的名字，测定了120颗恒星的黄经度数，成为世界上最早的恒星表，反映了那个时期人民对天文的认识。

战国时期，人们已经定出一年的二十四节气，这是历法上最大的成就，有利于当时及以后的农业生产。

战国时期，物理学也有较大成就，《墨经》是《墨子》内容的一部分，里面有大量的物理学知识，其中包括杠杆原理和浮力理论的叙述，还有声学和光学的记载。关于光影关系、小孔成像等写得很系统，被现代科学家称为"《墨经》光学八条"。

春秋战国时期，我国医学也有巨大成就，名医扁鹊是春秋战国之际的齐国人，由于他医术高超，所以当时的人们借用了上古神话中黄帝时神医"扁鹊"的名号称呼他。扁鹊精通内、外、妇、儿、五官等科医术，应用砭刺、针灸、按摩、汤液、热熨等法治疗疾病。他创立望闻问切之法诊断疾病，奠定了我国中医传统的切脉诊病法，后世医家把他奉为"脉学之宗"。扁鹊十分重视疾病的预防，他认为应该把疾病消灭在萌芽里，达到事半功倍的效果。扁鹊是我国历史上第一个有正式传记记载的古代医学家。这个时代，真可谓百家争鸣，百花齐放！

知识拓展

百家争鸣的历史背景

评述与思考

1. 说说春秋战国时期的社会经济状况。
2. 商鞅是用怎样的思想去说服秦孝公的?
3. 百家争鸣时代文化昌盛,请你任选一派阐述一下他们的思想。
4. 你能说出哪些历史典故?通过这些历史典故,客观概括一下春秋战国时期的时代特征。

【推荐阅读书目】

① 冯梦龙编,司马丁、何如译:《(白话)东周列国志》,中国文联出版社,1996 年。

② 李学勤、郭志坤主编,陈雪良撰:《细讲中国历史丛书·春秋史》,上海人民出版社,2015 年。

③ 李学勤、郭志坤主编,于凯撰:《细讲中国历史丛书·战国史》,上海人民出版社,2015 年。

④ 吕文郁著:《春秋战国文化史》,东方出版中心,2007 年。

秦汉时期

学习目标与要求：

1. 秦统一中国与中央集权政治制度的建立；
2. 西汉的建立与汉武帝巩固大一统的措施；
3. 认识"丝绸之路"在中外交流中的意义。

建议教学时数

6 课时

第一节　秦统一中国

一、秦灭六国

战国时期的连年战争，影响了经济发展和社会稳定，各诸侯国的人民希望结束战乱，过上安定的生活。秦国经过商鞅变法，实力逐渐超过东方六国，具备了统一全国的条件。秦王嬴政继位后，为统一六国进行了充分的准备。他积极招募各国人才，委以重任，并及时听取建议，积极策划统一大计，正式迈开统一六国的步伐。

韩国距秦最近，实力也最弱，在多次出兵割占大片土地之后，公元前 230 年，秦王政派内史腾率军突然南下渡过黄河，攻破韩国首都郑（今河南新郑），韩国成为六国中最先灭亡的国家，秦国在韩地设置颍川郡。韩国的灭亡，拉开了秦统一全国的序幕。

赵国的疆域不算大，但兵力确是六国中最强的。不过经历秦国数年的攻击，赵国再无组织进攻能力了，仅能退守邯郸自保，秦军才转向攻打韩国。秦灭韩后第二年，秦军乘赵国遭受旱灾之际，兵分两路，南北合击赵都邯郸，苦苦对峙达一年之久，最后王翦使用离间计，使赵王自毁长城杀了名将李牧。公元前 228 年，秦军攻占邯郸，俘赵王，赵国灭亡。赵国公子嘉逃到代（今河北蔚县东北），收拾残部自立为代王。公元前 222

秦灭六国形势图

年，王翦之子王贲率军攻灭燕赵残余势力，俘代王嘉。灭赵之后，秦军屯兵中山（今河北定县），剑指燕国。

秦国先后灭韩、赵和重创燕国以后，此时的秦军已对魏国形成南北夹击之势，地处中原的魏国孤立无助。公元前225年，秦国将领王贲率兵出关中，攻占了楚国北部的十几座城，保障了攻魏秦军侧翼安全后，旋即回军北上突袭并围困住魏都大梁（今河南开封），魏军依托大梁的城防工事死守。秦军强攻毫无奏效，于是引黄河水灌入城内。三个月后，大梁城被水浸坏，魏王投降，魏国灭亡。秦在魏国地区设立砀郡。

公元前226年，秦王派李信和蒙恬率20万秦军攻楚，楚将项燕率军抵抗，大败秦军，李信败逃。公元前225年，秦王命老将王翦率60万大军再次伐楚，两军相遇，王翦以逸待劳，按兵不动，项燕只好带兵东归，秦军趁楚国撤退之时迅速出击，大败楚军，杀楚将项燕。公元前224年，秦军乘胜追击，攻占楚都郢（今湖北荆州），俘虏楚王，楚国灭亡。秦在楚地设郢郡。

燕国兵少将弱，燕太子丹梦想以荆轲一己之力，以献督亢的地图和秦国逃将樊於期的首级为名刺杀秦王，造成秦国混乱，以解被灭亡的危险，结果刺杀失败，荆轲被杀。秦王以此为借口，于公元前226年派王翦率兵攻打燕国，秦军在易水大败燕军和前来支援的代军，攻陷蓟（今北京市），燕王与太子丹率残部逃往辽东。公元前222年，秦将王贲率军歼灭了逃到辽东的燕军，俘虏燕王，燕国灭亡。

> **知识链接**
>
> 嬴政用人，不分籍贯和出身。如李斯原是楚国小吏，尉缭原是魏国布衣，都得到重用。嬴政很欣赏韩非的学说，为得到这一人才，下令攻韩，迫使韩王将韩非送往秦国。

秦灭五国后，齐王才顿感秦国的威胁，慌忙将军队集结到西部边境，准备抵御秦军的进攻。公元前221年，秦王以齐拒绝秦使者访齐为由，命王贲率领秦军伐齐，秦军避开了齐军西部主力，由原来的燕国南部南下直奔齐都临淄（今山东淄博北）。齐军面对秦军突然从北面来攻，措手不及，土崩瓦解。齐王不战而降，齐国灭亡。秦在齐地设置齐郡和琅琊郡。

秦国从公元前230年灭韩开始到公元前221年灭齐为止，前后十年，就完成了统一六国的事业，从此结束了春秋战国以来诸侯割据混战的局面，建立了第一个统一的多民族的中央集权的封建国家，接着南击百越，北抵匈奴，取得河套（黄河大拐弯的地方，河北叫外套，河南叫内套），修筑长城，对边疆地区进行开拓和经营，华夏版图大为拓展。

"秦王扫六合,虎视何雄哉!挥剑决浮云,诸侯尽西来。"这是唐朝大诗人李白写的《古风》组诗中的诗句,尽显秦王嬴政灭六国、统一全国的气势。

二、专制主义中央集权制

秦实现统一后,原来各自为政的政治形态已不能适应新的社会发展。为加强对全国的统治,秦朝创立了大一统的中央集权制度。

国家的最高统治者称为皇帝,拥有至高无上的权威,总揽全国一切军政大权。嬴政自称"始皇帝",史称"秦始皇"。为表示皇帝的独尊地位,秦始皇规定皇帝自称"朕",皇帝的命令称"制""诏",印章称"玺",用玉制成。中国先民认为玉能通神,能辟邪消灾,带来吉祥福气,对之崇拜至极,孔子又发挥玉的物理特性,"比德于玉",使玉代表至高的道德修养,用玉作玺,企望秦朝永存。对皇帝的名字也要避讳,其他的都沿袭先秦礼制,体现出皇权至上、大权独揽的气象。这些规定被之后的历代王朝沿用。

皇帝之下,设有中央政权机构,由丞相、太尉、御史大夫统领,分别掌管行政、军事和监察事务,即"三公九卿制",丞相、太尉、御史大夫为三公。丞相有左右二员,互相牵制,国家大事基本上都归于丞相,是百官之首;太尉掌军事,但军队太重要,在秦朝一般不设,是个虚衔;御史大夫是丞相的副贰,掌图籍秘书,监察百官。三公之下为九卿,九不是确切数字,是指分掌具体政务的诸卿,其中有掌宫殿门户的郎中令,掌宫门卫屯兵的卫尉,掌京畿警卫的中尉,掌刑狱的廷尉,掌谷货的治粟内史,掌山海池泽之税和官府手工业制造以供应皇室的少府,掌治宫室的将作少府,掌国内民族事务和外事的典客,掌宗庙礼仪的奉常,掌皇室属籍的宗正,掌皇帝舆马的太仆,等等。中央这些官都由皇帝任命,丞相、太尉、御史大夫与诸卿议论政务,由皇帝做裁决。

关于地方体制,经过多番讨论,秦始皇最终采纳李斯的建议,因前车之鉴不再实行分封制,改设郡、县两级制。郡设守、尉、监(监御史)。郡守掌治其郡。郡尉辅佐郡守,并典兵事。郡监司监察。秦始皇把全国分成三十六郡,以后又陆续增设至四十一郡。县,万户以上者设令,万户以下者设长。县令、县长领有丞、尉及其他属员。县令、县长主要管政务,县尉掌军事,县丞掌司法。此外还有司治安、禁盗贼的专门机构叫作亭,

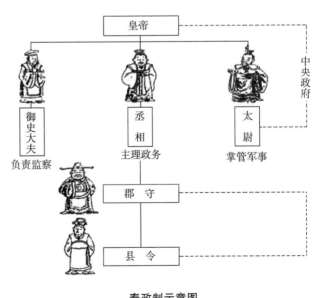

秦政制示意图

亭有长。亭长除了主要管理治安，还负责接待往来的官吏，掌管为政府输送、采购、传递（文书）等事。两亭之间，相距大约十里。整个地方设置体系严密，分工细致。郡县的主要官员由中央直接任命，而且朝廷还采取年终考绩的办法，对地方加以监察，根据考核结果施以奖惩，中央的政令由此可以直达基层，直接统治人民，消除了地方官自称为王的念头，避免了地方割据。

三、巩固统一的措施

为了适应国家统一的需要，秦始皇大力推行一系列巩固统一的措施。

战国时期，七国的文字书写各异。秦始皇为消除文字上的差异，命丞相李斯等人统一文字，制定笔画规整的小篆，作为通用文字颁布全国。文字的统一，使政令能够在全国各地顺利推行，也使不同地域的人民能够顺畅沟通，有利于文化的交流与发展。

秦始皇下令废除六国的货币，以秦国的圆形方孔半两钱作为标准货币，有利于国家对经济的管理，促进各地经济的交流。

为改变各诸侯国之前使用的长度、容量和重量标准不一的状况，秦始皇规定以秦制为基础，统一度量衡，所有度量衡用器由国家统一监制。度量衡的统一，便利了经济的发展。

知识链接

越族是我国南方古老的民族，分布在东南沿海和珠江流域。秦统一六国后，派兵50万征服越族地区，在那里设置桂林、南海、象等郡，迁徙中原50万人到那里戍守，和越人杂居。为解决运输困难，秦始皇派人开凿了灵渠，沟通湘江和漓江，把长江和珠江两大水系连接起来。

为加强各地的交通往来，秦始皇下令统一车辆和道路的宽窄，并修筑贯通全国的道路，使秦朝的陆路交通四通八达。秦统一后，秦始皇派兵开凿灵渠，统一岭南和东南沿海地区。他又派大将蒙恬北击匈奴，并修筑长城。长城西起临洮，东到辽东，这就是举世闻名的"万里长城"。

秦始皇通过一系列措施，将地方的权力集中到中央，再经过对中央官吏的控制，最终把权力牢牢控制在自己手中。中央到地方层层把控的封建统治体系由此建立。除此之外，书同文、车同轨，统一度量衡，承认土地私有，历史的车轮滚滚向前！

知识拓展

秦始皇

第二节　秦末农民大起义

一、秦朝暴政

秦始皇完成了统一中国的事业，实行了各项巩固统一的措施，并创立了郡县制等被后世沿用的制度，认为他开创的帝业能够世代相继，传之万世。后来在一次宫廷宴会上，一位儒生博士（教授五经）淳于越跟秦始皇说：你不搞分封，你的儿子、亲戚都是平头百姓，万一有事谁来相救？"事不师古而能长久者，非所闻也。"一句话把李斯惹火了，认为这是在恶毒攻击郡县制度，这些儒生谈论是非，罪大恶极。于是李斯建议除了秦国的书籍和医药、占卜种树之书外，剩下的书籍全都烧掉，秦始皇同意了。据说孔子的后代把经书藏在孔府的夹壁墙里才得以保存下来。焚书的第二年，为秦始皇求炼仙药的方士和儒生私下说秦始皇贪于权势、乐于刑杀。秦始皇听到如此议论，勃然大怒，派御史去查问。诸生互相告发，结果被秦始皇坑杀了460多人。坑儒行为不但剥夺了人们议论的权利，并且禁锢了人们的思想。

秦始皇的统治有急于求成和暴虐的特点。他对人民征收沉重的赋税，迫使农民将三分之二的收获物上交国家。他又连年在全国大规模征调民力服徭役和兵役，如修建骊山陵和阿房宫役使70多万人，征讨百越调发50万士卒，修筑长城征派40万人。当时全国人口约2000万人，而每年服役的成年男子就有300万人。农民受到残酷的剥削和压迫，成千上万的农民背井离乡，脱离农业生产，社会经济受到严重破坏。

秦朝实行的法律非常严苛，民众稍有不慎，就会触犯法律，而且是一人犯法，亲族和邻里都要受到牵连。当时的刑罚极其残酷，有各种残害肢体的肉刑，单是死刑就有车裂、腰斩、活埋等10多种。

秦始皇死后，继位的秦二世比秦始皇更暴虐和奢侈，真可谓民不聊生。在埋葬秦始皇时，他下令将大量宫女殉葬，把修建墓室的所有工匠闷死在墓里。秦二世为巩固帝位，凶残地杀死了自己的兄弟姐妹，并且任意屠杀文武大臣。他对人民的剥削更加残酷，并肆意挥霍，四处巡游，穷奢极欲，使人民陷入无法生存的境地。

二、陈胜、吴广起义

公元前209年夏，有900多个农民被征发去渔阳戍守长城。他们走到大泽乡时，遇上大雨，道路泥泞，无法前行，不能按期到达，依秦律，戍守误期要被处死。他们当中的领队人陈胜和吴

> **知识链接**
>
> 陈胜年轻的时候，曾经和别人一起被雇佣耕地。有一天，陈胜耕地时休息，看着眼前的一切，不禁因失望而愤慨叹息，对着同伴说："苟富贵，勿相忘。"同伴们笑着回答："若为佣耕，何富贵也？"陈胜接着叹息道："嗟乎，燕雀安知鸿鹄之志哉。"

广认为，与其送死不如起来反抗，于是杀死压队的军官，对众人说："我们因遇雨误期，是要被杀头的。即使去戍边也要死十之六七。壮士不死则已，死要立下大名，王侯将相宁有种乎？"在他们的号召下，大家热烈响应，决心反抗秦朝的残暴统治。他们砍削树木制作兵器，举起了反抗的旗帜。中国历史上第一次农民大起义爆发了。

大泽乡起义后，队伍发展很快。在攻占陈县后，陈胜称王，建立了"张楚"政权。各地农民纷纷响应，起义军不断壮大。陈胜派主力向西进攻，直逼咸阳。秦二世紧急调集大军进行反击。在秦军的强大攻势下，起义军缺乏后援，最终失败，吴广、陈胜先后被部下杀害。

巨鹿之战

陈胜、吴广起义虽然失败了，但反秦的浪潮并没有因此平息。其中项羽和刘邦领导的军队逐渐壮大，分别对秦军作战。公元前207年，在河北巨鹿一带的反秦队伍被30万秦军围攻。危急情况下身为次将的项羽杀死了观望拖延的主将，率领2万人马前往救援。在渡过漳水后，项羽命令将士们砸掉烧饭的锅，凿沉战船，烧毁营帐，每人只带三天粮食，以示决一死战。在激战中，项羽的军队以一当十，打得秦军落花流水，最终秦军主力被歼灭。此后，秦朝再也无力挽回败局。

项羽骁勇善战，在巨鹿之战中以少胜多，刘邦抓住时机，率军直抵咸阳城。秦朝的统治者在起义军的包围下，被迫出城投降。威名赫赫的秦朝，仅存在十几年，就土崩瓦解了。

三、楚汉之争

汉高祖刘邦，出身低微，为秦朝一小小亭长，不学无术，混迹于市井。一日见秦始皇巡游的车驾，无比感慨，称：大丈夫当如是耳！趁着秦末群雄逐鹿之际，刘邦在萧何的建议下奋起响应。知道自己没什么本事，刘邦待人以礼，虚心听教，能人纷纷来投奔。他在偷袭咸阳得手后急着要享受，被萧何警告而醒悟，随即约法三章，退出咸阳，又出演了一幕惊险的鸿门宴。此后刘邦谨小慎微，知人善用，厉兵秣马，等待时机。秦朝灭亡后，拥有重兵的项羽自封为西楚霸王，封刘邦为汉王。双方为争夺帝位展开征战，史称"楚汉之争"。项羽虽势力强大，却刚愎自用，一味依赖武力；刘邦注重收揽民心，善用人才，力量逐渐由弱变强。最终，刘邦军队将项羽及其部下包围在垓下，作为传统贵族代表的项羽自刎乌江。这场历时四年的战争，以刘邦获胜而告终。

第三节 西汉的建立

一、西汉的建立

"汉祖起丰沛,乘运以跃鳞。手奋三尺剑,西灭无道秦。"这是唐朝大诗人王珪所作《咏汉高祖》中的诗句。刘邦打败了项羽,统一了全国,于公元前202年建立了汉朝,定都长安,史称西汉,刘邦就是汉高祖。

由于秦朝的残暴统治和秦末的战乱,社会生产遭到严重的破坏。西汉建立之初,到处都是残破荒凉的景象,人民流离失所,人口锐减,大片田地荒芜。当时连皇帝的马车也配不齐毛色相同的四匹马,有些将相出行只能靠牛车,人民得不到温饱。如何恢复和发展社会生产,巩固新的王朝,成为汉初统治者面临的首要问题。

刘邦开朝登基后,汲取秦朝速亡的教训,郡县与封国并行,封国分王、侯两级,斩白马盟誓,"非刘氏称王者天下共击之",后朝学样,异姓不封王,功劳突出者也是死后再追封。经济上,刘邦废除苛法,与民休息,轻徭薄赋,遣归军吏士卒和流民,给予土地,有功者封以食邑,

> **知识链接**
>
> 在中国古代,田赋是农民向国家缴纳的主要赋税。西汉初,汉高祖实行"什五税一",农民将所收获的十五分之一上交国家。与秦代相比,农民的负担大为减轻。这一政策,对恢复农业生产、鼓励开垦荒地等有推动作用。

限制大地主对农民土地的兼并。高祖在位期间,为汉朝强盛奠定了基础。之后的汉惠帝太柔弱,他母亲吕雉(称吕后)及外戚作为一种特殊势力走上前台。吕后临朝称制16年,延续高祖国策,社会经济持续稳定发展。

二、文景之治

接替吕后的是刘桓(文帝)与刘启(景帝)两代皇帝,他们都采取了"顺民之情,与之休息"的方针,认为农业是天下根本,减轻田租,减少算赋(人头税),奖励农耕,提倡节俭,农民的徭役时间大大减少。半个多世纪农业的发展使汉朝逐渐积累了巨大的财富,繁衍出众多的人口。文、景二帝崇尚黄老哲学,以无为治理天下,对内减免严苛的制度,对外采取容忍的外交策略,使汉朝安然度过建国初期的内忧外患,这段时期被称为"文景之治",是汉朝走向强盛的前奏。文景之治有力地促进了汉代社会经济的发展,1972年发掘的长沙马王堆汉墓中那一件件稀世珍宝便是强有力的证据。

高祖当年为了稳定刘姓天下,分封同姓王以辅佐中央,然而血缘从来就不能避免为争夺权力而进行的杀戮。同姓诸侯王可以掌握军队,任免官吏,征收赋税,铸造钱币,逐渐形成了内部的割据状态。贾谊在《治安策》中指出,如果不解决这种尾大不掉的

局面,则必将"制大权,以逼天子"。当晁错在景帝时期提出《削藩策》以削除诸王的领地和实力时,最为强大的吴王刘濞终于联合楚、赵、胶西、胶东、菑川、济南等六个诸侯国,以"诛晁错,清君侧"为名发动叛乱。景帝任命周亚夫为平叛主将攻打刘濞等,在平定了七国之乱后,汉帝国的中央集权得以维护。

 知识拓展

刘邦斩白蛇

第四节 汉武帝巩固大一统王朝

一、削藩

景帝平定了七国之乱,并借机收回了诸侯王的军政权力,使中央对全国的统治得到加强。

武帝登基之初,经文景之治的休养生息等一系列的发展经济与民生措施之后,西汉王朝的国力已蒸蒸日上。汉武帝承袭这些政策,兴修水利,农业经济空前繁荣,粮食多得只能任其腐烂,朝廷金库长期不用,串钱的绳子都烂断了。朝廷大臣们都希望天子举行祭祀泰山的封禅大典,汉武帝也希望建功立业以垂青史,然而太皇太后窦氏还在推崇信奉黄帝、老子的道家无为学说,汉朝以"孝"治天下,武帝只得作罢。直至窦氏去世,汉武帝才得以真正掌握大权。他进一步削弱诸侯王的势力,颁布大臣主父偃提出的推恩令,"众建诸侯而少其力",同是刘家子孙都得照顾,诸侯王的子嗣均可获得封地,如此,一来使诸侯王的封地越封越小,二来侯国是归政府直接管辖的,推恩令颁布后,王国分得很小,就无力抵抗中央。皇帝又开始对祭祀祖先时诸侯交来的黄金成色进行检查,成色不足就是对祖宗不敬,一百多个王侯的爵位就被撤了。对于还在位的诸侯王,皇命禁止他们结交宾客,规定只能享受衣食租税,不能干预朝政,更不能擅自离开封地,轻者降为侯爵,重者即是大逆不道。

二、加强中央集权

在中央朝廷,汉武帝建立了"中朝"以削弱相权,巩固皇权。中朝又称内朝,是皇帝选用一些亲信组成的宫中决策班子,借此来培植一批立足于宫中、与"外朝"三公分庭抗礼的内廷官员。重要政事,中朝在宫廷之内就先做出了决策,再交由外朝的丞相来执行，中朝逐渐居于核心地位。同时，汉武帝设立刺史，代天子巡视监察地方。经济上，将冶铁、煮盐、酿酒等行业转为政府专卖；颁布均输法、平准法，全国的贸易和运输业收归官府经营；禁止诸侯国铸钱，使财政权集于中央。思想上，采用董仲舒"罢黜百家，独尊儒术"的建议，为儒学在中国古代的特殊地位铺平了道路；又在长安创立专门的儒学教育机构——太学，作为当时的最高学府。武帝还下令建立国家藏书库，整理图书古籍，又令史官编写史书。在此期间，杰出的史学家司马迁编写了中国第一部纪传体通史——《史记》。

三、北击匈奴

秦末汉初，游牧于蒙古草原的匈奴族，在首领冒顿单于的率领下，统一了蒙古草原，并不断南下袭扰。西汉建国之初，国力疲弱，不得不对匈奴实行"和亲"政策，将宗室女子嫁给匈奴首领单于，每年还要送给匈奴大量粮食和布匹。经过"文景之治"，西汉强盛起来。汉武帝着手以军事手段代替带有屈辱性质的和亲政策来彻底解决北方的匈奴威胁。他派名将卫青、霍去病三次大规模出击匈奴，收复河套地区，夺取河西走廊，征服西域，将当时汉朝的北部疆域从长城沿线推至漠北，收服西域诸国。匈奴王庭远迁漠

> **知识链接**
>
> 卫青和霍去病是西汉的两员名将。卫青骑术高超，胆识过人，他首次出征，就敢于深入漠北，进至匈奴单于祭天和首领聚会的地方。霍去病武艺高强，英勇善战，他第一次出征河西，仅率万名轻骑，孤军深入，转战六日，消灭匈奴兵数千人。卫青和霍去病都为击败匈奴建立了赫赫战功。他们死后，汉武帝为他们修建了高大的坟墓，以示表彰。

北，这就基本解决了自西汉初期以来匈奴对中原的威胁，为后来把西域并入中国版图奠定了基础。汉武帝为反击匈奴，同时派张骞出使西域，丝绸之路由此而始，此后汉朝使节和商队频频出访西域和中亚，互相往来，绵延7000多千米，成为连接欧亚大陆的纽带。

汉武帝在诸多方面建立的丰功伟绩使西汉社会空前昌盛，成为领先于世界的庞大帝国。不过文、景以前70年的积蓄到此也消耗一空，而且汉武帝的铸钱政策还扰乱了当时的社会经济，他又相信神仙方士之说，因巫蛊之祸冤杀太子，外戚再为权臣，西汉末年演变为王莽篡汉。

第五节 东汉的兴衰

一、光武中兴与"明章之治"

西汉后期,社会矛盾加剧。公元6年,外戚王莽夺取政权,建立新朝,西汉灭亡。王莽的改革加剧了社会动荡,激起各地农民起义。历经绿林、赤眉起义后,汉皇室后裔刘秀于公元25年称帝,重建汉室,定都洛阳,史称光武帝,东汉开始。

光武帝为了巩固统治,采取了一系列稳定社会局面的措施。开始着力发展生产,提高民生,恢复国力,释放奴婢,或提高奴婢的法律地位,使大量奴婢成为庶人,使流民返回农村,促进生产。紧接着整顿吏治,设尚书六人分掌国家大事,进一步削弱三公的权力。同时清查土地,新定税金,振兴农业,使人民生活逐步安定下来。种种措施缓解了社会矛盾,王朝重现生机,史称"光武中兴"。光武帝死后,明帝即位,命窦固、耿秉征伐北匈奴,恢复了西域与汉朝的联系。明帝及其子章帝在位期间,为东汉的黄金时代,天下安定,百姓殷实,史称"明章之治"。这一时期东汉的国力空前强盛,四夷臣服。

> **知识链接**
>
> 王莽天凤年间,刘秀前往长安求学。有一次看到了执金吾率军出行,盛大的场面深深震撼了刘秀,身为太学生的他不禁发出了一声感叹:"做官当做执金吾,娶妻当娶阴丽华。"

二、皇权衰落

东汉王朝盛极而衰的转折点,就是外戚与宦官又开始蠢蠢欲动,幕后推手却是贤明的汉章帝,他开创了东汉大力任用外戚之先河。在汉章帝死后,刚登基的汉和帝刘肇只是一个10岁的孩子,从他开始之后一连八位都是小皇帝,都是太后称制。古代女子无才便是德,所以处理朝政只能靠太后的父兄。外戚一掌权,小皇帝只是他们的傀儡。小皇帝自幼要看这些人的脸色,自然不甘心,长大了就一定要报复,可满朝文武都是外戚提拔的,能支使的也只有身边陪皇帝一起长大"忠心耿耿"的宦官了,几代君主都靠他们诛杀外戚,于是宦官的权力日盛,不但干预中央的政治,甚至还把手伸到地方。当时出现了这么个怪圈:皇帝年幼,外戚掌权;皇帝长大后靠宦官杀外戚,宦官掌权;没几年皇帝死去,新帝即位,外戚重新掌权。

> **知识链接**
>
> 外戚梁冀先后立了三个皇帝,独揽朝政20余年。他一家人全部当官封侯,横行霸道,把数千平民当作自己的奴婢,各地上贡朝廷的物品要先送到他家后才敢献给皇帝。年幼的汉质帝不满梁冀专权,说他是"跋扈将军",梁冀居然令人在面食中下毒,毒杀了汉质帝。

外戚、宦官在中央轮流把持朝政的同时，地方势力乘机膨胀，其起因还得从光武帝说起。在地方设刺史一职，始于汉武帝时，当时划天下为十三个州，每州设一个刺史，职位并不高，负责监察郡守和诸侯王，刺史品级虽低但直接向皇帝负责，可以和诸侯王、郡守互相牵制，强化皇权。但光武帝把刺史固定为州一级的地方长官，增加了其行政权和军权，刺史还可直接上奏给皇帝。光武帝本想这样就把地方郡县直接置于皇帝的控制之下，可他不曾想郡有好几十个，州才十三个，刺史的地盘太大，权力太大，还能自己任命属官，门生故吏盘根错节，俨然是一个小王国！于是，只要皇权一弱，地方势力就会膨胀。

三、黄巾起义

由于东汉后期的朝政越来越腐败，时局动荡不安，社会上大批贫民流离失所，加上自然灾害频繁发生，广大人民再也无法忍受这种黑暗统治，反抗的情绪在民间蔓延，水深火热之中的老百姓要想活命只有一条路——揭竿而起！公元184年，黄巾起义爆发，起义军头戴黄巾，在全国各地同时向东汉王朝发动猛烈进攻，腐败的东汉王朝迅速处于土崩瓦解的境地。

面对黄巾军的强大攻势，东汉统治者调集军队进行镇压，同时调和统治阶级内部的矛盾，一致对付农民起义。在东汉军队的残酷镇压下，黄巾军受挫，损失惨重。起义领袖张角去世，历时9个月的黄巾起义最后被镇压下去。而东汉朝廷也元气大伤，地方豪强借着镇压起义扩充力量，相互攻杀，董卓、袁绍、曹操、刘备、孙权等势力纷纷登场，历史进入东汉末年至三国的群雄割据时期。

四、科技文化

尽管政治动荡，但东汉的科学技术仍在继续发展。东汉的张衡对月食做了最早的科学解释，证明那不是天狗吃月亮；他发明的地动仪能够遥测地震方向。华佗发明的麻沸散又是一项世界之最，是世界上最早的麻药，只可惜后来失传了。医圣张仲景撰写的《伤寒杂病论》，推动了中医理论的发展。我国还是世界上最早发明纸的国家，在此之前，祖先是把文字刻在龟甲兽骨、竹木简或者写在布帛上。到了东汉，蔡伦改进造纸术，他也因此成为难得青史留名的宦官。

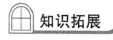

两汉的赋税制度

第六节 沟通中外文明的"丝绸之路"

一、张骞通西域

汉代人把今天甘肃阳关、玉门关以西,也就是现在新疆和更远的广大地区称作西域。汉初的西域,小国林立,受到匈奴的控制和奴役。如大月氏原在水草丰美的祁连山一带,被匈奴一步步向西驱赶。匈奴从西域不断向中原发动进攻,使汉王朝十分被动。汉武帝认识到西域的重要性,决定招募使者出使西域,联络大月氏夹击匈奴。

张骞原是一名郎官,他志在为国分忧,勇敢地站出来应募,承担起这一艰巨的使命。公元前138年,张骞率领随从西出长安,踏上了前往西域的征程。在途中他们被匈奴抓住,威逼利诱之下,张骞威武不屈,"持汉节不失"。在被扣押10余年后,张骞寻机逃脱,继续西行,历尽艰难,终于找到了大月氏。但大月氏西迁已久,安居乐业,不愿再与匈奴打仗,张骞只好返回。归途中,张骞再次被匈奴所抓,扣留1年多后才得以逃脱,回到阔别13年之久的长安。张骞把在西域各国的见闻,以及各国想与汉朝往来的愿望,向汉武帝进行了汇报,使汉朝了解到了西域的具体情况。

公元前119年,张骞再次率领300多人的使团,带着万头牛羊,以及金币、丝绸等财物,走访了乌孙等西域国家。西域各国也认识到汉朝的富足与强大,纷纷派使节到长安,促进了汉朝与西域各国之间的相互了解与往来。

二、丝绸之路

自从张骞开辟通往西域的道路后,汉朝和西域的使者开始相互往来,东西方经济文化的交流日趋频繁。商人们载着汉朝的丝绸等货物,从长安穿过河西走廊,经西域运往中亚、西亚,再转运到更遥远的欧洲,又把西域的物产和奇珍异宝运到中原。这条沟通欧亚的陆上交通道路,就是著名的"丝绸之路"。通过这条道路,汉朝的丝绸、瓷器等物品,以及开渠、凿井、铸铁等技术传到西域;西域的良种马、香料、玻璃、宝石等,以及核桃、葡萄、石榴等农作物,还有多种乐器和歌舞等传入中原。丝绸之路是古代东西方往来的大动脉,对于中国同其他国家和地区的贸易与文化交流,起到了极大的促进作用。

汉武帝还大力开辟海上交通,先后开辟了多条海上航线。其中,从山东沿岸出发的船只穿过黄海,可到达朝鲜、日本。更重要的一条航线是从东南沿海港口出发,经中南半岛南下,绕过马来半岛,穿过马六甲海峡,通往孟加拉湾沿岸,最远可抵达印度半岛南端和锡兰。中国的丝绸等货物经过这条海上航线再转运到欧洲地区,因此被称为"海上丝绸之路"。

三、对西域的管理

张骞通西域后,西汉王朝加强了对西域的经营。公元前60年,西汉朝廷设置西域都护,作为管理西域的最高长官,管辖西域36国,都护府设在乌垒城。西域都护颁行汉朝的号令,调遣军队,征发粮草,对西域地区进行有效的管辖。西域都护的设置,标志着西域正式归属汉朝中央政权,其管辖范围包括今新疆及巴尔喀什湖以东、以南的广大地区。

知识链接

《后汉书·班超传》:"大丈夫无他志略,尤当效傅介子、张骞立功异域,以取封侯,安能久事笔砚间乎。"这就是成语投笔从戎的由来。

西汉末年,匈奴重新控制了西域,汉朝与西域的往来中断。东汉明帝时,派兵出击匈奴,并派班超出使西域。班超克服种种困难,使西域各国与汉朝重新恢复联系。他得到西域各国的信任,长期留守西域。班超在西域期间,还派甘英出使大秦。甘英到达安息后受阻,未能继续前行,但此行开辟了汉朝通往西亚的路线。班超出使西域30多年,到71岁高龄才回到中原,不久去世。其子班勇继承父业,再次出使西域。

评述与思考

1. 想一想国家的统一对各地区、各民族之间的经济、文化交流有什么好处。
2. 分析刘邦能够战胜项羽的原因。
3. 与秦朝的统治政策相比较,汉初实行的休养生息政策对社会的安定和发展有怎样的好处?
4. 说一说汉武帝强化中央权力的做法和历史意义。
5. 光武帝为巩固统治,采取了哪些稳定社会局面的措施?
6. 张骞通西域有什么重要历史意义?

【推荐阅读书目】

① 王立群著:《王立群读〈史记〉之秦始皇》,广西师范大学出版社,2008年。
② 王立群著:《大风起兮云飞扬:汉高祖刘邦》,大象出版社,2019年。
③ 清秋子著:《汉家天下》,河南文艺出版社,2019年。
④ 安作璋主编:《秦汉史十讲》,中华书局,2014年。

第五章

三国两晋南北朝时期

学习目标与要求：

1. 了解汉末三国鼎立形成过程中的重大事件；
2. 了解西晋时期内部动乱以及民族间冲突与交流的历史；
3. 了解东晋时期江南地区的开发。

建议教学时数

4 课时

第一节 三国鼎立

一、官渡之战

东汉末年，外戚和宦官依旧势不两立。此时的外戚何进想召外兵尽诛官宦，却被宦官先下手除掉。得了命令的外兵董卓统兵进入京城，拥立汉献帝，迁都长安，自己掌握了大权。不久，司徒王允和中郎将吕布合谋杀掉了董卓，汉献帝逃回洛阳。曹操通过收编黄巾起义军30万人成为割据一方的诸侯，并将汉献帝迎至自己的根据地许昌。不过东汉时期是极为看中门阀的，袁绍是四世三公，所占据的地方又极为广大，所以势力最强。曹操在政治上"挟天子以令诸侯"，招揽各种人才。在农业生产上，曹操采用屯田的措施，组织军队和流亡的民众从事农业生产，既解决了大批流民的生计，又筹集了军粮，势力逐渐壮大。

当时占据河北的袁绍，兵多粮足，实力强

知识链接

当时袁绍拥兵10万人，战马万匹，兵力上占有绝对优势。两军在官渡相对峙时，袁绍的谋士许攸降曹，告知袁军粮草辎重屯于乌巢。曹操便率精兵偷袭乌巢，烧掉袁军粮草，进而大破袁军。最后袁绍只带800名残兵逃过黄河。

大。袁绍和曹操都想吞并对手，称霸北方。200年，双方在官渡进行决战，曹操声东击西，偷袭了袁军的粮草囤积地乌巢，导致袁军军心大乱，迅速败亡，曹操大获全胜。

二、赤壁之战

此时的刘备投奔荆州牧刘表得一席之地，三顾茅庐请出三国时期最厉害的人物诸葛亮，实力逐渐壮大。孙权继承父兄基业，以江东为根据地，竭力向南扩展。

208年，曹操挥师南下，准备消灭南方割据势力，统一全国。曹军占领荆州后，刘备率军从樊城退往夏口，曹操派轻骑追赶，刘备在当阳长坂坡大败，到了山穷水尽之地，手下谋士诸葛亮亲自到江东去求救。这时的江东兵力远远比不过曹操，然而北军不善水战，千里而来又十分疲劳，加上水土不服疾病流传，曹操军事上的弱点不小。

东汉末军阀割据形势

孙权是个野心勃勃的人，手下的周瑜、鲁肃也极力主战。最终孙、刘结成联盟，曹军兵力有20余万人，孙刘联军只有约5万人，两军在赤壁对峙。对曹军不习水战、船舰连在一起的弱点，周瑜采纳部下黄盖的建议，由黄盖向曹操诈降并用火攻。黄盖送去"降书"后，率领几十艘船，上面装载着浇上油的柴草，驶向对岸。曹军官兵以为是来降的吴军，毫无防备。当来船离曹营不远时，突然同时点火，借着风力冲进曹营的船队，不仅烧毁了曹军船舰，还延及岸上营寨，烧死和落水的士兵无数。周瑜随机率领军队攻杀过来，曹军大败，曹操带着败军北撤。赤壁之战对当时整个局势有关键性的影响，为三国鼎立局面的形成奠定了基础。

三、三国鼎立

赤壁之战后，曹操转而经营关中，扫平关中的割据势力，完成了北方的统一。刘备占领湖北、湖南的大部分地区以后，又向西南发展，攻取四川、云贵地区。孙权一边将统治范围延伸到福建、广东，一边又攻占了刘备在湖北、湖南的势力范围。

220年，曹操的儿子曹丕废掉汉献帝，在洛阳称帝，国号魏。221年，刘备在成都称帝，国号汉，史称蜀汉。次年，孙权称吴王。229年，孙权在建邺称帝，吴国建立。三国鼎立的局面形成。

曹魏重视农业生产，大力兴修水利。孙吴开发江东，造船业发达，发展了海外贸易。230年，孙权派将军卫温率领万人船队到达夷洲，加强了台湾与大陆的联系。蜀汉

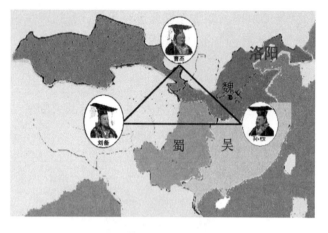

三国鼎立局面正式形成

在丞相诸葛亮的治理下，发展经济，改善民族关系，加速了西南地区的开发。

蜀汉荆州守将关羽被东吴袭杀，导致蜀吴关系破裂。刘备为替关羽报仇发兵攻吴，却在猇亭被东吴陆逊火烧连营，又羞又气的刘备托孤于诸葛亮。刘备病逝后，刘禅即位。实际上蜀国建立后，诸葛亮只活了9年，而蜀国存在了40多年。诸葛亮死的时候，五虎上将也都不在了。姜维独力难支，蜀国宦官专权，国势逐渐衰弱，于263年被曹魏所灭。东吴在孙权死后连年内乱，依靠着陆抗固守荆州，陆抗死后吴国就没有治国的人才了，遂于280年为司马氏建立的晋国所灭。

 知识拓展

曹操

第二节　西晋的短暂统一和北方各民族的内迁

一、西晋的建立

三国后期，魏国实力增强，吴、蜀两国日益衰落。263年，魏灭蜀。

曹魏中期，太尉司马懿参与辅佐新继位的小皇帝，后通过高平陵之变逐渐控制了魏国的军政大权。司马懿死后，他的两个儿子相继专权，魏国皇帝形同傀儡。266年，司马懿的孙子司马炎自立为帝，改国号为晋，以洛阳为都，史称西晋。司马炎就是晋武帝。280年，西晋灭吴，统一了全国。

知识链接

西晋时期的贵族、富豪用斗富的方式炫耀自己的财富。大臣石崇和国舅王恺斗富。王恺用麦糖洗锅，石崇就用白蜡当柴烧；王恺用紫色丝绸做成长40里的步障，石崇就用织锦做出华丽的步障50里。

西晋的皇室及许多大臣是大地主、大贵族出身。西晋王朝制定了一系列优待大地主、大贵族的政策，以保护他们的利益。当时的很多大贵族、大地主在治国方略上缺乏雄才大略，而是处处维护自己家族的利益，在生活上以豪华奢侈为荣，追求享乐。

二、八王之乱

西晋初年，晋武帝认为，曹魏削弱所封诸侯王的势力，导致孤立而亡，于是开国后大封同姓诸王。

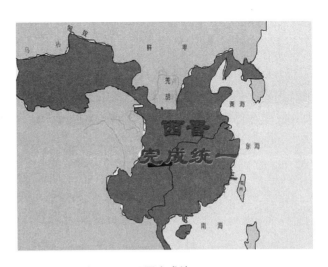

西晋完成统一

后来，晋武帝又陆续派遣诸王据守州郡重镇。这些诸侯王，既手握重兵，又掌管民事，势力日益强大。

西晋统治腐朽，向内迁各族人民收取重税，征兵派役，甚至掠夺少数民族人民为奴。这些暴政激起了内迁各族人民的强烈反抗，一些少数民族的首领乘机起兵反晋。

晋武帝的儿子晋惠帝昏庸无能。他在位时，手握重兵的八个封王为了争夺中央政权，先后起兵，相互混战，史称"八王之乱"。

八王之乱主要在洛阳一带展开。这场内乱给社会造成了巨大灾难，当时米价飞涨，贵到一万钱一石，人民饱受痛苦。八王之乱历时十多年，西晋从此衰落。

> **知识链接**
>
> 有一年发生饥荒，百姓没有粮食吃，只有挖草根，吃树皮，许多百姓因此活活饿死。消息被迅速报到了皇宫中，晋惠帝坐在高高的皇座上听完了大臣的奏报后，大为不解，便问道："百姓无粟米充饥，何不食肉糜？"

中原人口大量死亡，幸存者纷纷逃离，其中逃往南方的人口数以万计，形成我国古代历史上第一次大规模的人口迁徙浪潮。

三、北方游牧民族的内迁

我国北方广袤无垠的草原，养育了北方的游牧民族。他们在水草丰茂的草原上放养马、牛、羊等牲畜，过着逐水而居的游牧生活。"天苍苍，野茫茫，风吹草低见牛羊"，这就是他们的生活写照。

东汉、魏、晋时期，我国北方的游牧民族不断内迁。原来生活在西北的氐族和羌族，由西向东迁入陕西关中；分布在蒙古草原上的匈奴族和羯族，由北向南迁到山西一带；而鲜卑族有一部分迁到辽宁，有一部分迁到陕西及河套地区。西晋时，山西、陕西内迁的各族人口，已经占当地总人口的一半。

西晋灭亡后，从 4 世纪到 5 世纪前期，北方各族统治者先后建立了许多政权。历史上把北方主要的 15 个政权，连同西南的成汉政权，总称为"十六国"。

十六国时期，各国彼此攻占，经济遭到严重破坏，人民颠沛流离。4 世纪后期，氐族苻氏建立的前秦逐渐强盛，并统一了黄河流域。氐族贵族深受汉族文明的影响，皇帝苻坚汉文化修养很高。苻坚任用汉人王猛为丞相，锐意改革。他们整顿吏治，厉行法治，加强集权，招抚流民，减负禁奢，大力兴办学校，提倡儒学。前秦统治下，境内胡汉之间的对立和矛盾有所缓和。

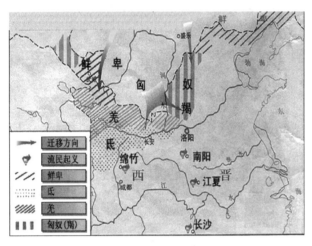

西晋境内内迁各族的分布及流民起义

知识链接

内迁的各族建立的政权频繁更替，先后有前赵、成汉、前凉、后赵、前燕、前秦、后燕、后秦、西秦、后凉、南凉、南燕、西凉、夏、北燕、北凉十六个国家。

十六国后期，拓跋氏建立的北魏逐渐统一北方。北魏在后期分裂为东魏、西魏。后来北齐取代东魏、北周取代西魏，最后北周灭掉北齐。对这些王朝，史称"北朝"。

第三节 东晋南朝时期江南地区的开发

一、东晋的兴亡

316 年，内迁的匈奴人灭掉西晋。随后，镇守长江下游的皇族司马睿于 317 年重建晋王朝，以建康（今江苏南京）为都城，史称东晋。司马睿和南下的北方山东大贵族王导交往密切，他当皇帝，得益于王导为首的南北大族的拥戴。司马睿政治上依靠王导，军事上依靠王导的族兄王敦。王氏其他子弟也得到不同程度的重用。司马睿举行即位大典时，甚至邀请王导共坐御床，时人称之为"王与马，共天下"。

东晋初期，朝廷多次进行北伐，曾收复了黄河以南的部分地区。由于东晋朝廷对北伐将领心存疑虑，多方牵制，北伐因此缺少后援，最终未能收复中原。

东晋成功抵御了来自北方的军事威胁，统治局面相对稳定。社会经济有所发展，江南出现了"荆扬晏安，户口殷实"的景象。东晋末年，政权落入武将手中。420 年，东晋灭亡。

> **知识链接**
>
> 司马睿从东渡到登基，主要依靠北方大族王导、王敦兄弟的大力支持。王氏兄弟权倾内外，司马睿不过是徒有虚名而已。登基大典那天，皇帝司马睿突然拉住大臣王导同升御床，一同接受群臣的朝贺，表示愿与王氏共有天下的意向。所以"王与马，共天下"的典故有着实际的历史含义，反映了东晋门阀政治的特殊背景。

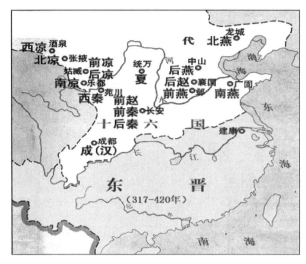

东晋十六国形势

二、南朝的政治

420—589 年，中国南方政权更迭频繁，相继出现了宋、齐、梁、陈四个王朝。这些王朝都定都在建康，历史上统称为"南朝"。

宋是南朝疆域最大的朝代。宋武帝、宋文帝在位的 30 余年里，赋轻役稀，江南民殷国富，社会比较稳定。同时，镇守地方的贵族和将领势力很大。齐由于内部各派争斗频繁，成为帝王更换极快的一朝。梁武帝萧衍从地方起兵夺取帝位后，放纵皇室成员和官僚大地主盘剥平民百姓，政治遂日益败坏。后来发生了"侯景之乱"，建康沦陷，江东最富庶的地区遭到烧杀抢掠，导致赤地千里，人迹罕见。陈因袭梁朝之弊端，版图狭小，力量单薄，最终亡于北方强敌之手。

三、江南地区的开发

秦汉时期，北方和南方的经济发展很不平衡。黄河流域经济发达，是全国经济重心；而江南地区地广人稀，农业生产落后。西晋末年以来，大批北方人民为躲避战祸而南下。到东晋后期，长江中下游地区布满了南迁的流民，尤以江苏一带为多；有一部分流民继续南下，进入今天的浙江、福建和广东等地。北方人的南迁，给江南地区输送了大量的劳动力，也带来了中原先进的生产工具和生产技术，从而使自然条件优越的江南地区得到开发，经济发展迅速。

当时的江南地区，不像北方那样战乱不休，社会比较安定。在南下移民和当地民众的共同努力下，大量荒地被开垦出来，耕地面积不断增加，并兴修了很多水利工程。农业生产技术也有了较大的改进，包括推广和改进犁耕，实行精细耕作，以及推广选种、育种、田间管理和施用粪肥等比较先进的生产技术。例如，水稻由原来的直播变成育秧移栽，这是水稻生产技术的巨大进步，普遍实现了麦稻兼作，岭南地区还种植了双季稻，粮食产量有了很大的提高。此外，东南地区还发展种桑养蚕、培植果树、种植药材等，实行农业多种经营。

南方的手工业也有了快速的进步，在缫丝、织布、制瓷、冶铸、造船、造纸、制盐等方面有显著的发展，促进了商业的交流和城市的繁荣。南朝时的建康，人口众多，是当时世界上最为活跃的大城市。

知识拓展

玄学

第四节　北魏政治和北方民族大交融

一、淝水之战

强大后的前秦，疆域东临大海，南抵汉水，西至龟兹，北达沙漠，与南方的东晋形成了对峙局面。

知识链接

前秦军队虽然有80多万人，但向南进军时前后千里，战线过长，力量分散，到达前线的只有30多万人。隔着淝水，苻坚远望对岸八公山上的草木，误以为都是晋军，开始有所畏惧。这一情景被后人描述为"草木皆兵"。淝水阵前溃退后，败逃的前秦士兵一路上听见风声鹤唳，以为是晋军追来，因此昼夜不敢停歇。

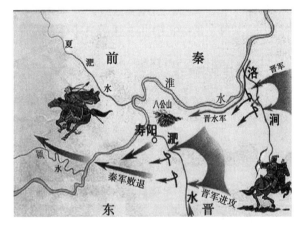

淝水之战

383年，苻坚不顾一切反对，强征各族人民当兵，拼凑步兵60余万人、骑兵27万人，浩浩荡荡南下，企图灭亡东晋，统一中国。出师前苻坚自恃兵多势强，号称自己的百万大军"投鞭于江，足断其流"。东晋团结一致，从容应对，以8万精兵应战，在淝水与前秦军隔岸对峙。在决战即将爆发时，东晋将领要求前秦军队稍稍后撤，以便晋军过河交战。苻坚认为在晋军渡河时发动突然袭击，定能一举获胜，随即命令军队后撤。不料，当前秦军队后撤时，有人在阵后大喊"秦军被打败了"，前秦军顿时阵脚大乱，自相践踏，溃不成军。晋军乘机发动猛烈进攻，打败了前秦军。苻坚中箭负伤，带领残兵逃回北方。

淝水之战是中国古代又一次以少胜多的著名战役。淝水之战以后，前秦很快土崩瓦解，北方再度陷入分裂和混战的状态。

二、北魏孝文帝改革

4世纪后期，游牧在阴山地区的鲜卑族拓跋部迅速崛起，建立北魏。439年，北魏统一北方，结束了十六国以来分裂割据的局面。

当时，北方各族人民长期杂居，民族聚落已不多见。内迁的各族在生产、生活和习俗上，与汉族无明显的区别。而鲜卑拓跋部因为内迁较晚，仍保持鲜卑族的习俗，要治理好广大的北方地区困难重重。

知识链接

鲜卑姓	汉姓	鲜卑姓	汉姓
拓跋	元	步六孤	陆
拔拔	长孙	贺兰	贺
达奚	奚	独孤	刘
普六茹	杨	勿忸于	于
丘穆陵	穆	尉迟	尉

北魏孝文帝即位以后，立志用文治移风易俗。他力排众议，494年迁都洛阳，把百余万包括鲜卑族在内的北方各族人民迁到中原。他进一步推行汉化措施，规定官员在朝廷中必须使用汉语，禁用鲜卑语；以汉服代替鲜卑服；改鲜卑姓为汉姓；鼓励鲜卑贵族与汉人贵族联姻；等等。这些措施，促进了民族交融，也增强了北魏的实力。

知识链接

北魏迁都以后，洛阳成为北方的政治、经济中心。城内有许多大的市场，各地名贵特产都集中在这里交易。全城10多万户居民中，来自国内外的商人就有上万人。市内设有专门管理贸易和税收的官吏。城南还有馆舍，专供外来商人居住。城中不少富商大贾"资财巨万"。

三、北方地区的民族交融

魏晋以来，内迁的各族人民与当地汉人错居杂处，开始过着定居的生活。他们向汉族人民学习农耕技艺，逐渐从原来的畜牧业生产转为从事农耕生产。汉族人民则向北方各族人民学习畜牧经验，还学习和接受他们的食物、服装、用具等。十六国北朝政权的统治者与汉族士人合作，沿袭中原地区原有的统治方式，实行君主专制制度。这一时期的民族关系，有时矛盾激化，甚至发生战争，但在总体上，民族隔阂趋于消解，民族矛盾趋于缓和。北朝后期，我国北方出现了各民族的大交融。

各民族不仅在经济上密切交往，在文化上的交流也日益频繁。西晋时期，内迁各族大多使用汉语；北魏孝文帝改革后，汉语更成为北方主要的通用语言。西北民族的乐器、歌舞等也受到汉族人民的喜爱。尤其是在民族心理上，随着经济、文化的交流与融会，思想感情的沟通，以往的"胡""汉"观念逐渐淡薄，民族之间的隔阂与偏见逐渐减少。

北方地区民族的交往、交流与交融，为中华民族的发展注入新的活力，进一步丰富了中华民族的物质文化和精神文化，并为隋唐时期多民族国家的繁荣与发展奠定了基础。

第五节　魏晋南北朝的科技与文化

一、贾思勰和《齐民要术》

我国现存最早的一部完整的农书，是北魏贾思勰撰写的《齐民要术》。贾思勰曾任郡太守，非常重视农业生产。他整理古书中记载的农业知识，采集民间歌谣谚语，汲取农民的生产经验，自己还在生产实践中证明和丰富了这些经验。《齐民要术》一书总结了农、林、牧、副、渔等方面的生产技术，内容十分丰富。贾思勰强调农业生产要遵循自然规律，种植农作物必须因地制宜，不误农时；要改进生产技术和工具；还提出了多种经营和商品生产等重要思想。

这部农业科学技术著作突显了中国古代科学家以民生为本的务实精神，反映出当时农业生产技术已经达到较高的水平。这部农书对后世农学的发展有深远影响，在世界农学史上占有重要地位。

祖冲之

二、科学家祖冲之

祖冲之是南北朝的一位杰出科学家，他在数学、天文历法和机械制造方面都有重大成就。他治学严谨，从不盲从。三国时期魏国的数学家刘徽最早提出了具有"极限"思维的圆周率的正确计算方法，并求得圆周率为3.1416。祖冲之运用刘徽的方法，把圆周率精确到小数点之后的第七位数字，即 3.1415926 和 3.1415927 之间。这项成果领先世界近千年。祖冲之在数学方面的研究成果，收集在他与其子合著的数学名著《缀术》一书中。这部书在唐朝时被朝廷规定为算学的主要课本，唐代数学考试多从中出题，后来传到日本、朝鲜，也被用作学校的课本。

祖冲之还对历法进行精细的观测和推算，他所测算的一年时间，与现代天文科学测算的结果相比较，只差50秒。他创造出当时最先进的历法《大明历》，并上书朝廷，请求实行新历法。朝中大臣不相信这个年轻的小人物创制的新历法，指责他污蔑天道、背弃经典，拒绝施行。直到 510 年，《大明历》才正式颁行，而这时祖冲之已经去世 10 年。

祖冲之还很擅长机械制造，他设计制造出了指南车、千里船等。史书上称他造的千里船能"日行百余里"，指南车"圆转不穷，而司方如一"。

三、书法、绘画与雕塑

汉代造纸术的发明，使书写的载体变得快捷便利，也为书法艺术的进一步发展提供了物质条件。人们对书法美的不懈追求，推动了书法艺术的持久发展。

东汉以后，书法已经成为专门供人们欣赏的艺术了。钟繇和胡昭是曹魏时期的书法名家，他们兼采汉末众家书法之长，擅长行、草、隶书，并形成了自己的风格。钟繇独创楷书书法，刚柔兼备，点画之间多有异趣，后人称他的楷书为绝世之作。西晋设置书博士，教学生学习书法，规定用钟繇和胡昭书法作为标准书体。将书法艺术提高到一个新阶段的是东晋的王羲之，他刻苦学习书法，继承各种书体的优点，所作楷、行、草书尤为精湛。他的行书、楷书摆脱了以往带有隶、篆的痕迹，当时的人就称赞他的书法为古今之冠，笔法"飘若浮云，矫若惊龙"。王羲之的代表作《兰亭集序》，达到了收放自如、浑然天成的境界。《兰亭集序》被称为"天下第一行书"。由于在书法艺术上的杰出成就，王羲之被后人誉为"书圣"。唐太宗酷爱书法，尤其对王羲之的作品喜爱有加，他曾亲自为《晋书·王羲之传》写评论，认为

云冈石窟露天大佛

龙门石窟卢舍那大佛

"尽善尽美，其惟王逸少乎！"唐太宗得到《兰亭集序》后，爱不释手，"置于座侧，朝夕观赏"。相传，他在临终前要求太子将《兰亭集序》真本随同下葬，以便自己在地下

也能随时欣赏。今人所见到的《兰亭集序》都是摹本。

兰亭集序

女史箴图局部

洛神赋图局部

北魏统治者崇尚汉族文化，重视书法艺术，流传下来的碑刻书体，苍劲厚重，粗犷雄浑。

中国书法艺术是中华民族的文化瑰宝，在世界文化艺术宝库中独放异彩。

魏晋南北朝时期的绘画，由于佛教盛行，宗教画占据主导地位。东晋的顾恺之是当时最著名的画家，他擅长人物画，线条优美活泼，人物传神，富有个性。顾恺之一生的创作很多，流传下来的作品有《女史箴图》和《洛神赋图》，均为摹本。同时，由于山水诗的增多，山水画开始形成。

南北朝时期，统治阶级为宣扬佛教，在一些地方的山崖上开凿了许多石窟。其中最著名的是山西大同的云冈石窟和河南洛阳的龙门石窟，这两处石窟群里雕刻着数以万计的佛像。这些佛像继承了秦汉以来我国雕塑艺术的优良传统，也吸收了外来佛教造型艺术的特点，堪称宏伟精巧的雕刻艺术品。

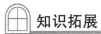 知识拓展

南朝四百八十寺

评述与思考

1. 官渡之战和赤壁之战都是中国古代史上以少胜多的著名战役。思考一下：两个战役胜败的主要因素是什么？
2. 在西晋之前，还有哪些朝代实行过分封诸王？想一想：分封诸王对中央政权的统治会造成什么危害？
3. 魏晋南北朝时期南方社会经济发展的原因是什么？
4. 魏晋南北朝时期为什么会出现民族融合的高潮？

 【推荐阅读书目】

① 易中天著：《品三国》，上海文艺出版社，2018年。
② 孙立群著：《从司马到司马：西晋的历程》，中华书局，2011年。
③ 劳榦著：《魏晋南北朝简史》，中华书局，2018年。
④ 刘强著：《魏晋风流》，中国青年出版社，2018年。
⑤ 李力、杨泓著：《魏晋南北朝文化史》，新世界出版社，2018年。

第六章

隋唐时期

学习目标与要求：

1. 隋唐时期发生的重大历史事件；
2. 唐代盛世经济、政治的发展概况及其发展的原因；
3. 隋炀帝、唐太宗、唐玄宗等人的历史地位。

建议教学时数

6 课时

第一节 隋朝的积淀

一、隋朝统一

581 年，北周外戚杨坚（隋文帝）废了外孙，自己做了皇帝，改国号隋（因其曾受封为随国公，"隋"字是杨坚创造的），定都长安。经过紧张的筹备，589 年，杨坚次子晋王杨广（即隋炀帝）率领水陆大军 50 万一举灭掉了南朝陈。

隋统一南北的原因，第一是各民族的融合。隋之前，汉人和胡人的民族观念很强，淝水之战，前秦的失败在一定程度上也是由于占兵力绝大多数的汉族士兵不愿与东晋为敌。到隋统一的时候，南方人已经不把北方人看作异族了，北方完全汉化，与中原如出一脉。第二是北方农业生产的恢复和发展。战争需要厚实的经济基础，这一时期北方的生产力水平仍比南方高，这使北方政权有实力攻打南方。隋朝在做了充分准备后，直指江南而灭陈。

隋朝在建立初期，面临的是一个百废待兴、百乱待治的局面。身为开国皇帝的隋文帝，耳闻目睹，深知军政改革和发展经济是王朝永固的基石。他一登上金銮宝座，就施展其雄才大略，进行了一系列的改革，以巩固统治。

二、均田制的发展

北魏以来的均田制较为合理，隋文帝继续实行并完善，规定丁男受露田（种植五谷）80亩、永业田20亩，妇女受露田40亩；奴婢5口给1亩。永业田不归还，露田在受田者死后归还。对一般农民，采取轻徭薄赋、鼓励农桑的政策，缩短农民缴税的年限，由国家直接征收赋税而不经豪强地主转手，避免重重盘剥。对于豪强贵族兼并土地的行为则给予打击，以保证农民的正常生产，从而提高了农民劳动生产的积极性。均田制实行后，国家可以控制更多的劳动力，增加赋税收入。在设立官仓的同时，隋文帝还关注救灾扶贫，鼓励民间设立义仓，其储粮由人民捐纳，以备饥荒时赈济灾民。

三、三省六部制

政治方面，隋文帝建立了一整套政权统治机构。中央实行三省六部制，设尚书、门下、内史三省作为最高政权机关，三省长官行使宰相职能，辅助皇帝处理全国事务。内史省和门下省是机要之司，内史省负责起草并宣行皇帝的制诏，门下省负责审查内史省起草的制诏和尚书省拟制的奏抄；尚书省主管全国政务的实施，其下设吏、礼、兵、刑、民、工六部，成为之后各朝的滥觞。地方上，南北朝以来，由于郡县设置过滥，形成了"民少官多，十羊九牧"的局面。隋文帝废州、郡、县三级地方机构，改为州、县二级制。

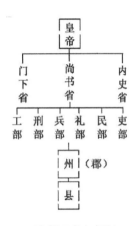

隋朝三省六部制

四、科举制

隋朝以前，人才的选用通常是君王和一些官僚以个人好恶为标准。隋文帝一改前朝由门阀士族把持的品评人才的机制，采用考试选拔人才，分科取仕，规定各州每年以文章华美为标准选拔三人，荐给朝廷，后又下诏以"志行修谨"（有才）、"清平干济"（有德）二科荐举人才，朝廷试策，就当时国家的政治生活方面写作政论文。此时还属于科举制的草创时期，尚未形成制度，但已把读书、应考和做官三者紧密结合了起来。隋炀帝杨广即位后，又创置了进士科，国家用考试的方法以才取人，考取的就可以到中央或地方政府中做官，这是我国科举制度的开始。它以自由报考（"投牒自进"）为特点，以考试优劣为人才取舍的主要依据（即"一切以程文为去留"），考

隋朝大运河示意图

试大权集中在中央的吏部，以自下而上逐级淘汰的差额考试为主要筛选办法，以加强皇权为宗旨，广泛地向地主阶级各阶层打开了入仕的途径。不过此时的科举制在考试目的的确定、考试内容的选择、考试规程及方式方法等方面尚不完善，是科举制的初创时期。科举制的完善与发展是唐代的功绩。

五、二世王朝

隋文帝在皇帝中是个异类，只有皇后没有嫔妃，一心扑在国家事业上，一上朝就一整天，勤政爱民，自己也非常注重节俭，特别厌恶奢侈之风，尤其是对接班人严格要求。次子杨广很会伪装讨杨坚的欢心，因此隋文帝废太子杨勇，立杨广为继任者。估计隋炀帝伪装得太久了，一上台就露出真面目，滥用民力广建宫室，挥霍无度，穷奢极欲，好大喜功三征高句丽，巡游全国三下江都（今江苏扬州）。开挖大运河也是因他需要一条舒适便捷的南下水道，客观上为沟通南北经济发挥了重大作用，恐并非其本意。凡此种种导致隋朝迅速衰落，土地兼并剧烈，农民起义爆发，隋二世而亡。隋炀帝虽是暴君但非昏君，文帝创建的体制在他手里延续，他做的那些事并非都无益处，但是大量消耗了财富与民力，民怨沸腾，动摇了统治基础。最终，关陇贵族、太原留守唐国公李渊在其子李世民的辅佐下于618年灭隋建唐。

综合来看，隋朝是一个继往开来的朝代，结束了魏晋以来中原长达300多年的分裂局面，重新统一了全国，开创了继秦汉之后的又一个大一统局面。隋朝创立的三省六部制及科举制度为唐以后的封建王朝所沿用，对中央集权的巩固和社会经济的发展起了积极作用。

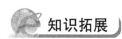

隋炀帝的暴政

第二节　大唐盛世的开创

一、玄武门之变

隋朝末年，农民大起义爆发后，自小演习骑射、研读兵书的青年李世民，判断隋朝气数已尽，果断劝说李渊在太原东南的晋阳起兵，先后镇压了各地的反隋义军，并最终推翻了隋朝。李世民为李渊称帝和铲平割据势力、统一全国，立下了汗马功劳。

统一战争胜利后，李世民身披黄金甲，率铁骑万匹，凯旋长安。唐高祖李渊为他加号"天策上将"，位在王公之上。统一以后，李世民设立文学馆，收罗四方名士，使他们成为自己的政治顾问。太子李建成感到了严重的威胁，太子府的谋士魏徵给他出主意，建议他出兵攻打割据势力的余部，与李世民争夺军功。太子与李渊的四子齐王李元吉结成反李世民联盟，几次想加害李世民，并设计将他的智囊房玄龄、杜如晦调走。

由于太子与齐王的联合排挤，李世民在军事上处于劣势。但是，他成功地收买了太子府的心腹人员。在得知太子谋害自己的计划后，李世民当机立断，先发制人。他一面在宫城北门玄武门做了秘密布置，一面向李渊告状，等待李渊次日召见太子和齐王上朝质问。在李建成和李元吉过玄武门入朝之际，李世民一箭射死李建成，李世民的大将尉迟敬德射杀李元吉。这就是"玄武门之变"。李渊惊愕地得到这一消息，但已无可奈何，只好下诏立李世民为太子。

图6-3　唐太宗李世民画像

二、贞观之治

626年，李世民登上皇位，他就是唐太宗。唐太宗对隋朝的灭亡深有感触，经常与大臣议论历代兴衰往事，对"民惟邦本，本固邦宁"的道理深信不疑。他选贤任能，虚怀纳谏，励精图治，使唐朝政治清明，社会稳定，经济恢复和发展，出现了"贞观之治"的局面。

唐太宗选官不拘一格，"内举不避亲，外举不避仇"。魏徵本来是太子李建成的旧臣，玄武门风波后向李世民表示，只要愿意用我，我就像忠于太子那样忠于你。结果魏徵忠到什么程度？他敢在朝堂之上跟皇上争论。唐太宗盛怒，长孙皇后知晓后却穿起大礼服向太宗道贺"主明臣直"。太宗释然，并重用魏徵，让他专门负责监察，给皇上提意见。当魏徵去世时，唐太宗感慨道："以铜为镜，可以正衣冠；以史为镜，可以知兴替；以人为镜，可以明得失。今魏子已逝，遂亡一镜矣。"唐太宗求贤若渴，用人扬长避短。他看到房玄龄和杜如晦虽不善处理琐事，但一个能谋，一个善断，就分别提拔他们为左右仆射，掌握尚书省实权。

为了医治战争创伤，唐太宗实行休养生息的政策，不夺农时，推行均田制，轻徭薄赋。他反复强调"存百姓"的思想。在他统治的23年间，全国的户数增加了将近一倍。

唐太宗从民本思想出发，慎用刑罚，认为"死者不可再生，用法务在宽简"。唐太宗统治时期制定的法律《唐律》，体现仁义为本、刑罚为末的原则，比《隋律》减少了160多条死刑条款。时人这样描述唐初的社会："囹圄常空，马牛布野，外户不闭，粮价低廉。"

唐太宗主张文德治国，崇儒尊孔。他完善科举制，提高进士科地位。看到进士科人才济济，他高兴地说："天下英雄，入吾彀中矣。"有人作诗道："太宗皇帝真长策，赚得英雄尽白头。"科举制也推动封建文化向高峰发展。

三、民族团结与融合

唐朝疆域广阔，东到大海，西达咸海，东北至黑龙江以北外兴安岭、库页岛一带，南及南海。那时，各族人民联系加强，进一步融合，边疆少数民族地区进一步得到开发。唐朝初年，唐太宗大败东突厥，在其旧地建都督府，任命突厥贵族做都督来管理；在西突厥地区先后建立安西都护府和北庭都护府，直接管辖天山南北直到阿姆河和阿尔泰山、巴尔喀什湖以西的广大地区。唐政府册封回纥（维吾尔族的祖先）首领骨力裴罗为"怀仁可汗"，后回纥改名为"回鹘"，其政权瓦解后部分向西迁入甘肃、新疆等地。8世纪中期，唐政府在黑水建立了黑水都督府，进一步加强了这一地区与内地的联系。713年，唐玄宗封粟末首领大祚荣为渤海郡王，授予渤海都督府都督之职，渤海王常派人到唐都长安学习，带回许多汉文书籍，并把土特产貂皮、海东青、人参、马、铜等输入内地。唐玄宗封南诏首领皮罗阁为云南王，在内地先进文化的影响下，南诏的经济文化迅速发展。汉族把精巧的手工技术传到南诏，促使南诏发展丝织业，并使其建筑和艺术也取得很高的成就，著名的崇圣寺三塔，至今还屹立在苍山、洱海之间，已有千年的历史。641年，唐太宗派人护送文成公主入吐蕃（今西藏），与吐蕃赞普松赞干布结婚。文成公主带去了蔬菜种子、手工业品和医药、生产技术等方面的书籍，以后又有唐朝的许多酿酒、制碾硙、造纸墨的工匠来到吐蕃，养蚕技术也传到那里。8世纪初期，唐中宗又把金城公主嫁给了尺带珠丹，尺带珠丹上书唐朝皇帝说：吐蕃和唐朝"和同为一家"。以上举措加深了汉、藏两族人民的友谊。

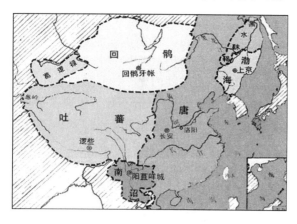

唐朝周边少数民族

知识拓展

开元盛世

第三节　盛唐的自豪

一、政权的巩固与发展

唐朝是中国历史上的重要朝代，也是中国封建社会繁荣和发展的朝代，唐朝早期更是我国历史上少有的封建盛世。这一时期，政治清明，经济繁荣，文化昌盛，疆域辽阔，社会稳定，国力强盛，对外交往频繁，历代很少可以与之相比。放眼世界，只有大食（阿拉伯）帝国可与唐帝国并驾齐驱。

626年，李世民发动玄武门之变，登基做了皇帝，他就是我国古代杰出的政治家唐太宗。他励精图治，开创贞观之治，随后又有武则天的有为统治，特别是唐玄宗的英明治世，唐朝出现了开元盛世的局面。由于他们的英明统治，中央集权的封建文明被推向顶峰，中国封建社会呈现出前所未有的盛世景象。

巩固和完善中央政治体制。唐朝一系列重要制度多是在贞观（唐太宗年号）时期制定的。太宗沿袭隋朝的三省六部制，只是名称有所变化而职责不变，三省是指尚书、中书、门下三省，为避唐太宗名讳，尚书省下六部中的民部改为户部，其他不变。此外，中央还专设御史台。进一步完善了科举制度。唐朝设立的考试科目增加了，以明经和进士两科最为重要。进士试"诗""赋"

唐太宗时新科进士鱼贯而出

"论""策"，明经试"帖经"和"墨义"。此时，崇尚文辞的风气已形成，进士科尤其受到重视。武则天时期又增加了殿试，由君王本人亲自主持考试和录取。科举制度不仅为庶族地主进入仕途开辟道路，扩大了统治基础，而且大大提高了官吏的文化素质，对唐朝政治、经济、文化的发展起到了积极作用。

二、经济的繁荣与发达

唐朝关注民生，实行休养生息政策，农业兴旺，社会经济繁荣发达。唐朝继续沿用均田制，又实行了租庸调制，使农民得到了一定的土地，保证了他们的生产时间，更有利于农业生产的发展。唐朝农民在生产实践中改进了犁的构造，在江东出现了曲辕犁，同时兴修水利，还创制了新的灌溉工具筒车。农民大量垦荒，耕地大增，连年丰收，官

> **知识链接**
>
> 唐朝的租庸调制规定，成年男子每年向官府交纳定量的谷物，称为"租"；交纳定量的绢或者布，称为"调"；在服徭役的期限内，如果不去服役的也可交纳绢或者布来代役，称为"庸"。租庸调制中以纳绢或布来代役的方法，在均田制的同步实施下，使农民在有土地耕种的同时保证了农耕的时间，推动了唐朝农业的发展。

仓里装满了粮食和布帛，正如大诗人杜甫在《忆昔》中所述："忆昔开元全盛日，小邑犹藏万家室。稻米流脂粟米白，公私仓廪俱丰实。"唐朝手工业十分发达，在大城市里有各种各样的手工作坊，大作坊的工匠可达万人。手工产品种类繁多，尤其以丝织、制瓷最为发达，堪称世界一流。丝织品的品种花式很多，不仅轻软薄透，染色更是丰富艳丽，是丝绸之路上输往西方的重要商品，单是在新疆吐鲁番发现的唐代丝织品就有40多件。邢州和越州都以制瓷业闻名全国。"唐三彩"更是闻名于世，其造型生动逼真，色彩鲜艳，制作水平极高。农业和手工业的繁荣促使商业兴旺活跃，城市繁荣，交通发达。京城长安的繁荣是唐代商业兴盛的缩影。唐都长安既是全国的政治中心，又是亚洲各国经济文化的交流中心，居民逾百万，为当时世界上最大的都市。全城坊（住宅区）、市（商业区）分离，商业区分为东、西两市。东市千余邸肆，"四方珍奇，皆所聚集"；西市为外国客商聚居之所，其繁荣更甚于东市。专供客商存货、交易和居住的邸店规模庞大；出现了专供客商寄存钱财的柜坊；贸易频繁，金属货币支付起来实在不方便，飞钱（类似于现在的汇票）应运而生。此外，洛阳的繁华仅次于长安，扬州和成都是长江流域的两个经济中心。扬州是东南财富的集散地和南北物资的转运站，又是对外贸易的重要港口，商贾云集，富甲天下。成都货殖荟萃，其繁荣可与扬州媲美。广州是全国最大的外贸港口，船舶如织，外商云集，唐政府在这里设置市舶司，专管对外贸易。唐政府对外采取比较开放的政策，积极同各国交

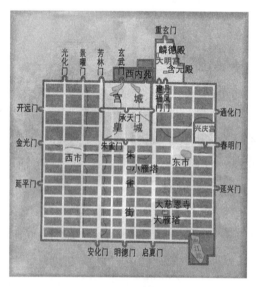

唐长安城平面图

日本东大寺鉴真坐像

往，鼓励各国商人到中国贸易，不许官吏加重他们的税收，更允许他们长期居住，和中国民众通婚或在中国任官。由于唐朝在世界上享有很高的威望，各国开始把中国人称为"唐人"，这种称呼在有的国家一直沿用到今天。

三、对外交往

唐朝时，我国经济和文化处于世界领先地位，亚洲各国乃至欧洲、阿拉伯国家都对之产生由衷的倾慕，争相与唐往来，唐朝对外交往空前盛大。亚洲地区，唐朝与新罗一直保持友好关系。新罗国王以牛马、人参等换取中国的丝绸、瓷器和书籍，新罗商人泛海来到中国经商，新罗人频繁地到长安留学，有的还参加唐朝的科举，考取进士在唐政府担任官职。新罗留学生带回中国文化书籍，积极传播唐朝文化，促进了朝鲜文化水平的提高。早在汉朝，日本使者就已来到中国称臣上贡，日本国王得封"汉倭奴国"国王。唐朝与日本的经济文化交流盛况空前。从贞观年间开始，日本派遣唐使有13次之多，每次少则两百余人，多则五六百人。他们广泛学习唐朝的哲学、历史、政治制度、文学艺术和生产技术，回国后积极传播唐朝文化，并参照汉字草书和楷书的偏旁部首分别创制了日语字母片假名和平假名，日本终于有了自己的文字。日本使者甚至把唐长安城的设计整个搬了回去，建造他们的京都城。在中日交往中，最负盛名而且贡献卓著者当推吉备真备、阿倍仲麻吕和鉴真。鉴真是唐代东渡日本弘扬佛法、传播唐文化成绩最显著的僧人。鉴真五次东渡受挫，第五次漂流到海南岛后，因暑热而双目失明，但他不顾已近七旬的高龄，克服极大困难，终于在天宝十二年（753）第六次东渡成功。鉴真在日本国都奈良设立戒坛，为日僧传授戒律，成为日本律宗始祖。他带去大量佛经，把寺院建筑和佛教艺术，如雕塑、绘画传授给日本。唐朝与印度（天竺）往来频繁，最著名的当属《西游记》的原型僧人玄奘。他历尽艰险，长途跋涉到天竺去研究佛经，归国的时候，他带回佛经6000多部，翻译出1300多卷。现在，这些佛经在印度已失传，汉译本成为当今研究印度半岛古代文化的珍贵资料。此外，唐朝与波斯（伊朗）、大食（阿拉伯帝国）也有友好的通商交往，丝绸之路的中段主要就由他们控制，并作为转运站往来于中国和欧洲，是中西贸易交流不可或缺的一环，丝绸之路更成为中西方交流的大通道。

四、科技文化

太平盛世的唐代是中国科技文化辉煌灿烂的时代。在科学技术方面，最突出的是天文、数学、医药等几个领域。孙思邈和张遂（一行和尚）是这一时期最杰出的科学家。孙思邈著有《千金方》，为中国最早的临床医学百科全书。张遂编制了《大衍历》，并测量子午线的长度，这是世界上测量子午线的开始，比阿拉伯人在美索不达米亚（今伊拉克）的测量早90年。这一时期，雕版印刷的发明是人类印刷史上的伟大创举。唐朝文学绚丽多彩，成就斐然，令人目不暇接。盛唐的几十年，是诗坛上百花齐放的时期，其中有悠然恬美的田园诗人王维、孟浩然；有以雄壮豪迈的边塞诗而著称的高适、岑参；有构思奇特、独树一帜的才子李贺；有以"一吟悲一事"的现实主义诗人白居易；

阎立本的《历代帝王图》（局部）

有表意婉曲、诗文并茂的李商隐；更有名冠诗坛的李白、杜甫，他们是盛唐最伟大的诗人。艺坛也呈现出辉煌灿烂的景象。唐朝绘画流派各异，画风创新。对后世影响最大的画家，有初唐的阎立本，他擅长人物画，传世作品是《历代帝王图》；有盛唐的吴道子，其生平作壁画最多，他画的人物面貌各不相同，形象逼真，人物的衣带飘然若飞，因而有"吴带当风"之誉，后世称吴道子为"画圣"。书法艺术名家辈出，堪称一绝。颜真卿和柳公权为两大书法名家，并出现了以张旭、怀素为代表的狂草，运笔放纵、错综变化、虚实相生，后人尊称开创者张旭为"草圣"。

 知识拓展

隋唐时期的社会生活

评述与思考

1. 略述隋朝统一中国的原因及其历史意义。
2. 隋朝是如何巩固中央集权统治的？
3. 你如何评价隋炀帝开凿大运河？
4. "贞观之治"时期，唐代经济、政治的发展状况怎样？
5. 唐代民族团结与融合具体体现在哪些方面？
6. 唐代在对外交往中对世界的发展起到了什么作用？

 【推荐阅读书目】

① 王仲荦著：《隋唐五代史》，上海人民出版社，2016年。

② ［日］气贺泽保规著：《绚烂的世界帝国：隋唐时代》，广西师范大学出版社，2014年。

③ 黄永年著：《六至九世纪中国政治史》，上海书店出版社，2004年。

④ 黄新亚著：《消逝的太阳：唐代城市生活长卷》，湖南人民出版社，2006年。

第七章

五代十国与两宋时期

> **学习目标与要求：**
>
> 1. 五代十国与两宋时期的经济发展；
> 2. 两宋时期加强皇权统治的措施及效果；
> 3. 两宋文化的发展。

建议教学时数

6 课时

第一节　五代十国

一、安史之乱

唐朝中期，唐玄宗在位时的年号为先天（2年）、开元（29年）、天宝（15年）。

742年，唐玄宗改元天宝，历史如此清晰地在此画了一条分界线：玄宗初掌大宝励精图治，唐朝兴旺繁盛，开创开元盛世；天宝年间政风一转，玄宗一开始锐意边功，继而又纵情享乐不理朝政，军国大政完全不放在心上，宠爱杨贵妃，委政于李林甫、杨国忠。边将出现了以一人而兼统数镇，十几年不换的情况。边将功劳大的可以入为宰相，李林甫

安史之乱和藩镇割据形势图

知识链接

唐朝亡于藩镇是人人皆知的事，其实藩镇之祸不如宦官专权来得厉害。当时始终抵抗中央的只有河北三镇，中央政府只是陷于威权不振的状态罢了，只要有有为之主赫然发奋未尝不可收拾。然而玄宗朝轻信宦官掌握兵权，最终导致宦官把持朝政废立皇帝，再加上朝堂之上朋党之争，最终葬送了唐朝。

怕别人顶掉自己的位置，就奏用胡人为边将，终酿惨祸。755年，身兼范阳、平卢、河东三镇节度使的安禄山，以讨伐宰相杨国忠为借口，起兵15万在范阳叛变。安禄山一路南下，不足两月，已攻陷洛阳自立为帝，并于次年直入长安。玄宗仓皇入蜀，行至马嵬驿，军士哗变，杨贵妃被逼自缢，太子李亨即位灵武，是为肃宗。不久，安禄山被其长子安庆绪所杀。郭子仪得回纥之助，收复长安和洛阳。安之部将史思明降唐，受封为范阳节度使。唐室恐怕史思明再反，欲将之消灭，然而消息泄露，史思明遂反叛。郭子仪、李光弼进击安庆绪，包围邺郡，史思明带兵援助安庆绪，杀安庆绪合并其兵，回范阳，称大燕皇帝。与李光弼相持年余后史思明被养子史朝义所杀。李光弼再借回纥兵，大破史朝义。史朝义部下田承嗣、李怀仙降唐，史朝义被杀，历时八年的安史之乱终告平定。

安史之乱使唐王朝自盛而衰，一蹶不振。此后的中央王朝已经无力再控制地方，安史余党在北方形成藩镇割据，各自为政，后来这种状况遍及全国。这些藩镇不服朝廷管理，或"自补官吏，不输王赋"，或"贡献不入于朝廷"，甚至骄横称王称帝，与唐王朝分庭抗礼直到唐朝灭亡。而战乱之后，广大人民皆处在无家可归的状态中，几乎包括整个黄河中下游，一片荒凉。杜甫有诗曰："寂寞天宝后，园庐但蒿藜。我里百余家，世乱各东西。"农民和地主阶级的矛盾日益尖锐化，最后迫使农民不得不举兵起义，形成唐中叶农民起义的高潮。唐末黄巢起义爆发后，在镇压起义的过程中，军事统领的权势继续扩大，朝廷进一步失去对地方的控制，节度使林立，他们拥兵自雄，互相兼并。其中武力最强、在唐亡后建号称帝者，先后有五代；其余割据一方，自传子孙者为十国。而五代十国境内之节度使亦多桀骜跋扈，节度使部下更多悍将骄卒，逐帅杀使之军变事件不断发生。

二、节度使与五代十国

节度使之职始于唐朝。唐初，突厥、吐蕃强盛，屡次入掠内地，战事频繁，轮番戍守的军队难以应对。为了加强防御力量、改变临时征调的困难，屯戍军设置增多，并逐渐制度化，形成有固定驻地和较大兵力的边防驻军，长驻专任的节度使应时出现，但还不是固定职衔。节度使成为固定职衔是从唐睿宗李旦以贺拔延嗣为凉州都督充河西节度使开始的。至玄宗开元、天宝间，北方逐渐形成平卢、范阳、河东、朔方、陇右、河西、安西四镇、北庭伊西八个节度使区，加上剑南、岭南共为十镇。节度使受命时赐双旌双节，得以军事专杀，行则建节、府树六纛（大旗），威仪极盛。节度使的僚属，都由节度使举荐，然后上报朝廷批准，所统各官虽由中央任命，实际则听命于节镇，乃至于藩镇本身的更替皇帝也做不得主。凡是有节度使的地方，地方主要官职都是由他一人兼任。于是，中央政府对地方的管辖毫无实权。天宝后的节度使集军、民、财三政于一身，又常以一人兼统两至三镇，多者达四镇，威权日重，外重内轻，到天宝末酿成安史之乱。安史乱起，朝廷为了平叛，内地也相继设置节镇，内地节度使辖区虽是藩卫朝廷的军镇，但实际上往往对朝廷保持不同程度的离心状态。安史乱后，讨贼有功之将和贼强来降的，都授以节度使。于是节钺遍地，尾大不掉。

907年，李唐王朝被藩镇宣武节度使朱温（朱全忠）所灭，中国进入五代十国的分裂期。五代依次为梁、唐、晋、汉、周，史称后梁、后唐、后晋、后汉与后周。十国是在唐朝之后，与五代几乎同时存在的十个相对较小的割据政权的统称。其中南方有九个，即吴、南唐、吴越、楚、前蜀、后蜀、南汉、南平（荆南）、闽，北方北汉，有的奉五代为正朔，其他则是保境固守或称帝争天下，建立者均为节度使。朱温因其军力最强，篡唐建立后梁，这是五代十国的开始。能与之抗衡的是西北沙陀人、河东节度使李克用，其子孙与部属更成为后唐、后晋、后汉与后周的君主。923年，盘踞太原的晋王李克用之子李存勖灭后梁，建后唐。后唐历经后唐明宗的扩张与整顿，国力强盛，但发生内乱后，被石敬瑭（著名的儿皇帝，称比自己小十岁的辽帝耶律德光为父）引契丹军攻灭，后晋建立。不久契丹与晋关系恶化，契丹军南下灭后晋，建立辽朝。同时刘知远在太原建立后汉，收复中原。郭威篡后汉建后周，后周世宗柴荣苦心经营，使后周隐隐有一统天下的希望，但柴荣在北伐燕云十六州时不幸病亡。后周随后被赵匡胤所篡，北宋建立，五代结束。

后人有诗言："朱李石刘郭，梁唐晋汉周。都来十四帝，播乱五十秋。"准确来说是53年14个皇帝，他们中的绝大多数是非正常死亡。这是一个"舍得一身剐，敢把皇帝拉下马"的混乱时代，为什么这么乱？由于五代那些开国皇帝无一不是前朝的藩镇节度使，手握重兵，成德军节度使安重荣公开就讲："天子宁有种耶？兵强马壮者为之尔。"这一时期时常发生地方实力派叛变夺位的情况，战乱不止，统治者多重武轻文。这也使得这五个依次更替的中原政权虽然实力强大，但无力控制整个国家，只是藩镇型的朝廷，国家不像个国家，当然更替得就很快。其间定难军（后来的西夏）和静海军（后来的越南）逐渐独立，特别是静海军自此永久脱离中国。

由于北方内乱、外族入侵与天灾不断，南方十国在人口、经济、文化与科技方面皆胜于北方五代。这也是华南经济再度胜过华北的时刻，此后这一局面再也没有逆转。十国为了扩展经济，重视兴修水利与经济作物栽培，发展贸易业、茶叶、纺织，钱塘江石塘也是在这个时期兴建的。

三、江南经济的发展

五代十国时期，南方虽然是九国割据，但各国维持时间比五代各朝要长，又多推行保境息民政策，形成了地区性的局部统一，社会一直比较安定。各国统治者比较重视恢复和发展经济，而北方人民为避免战乱大量南下，又给南方带来了大量劳动力及先进的生产技术和经验，加上南方自然条件优越，因此，南方社会经济有较大发展，出现了若干相对独立的经济发达区域，如以杭州为中心的两浙地区，以扬州为中心的江淮地区等。

首先是农业的发展。其一表现为大量水利设施的修建。水利是农业的命脉，南方诸国无不重视水利建设。成效最大的是吴越国，各州设都水营田使，置撩湖兵、营田军，"以主水利，以方水事"。其二是拓垦土地。此期南方的土地利用程度大幅度提高，许多荒地荒山被开垦。广大农民在江、河、湖沿岸洼地四周围筑堤坝，内以围田，外以隔水，沿坝建水闸，旱则引水溉田，涝则闭闸拒水，把低洼的水涝地改造成旱涝保丰收的良田，增强了抗御自然灾害的能力。

其次是手工业的发展。当时南方的手工业首推制茶业，江淮、湖南、两浙、闽、蜀中等地是主要产茶区，产量巨大。楚国每年向中原王朝贡茶达 25 万斤，江陵是当时中国最大的茶市。纺织业也颇为发达。吴以丝织品输税，可见民间家庭纺织的普遍，蜀中自古为织锦盛地，前蜀时，每年三月，蜀中有蚕市，市面极为繁盛，从一个侧面反映出四川丝织业的发达。制瓷技术也有长进。吴越所产的秘色瓷，色泽如玉，造型别致，其制造技术对以后宋代制瓷业的发展有很大影响。制盐业也有发展，江淮地区的海盐和蜀中的井盐产量都很大。盐税是南唐和前、后蜀的重要财政来源。另外，南方的造船、冶炼、造纸等行业也有发展。

再次是南方的商业也十分活跃。各地区之间的商业往来十分频繁，形成了许多繁华的商业大都市，如金陵、江陵、成都、杭州、福州、广州等。农村市场也十分兴旺，草市圩场大有发展，不少圩市成为县府所在地。南方的海外贸易在此时期有较大发展，尤以闽、南汉为盛。泉州和广州是当时海外贸易的两大港口，同高丽、日本、南洋和西亚诸国都有贸易往来。

五代十国时期南方经济的继续发展，加速了自隋唐以来我国经济重心南移的进程，到北宋初，南方人口已超过北方两倍；同时，也促进了北方经济的恢复和发展，从而为北宋统一全国打下了基础。

周世宗改革

第二节　北宋的建立与变法

一、能人宋太祖

959 年，后周世宗柴荣病故，七岁小儿继位，太后主政。此时忽然传来辽国联合北汉大举入侵的消息，朝中大将只有赵匡胤才是最佳人选，不料赵匡胤却以兵少将寡为理由，推托不能出战。孤儿寡母只好给赵匡胤最高军权，全国兵马都在他的调动范围之内。随后，赵匡胤统率大军出了东京城（今河南开封），行军至陈桥驿（今河南封丘东南陈桥镇）时，东京城内起了一阵谣传，说赵匡胤将做天子。原来赵匡胤为了造成朝廷的慌乱，并使他的军队绝对听命于他，故布此阵。而就在陈桥驿这个地方，赵匡胤的弟弟赵匡义（即后来的宋太宗赵光义）和归德军掌书记赵普授意将士把黄袍加在赵匡胤身上，拥立他为皇帝。赵匡胤半推半就应了下来，率军回师开封，轻易夺取了后周政权，赵匡胤因原任宋州归德军节度使，便改国号为"宋"，建立了赵宋王朝，定都汴梁（即今开封，当时称东京，另外有西京洛阳、南京商丘、北京大名），为与后来在南方立国的宋朝区分，史称北宋，赵匡胤即宋太祖。

宋太祖是位能人，他花费三年时间稳定内部，之后发起统一全国的军事行动，兄弟接力，基本上将中原地区和中国南方统一起来，结束了分裂局面。赵匡胤靠兵变上台，也深知地方节度使不受管制，时常背叛中央，为了使宋朝不再成为继五代十国后的又一个短命王朝，他先演了一出"杯酒释兵权"，解除了大将对军队的控制权，使宋朝中央对军队有了完全的掌握权。得到军事保障之后，太祖便命令各地赋税收入除日常

> **知识链接**
>
> 宋朝的谏官影响极大。一是因为宋初的君主要想控制权臣，须借台谏以重权。二是宋朝的士大夫喜欢求名，好持奇论，遇事都要起哄，彼此不能相容，弄的互相嫉妒，就会使用不正当的竞争报复手段。

所需外，全部运送中央，剥夺了节度使擅自处理地方赋税的财权；命令诸州府选送精兵给中央加强禁军军力，削弱了地方的兵权，险要之地由禁军驻守；命令各州府直属中央，以朝臣出任知州、知府，不再隶属于节度使，并设立通判予以监督和分权。宋太祖的一系列政策从根本上削弱了节度使的军、政、财权，加强了中央集权，最终使节度使成为有名无实的荣誉职衔，授予宗室、外戚、少数民族首领和文武大臣，对武将的晋升更是"极致"，多者可带两三镇节度使，礼遇优厚，尤为荣耀。宋朝的正规军是中央禁军，总司令叫殿前都点检，赵匡胤在前朝就是担任这一职务，造反易如反掌。宋朝立国后，宋太祖取消了这一职务，并把禁军分为 3 个互不统属的机构，但调兵不归他们管，是枢密院的事，枢密使、副使都是文官，还执掌武官选授。军队开拔有文官监军，时刻监督着统兵将领，严格执行皇帝的既定战略，把武将压得抬不起头。宋朝强干弱枝、重

张择端的《清明上河图》（局部）

文轻武的政策的确杜绝了五代以来的武人干政现象，但事实证明过犹不及，在对外战事上有宋一朝始终虚弱不堪。宋真宗时（宋第三位皇帝），辽军大举寇边至澶州，群臣多主张迁都，幸而有宰相寇准力主亲征，宋真宗也是拖拖拉拉才出现在众将面前，最终宋辽双方磋商达成澶渊之盟。宋朝对辽、对西夏贡以岁币，花钱买和平，联金攻辽时愣是15万宋军打不过人家1万人，彻底暴露了自己的虚弱。金军顺势南下，最终发生了"靖康之难"。非战不力，实在武将备受猜忌牵制，无用武之地。所有这些都是宋太祖"惟稍夺其权，制其钱谷，收其精兵，则天下自安"的体现，目的就是让除皇帝之外的任何个人、群体或机构都没有可能大权独揽，却也因此没守住赵氏江山。

二、汴京的繁华

北宋年间，虽然战事连连，但由于其统一了全国的大部分地区，使得有一些地区相对安宁一些，故而生产力和科学技术都有了明显的进步，作为我国四大发明之一的活版印刷术，就是其中杰出的代表。此外，由于战争的需要，在宋朝时火药被首次应用于军事。西方各国的现代战争武器正是在北宋年间经由西亚各国传播的火药制造工艺的基础上发展起来的。宋在文学艺术方面更是名人辈出。宋朝的科举制度使文人得到了可以自由发展的空间。其中，较著名的文人有王安石、范仲淹、司马光、苏轼等人，而宋朝的词作品也已达到了极高的水平，它与唐诗并称为我国古典文学艺术的瑰宝。在绘画、书法艺术上，当首推张择端的《清明上河图》，这幅长卷通过描绘汴京的风物，使近600位人物跃然纸上，成为中国绘画史上不朽的佳作。

宋朝的财政收入很惊人，在重商主义的推动下，唐代十万户以上的城市只有10多个，北宋则增加到40多个。其中开封、洛阳、杭州、扬州、大名、应天（今河南商丘）、苏州、荆州、广州、成都、福州、潭州（今湖南长沙）、泉州等都是著名的繁华都市。开封作为全国的政治、经济中心，最为典型。《清明上河图》以精致的工笔记录了北宋末叶、徽宗时代首都汴京郊区和城内汴河两岸的建筑和民生，描绘了清明时节，北宋京城汴梁以及汴河两岸的繁华景象和自然风光。北宋以前的城市，一般是"坊"（居民区）、"市"（商业区）分区，交易只能在市里进行，而且只能在白天进行，入夜即止。北宋时，开始打破"坊""市"和昼夜的界限。从图中可见城中店铺林立，街上熙熙攘攘，以高大的城楼为中心，两边的屋宇鳞次栉比，有茶坊、酒肆、脚店、肉铺、庙宇、公廨等。商店可以随处开设，悬挂市招旗帜，招揽生意；街市行人，摩肩接踵，川流不息，有做生意的商贾，有看街景的士绅，有骑马的官吏，有叫卖的小贩，有乘坐轿子

北宋汝窑冰裂纹瓷器

的大家眷属，有身负背篓的行脚僧人，有问路的外乡游客，有听说书的街巷小儿，有酒楼中狂饮的豪门子弟；还有了夜市和晓市。市场上的商品从日常用品到奇珍异宝，无所不有。当时汴京城内还出现了"瓦子"（或叫"瓦舍""瓦肆"），里面有"勾栏"（歌舞场所）、酒肆、茶楼和说书、唱戏的，车水马龙，热闹非常。城内的汴河是北宋国家漕运枢纽，商业交通要道，从画面上可以看到人烟稠密，粮船云集，人们有在茶馆休息的，有在看相算命的，有在饭铺进餐的。河里船只往来，首尾相接，或纤夫牵拉，或船夫摇橹，有的满载货物，逆流而上，有的靠岸停泊，正紧张地卸货。画中有814人，牲畜60多匹，船只28艘，房屋楼宇30多栋，车20辆，轿8顶，树木170多棵，真实再现了这座"东方不夜城"的繁华。

随着商品交换的发展，货币流通额迅速增加。为了解决金属货币不足和流通不便的问题，真宗时，在政府的许可下，成都十六家富户主持印造了一种纸币，代替铁钱在四川市场上流通，叫作"交子"。这是中国也是世界上最早的纸币。仁宗时，交子收归官办，设立本钱，定期限额发行，仍在四川使用。徽宗时，改交子名称为"钱引"，扩大了流通领域，而且不备本钱，任意印发，于是引起通货膨胀，成为社会问题。

三、王安石变法

王安石（1021—1086），字介甫，江西临川人，自幼随任地方官的父亲辗转南北，广泛接触社会，比较了解社会弊端和民间疾苦。宋神宗即位后，决心变法。1069年春，宋神宗任王安石为参知政事，成立变法的指导机构"制置三司条例司"，次年年底，提王安石为同中书门下平章事，全面推行变法。

变法的主要内容中，关于富国方面的主要有：

均输法。宋王朝除了征收赋税外，特设发运使，拨给一定数额的周转资金，掌握东南六路生产情况和政府与宫廷的需要情况，统一由发运使负责承办，以达到"便转输、省劳费、去重敛、宽农民，庶几国用可足，民财不匮"的目的。

青苗法。又叫常平新法或常平法。它以各路常平、广惠仓积存的钱谷作本，在每年正月及五六月青黄不接时贷放款粮，听民户按不同户等向官府借贷现钱或粮食，每期取息二分或三分，分别随夏秋两税归还。此法旨在限制大地主和高利贷的盘剥，稳定社会生产，同时国家也可获得一笔可观的利息收入。

> **知识链接**
>
> 当时的一位变法追随者写诗颂扬了王安石变法的功绩。诗中写道:"惠遍农无乏,输均役不骚。保兵知警守,吏禄绝贪饕。信令朝廷重,伸威塞境牢。……万里耕桑富,中原气象豪。河淤开亿顷,海贡集千艘。"
> ——北宋·韦骧《钱塘集》卷五

农田水利法。政府鼓励各地兴修水利,各地有关水利工程需要兴修或疏浚的,由政府计其工料费用,令所有民户按户等高下出资修建。严禁豪强地主垄断水利,向人民敲诈勒索。

免役法。又称募役法。规定废除宋初以来按户等轮流充当差役的办法,改为由政府出钱募人充役,其费用则由应当差役的人根据户等高下缴纳,称为"免役钱",不再充役。原来享有特权不服差役的官户、形势户、寺观户、单丁户、半成丁户等,按户等减半出钱,称为"助役钱"。

市易法。在开封设"市易务",以一百万贯为本钱,市易法平价收购市场上的滞销货物,等到市场缺货时再卖出去。商贩可向市易务交纳抵押品,成批赊购某种所需货物进行贩卖,以平抑物价,年息二分。市易法后来又被推广到广州、杭州、扬州等城市。

方田均税法。针对田赋不均的现象,通过重新清丈土地,均平赋税负担以增加政府税收。所谓方田就是清丈田产,根据土地数量、产权和肥瘠分五等纳税,使田多税少的不能再隐匿,田少质薄的小块土地所有者负担可以减轻。同时,政府的收入也有了保障。

关于强兵方面的主要有:

将兵法。又称置将法。就是精简整顿军队,淘汰老弱,对军队进行训练,提高其素质。在全国各军事要地设立固定的驻防军,挑选主将,就地训练,称为置将。将是当时军队新编制的单位,每将选择有作战经验和有指挥才能的人担任将官和副将,训练军队,提高战斗力。

保甲法。十家为一保,设保长一人,五保为一大保,设大保长一人,十大保为一都保,设都、副保正各一人。保长、大保长、都保正由有物力有才能的人担任。不论主、客户,凡家有二丁以上者,选一人为保丁,农暇时集中保丁,教习武艺。每一大保每夜轮差五人在保内值班巡夜,维持治安。

保马法。又称保甲养马法。宋朝军马,原由政府牧监寄养,成本既高,效益也不好。此法规定,凡五路义勇保甲愿养马的,每户养一匹,富户可养两匹,政府给以监马或给钱自行购买,并可免除部分赋税。马若死亡,则须赔偿。

军器监。是管理武器制造的专门机构,总管内外军器之政。

改革学校与科举制度方面的有:

兴学校。为了培养和选拔人才,整顿太学,增加太学生名额,朝廷根据学习成绩分为外舍、内舍和上舍三等,成绩优等的上舍生可以不必科举考试直接做官。重新注释《诗》《书》《周礼》三部古代典籍,合称《三经新义》,为变法提供理论根据,并作为学生的主要教材。又设置武学、律学、医学等专科学校,培养改革所需的各种人才。

改科举。废除死记硬背的明经科,进士科考试以经义和策论为主。经义以《三经新义》作为科举考试的准绳。

王安石变法抑制了豪强兼并势力，发展了生产，理顺了经济，增加了财政收入，国力由弱转强，在一定程度上达到了富国强兵的目的。

从根本上来说，王安石变法没有也不可能触及社会的根本问题，不可能彻底解决土地集中的问题，不可能较大地牺牲地主阶级的利益，农民从新法中得到的好处并不多，缺乏坚实的群众基础，因而就无法长期缓和地主阶级与农民阶级的根本矛盾。新法触动了保守派官僚、地主的利益，遭到他们的强烈抵制和反抗，宋神宗去世后，变法以失败告终。

 知识拓展

范仲淹与庆历新政

第三节　南宋的兴衰

一、南宋建立

北宋末年，出现了方腊、宋江等人的起义。与此同时，北方的强国辽已经被女真族建立起来的金所消灭，金灭辽后，进而把矛头指向宋朝。宋连辽国、西夏都打不过，更别说兵锋正盛的金兵了。徽宗迫不及待将皇位让于太子赵恒，是为宋钦宗，自己则逃至金陵（今江苏南京）。北宋军队在丞相李纲的指挥下，击退了金军，暂时阻止了金国的南侵，但徽、钦二帝无能，一心想和金国求和，他们先后答应割地赔款给金国，又罢免了李纲等忠臣，于是金兵更加肆无忌惮。1127年，金军攻破开封，并掠去徽、钦二帝及大量财物。至此，北宋王朝宣告灭亡。

1127年，康王赵构在南京应天府（今河南商丘）登基称帝，史称宋高宗，后来定都临安（今浙江杭州），历史上称为南宋。南宋从立国之日起，就带着北宋的老毛病。

康王赵构是宋徽宗的第九个儿子，他母亲是宋徽宗的嫔妃里出身最低的一个，父亲并不喜欢他，做皇帝的哥哥也不喜欢他，金国第一次南下要人质的时候就把他送过去了，结果金国人瞧他气宇轩昂还有点武功，怕有本事不好管就要求换一个。在金兵第二次围攻开封的前夕，他以亲王的身份，同刑部尚书王云一起出使金朝求和，王云暗中勾结金人，准备挟持赵构去做人质，结果阴谋败露，赵构接受磁州（今河北磁县）州官宗泽的建议，没有再北上，但也不敢留在已是战争前线的磁州，而是掉头跑回了相州

（今河南安阳），同相州的州官汪伯彦勾结在一起，逃避抗金斗争，笼络部属，拒绝宗泽向开封进军的建议，不肯救援京城。当金兵俘虏徽、钦二帝及在京城的赵宋宗室后，他是唯一幸存的皇子，于是在大臣们的拥戴下，赵构在南京应天府（今河南商丘）即皇帝位。

当时中原好多地方还在进行着拉锯战，金国没有信心也没有能力占领中原，他们不会种地，听不懂汉话，也看不懂书，以一个小部落灭辽已经喜出望外，继续扩张也有些难以消化，于是先后扶植了张邦昌的伪楚和刘豫的伪齐两个傀儡政权替他们看家。北方的义军（民兵，不是正规军）纷纷起兵抗金，如王彦的八字军，发展到70多万人，每人脸上刺着"赤心报国，誓杀金贼"，勇猛无比。如果官军和义军能联合作战，收复故土也不是没有可能。不过宋高宗赵构同他的父兄一样惧怕同金兵打仗，一门心思逃跑，从应天跑到扬州，扬州到建康，建康到杭州，杭州到越州，实在没路跑了就避难海上。金国大将完颜宗弼，就是《说岳全传》里的金兀术，率四千轻骑，从长江边一路追到海边，由于实在不习水性，只好望海兴叹。金兵一撤，宋高宗就从海上回来了，又回到绍兴府（今浙江绍兴）、杭州。此时杭州已有"地上天宫"之美誉，锦绣繁华，赵构遂立志不走了，升杭州为临安府，并定为南宋的国都，虽有"临时安置"之意，实际早无光复故都之志。

岳飞画像

二、抗金名将岳飞

皇帝不思抵抗并不代表无人主战，南宋的抗战派将领对金军的进攻做了坚决的抗击。韩世忠把金军阻截在黄天荡（今江苏南京市东北）48天之久，岳飞收复了被金军占领的建康。1140年，金军又向南宋进攻，南宋派兵分路抵抗。岳飞带领的中路军在郾城大败金兀术的主力骑兵，乘胜收复了许多失地，正欲"直捣黄龙"，结果宋高宗、秦桧却一意求和，以十二道金牌下令退兵，岳飞在孤立无援之下被迫班师。在宋金议和过程中，韩世忠因不阿附权臣被明升暗降剥夺兵权，最终忧愤而死。岳飞遭受秦桧等人的诬陷，被解除兵权抓捕入狱。1142年除夕，岳飞以"莫须有"的谋反罪名被害，长子岳云和部将张宪同时被杀害，其余所有曾支持过岳飞，坚决抗金的文官武将，也都纷纷被贬斥。岳飞之死表面上看是秦桧所为，实际上是皇帝授意。宋高宗为什么要杀岳飞？自太祖以来，皇帝对武将一直是不信任的，因为每一个武将都是潜在的威胁，不能掌握兵权，以保持重文轻武、守内虚外的局势。而高宗皇帝在南逃时经历了多次武将造反叛变，对武将的猜忌和防范根深蒂固。现在岳飞的军队居然被称为"岳家军"，而不是"赵家军"，而且全国一半的军队都姓岳，岳飞还提及早立太子这种敏感问题，皇帝心中自然忌惮。军情危急时尚能容忍，宋金局势一缓和自然要把这个"隐患"除掉。再者，迎回徽、钦二宗只是高宗的口号，岳飞却当真了，二帝真被迎回来了高宗该怎么办？后来宋金议和，徽宗已死，高宗只要他爹的遗体，并把母亲接回来，根本就没提他哥的事儿。宋高宗以纳贡称臣为代价，换回了东南半壁江山的统治权。

三、南宋末路

宋高宗之后，宋、金两国发展相对稳定。金国也有几次南侵，但大多半途而废；而南宋在孝宗年间也进行了北伐，但未能收复国土，只得继续推行求和政策。此时金国的实力已大不如前，不但自己无力南征，还须时刻提防来自西北日渐兴起的蒙古族势力。随后，南宋王朝与蒙古联手进攻金军。1234 年，金国蔡州被蒙宋联军攻陷，金哀宗自缢，金朝灭亡。

金灭亡之后，南宋不仅没有安宁，反而又要面对更为强大的蒙古族。南宋本想趁蒙古退兵之际收复被蒙古占去的土地，但南宋一直主和，并无强大的军事力量，不但未达到预期目的，反而成为蒙古南侵的借口。1235 年，蒙古军首次南侵，被宋军击退。蒙古军并不甘心失败，于次年九月和第三年两次南侵，其前部几乎接近长江北岸。宋军奋勇作战，打败了蒙古军，再一次挫败了蒙古军渡江南下的企图。1259 年，蒙古大汗蒙哥死于军中，其弟忽必烈听到消息后，立即撤军以夺取大汗之位。这时南宋佞臣贾似道不但不遣军紧追，反而使人向蒙古求和，以保太平，蒙古军遂得以顺利退回北方。此后，忽必烈继承了大汗之位，又继续开始了南征的步伐。1271 年，蒙古建国号为元，并于 1276 年攻占南宋都城临安，南宋王朝灭亡。

四、苏湖熟，天下足

虽然南宋的政治是懦弱腐朽的，但其经济空前繁荣，"苏湖熟，天下足"的谚语广为流传。在农业和手工业发展的基础上，南宋的商品经济更加发达，都城杭州还取代了北宋汴京开封的位置，成为当时国内最大的商业中心，是商贾集中的地方，人民生活水平达到了空前的高度。《武林旧事》等书记载当时杭州有四百四十行，一条横贯南北的御街，也称"天街"，画栋雕梁，路面全部铺石板，两旁商肆林立，"无一家不买卖者"。南宋一位大臣在抱怨世风奢靡时曾说，现在的贩夫走卒居然也

南宋临安年市

穿上了丝制的鞋子。偏安的南宋朝廷大肆修建亭台楼阁，沉溺于酒醉歌娱之中。难怪金国国主完颜亮因为羡慕临安的繁华，竟然偷偷派画工来进行描摹。而此时的北方只剩下"渐黄昏，清角吹寒，都在空城"的凄凉。当时西方最繁华的城市威尼斯的商人马可·波罗，在他的游记中极尽辞藻描述的城市不是金元的皇城大都，而是南方的杭州，他对杭州"颇具豪华气派的一事一物，惊讶得瞠目结舌，叹为观止"。

战乱使得当时主要的中外贸易通道丝绸之路被迫中断，而造船业的兴盛又为南宋发展海运延续对外贸易带来了契机。朝廷在福建、广东等地设置造船厂，建造的大海船甲板多达4层，拥有8面至12面帆，船上还配备罗盘、航海图，源源不断地将中国的瓷器、丝绸、茶叶等物品输往国外，垄断着从中国沿海至南洋、印度洋的海上交通。阿拉伯、印度和南洋的一些商人借助中国的巨船往来于各地。到了元朝，中外海上贸易更趋完善，大大超过陆上交通，被称为海上丝绸之路。因战乱以及商业的吸引，北方人口大量南迁，经济重心南移并最终确立在江南地区，改变了中国南北的经济格局。

五、文化繁荣

> **知识链接**
>
> 宋词的繁荣，一个原因是经济的发展。商业和城市的繁荣，使市民队伍扩大，词这种古代文学形式应该是最适合市民需求的。另一个原因是宋代的矛盾尖锐，宋词正好用来表现爱国精神，即所谓"诗言志、词言情"。

南宋学校教育分中央官学、地方官学、书院和私塾村校，学校教育的大发展，推动了文化的普及和学术的繁荣。州县学在北宋虽多次获得倡导，但只有到南宋才真正得以普及。两宋共有书院397所，其中，南宋占310所，约为北宋的4倍，著名的白鹿洞、象山、丽泽等书院，都是各派学者讲学的重要场所。南宋文禁不密，士大夫熟识政治和本朝故事，对国家和民族有很强的责任感，不少人希望通过史学研究总结历史经验和教训，以供统治集团参考，故而史学大兴。南宋又是中国古代文学、艺术繁荣昌盛的时代。词是两宋最具代表性的文学形式，据唐圭璋所辑《全宋词》统计，在所收作家籍贯和时代可考的873人中，北宋227人，占26%；南宋646人，占74%。李清照、辛弃疾、陆游等都是南宋杰出的词家。宋诗的地位虽不及唐诗，但南宋诗就其数量和作者来说，大大超过了北宋。有北方南迁的诗人曾几、陈与义；有"中兴四大诗人"陆游、杨万里、范成大、尤袤。此外，南宋的绘画、书法、雕塑、音乐、舞蹈以及戏曲等，都有长足的发展。同时，南宋官方十分重视书籍的搜访整理，私家藏书更是远胜前代。在文学方面，南宋因讲求理学、注重实用而不主张辞藻华丽，散文非常发达，著名的散文大家有欧阳修、"三苏"等。小说和戏曲也别开生面，白话文大为发达。

六、程朱理学

北宋时，儒家学者展开了复兴儒学、抨击佛道的活动，同时，他们又冲破汉唐儒学的束缚，融合佛道思想来解释儒家义理，形成了以理为核心的新儒学体系——理学。北宋时期的程颢、程颐兄弟和南宋时期的朱熹在理学造诣上成就最为突出，所以理学也被称为"程朱理学"。南宋时理学最终形成，有以朱熹为代表的主流派道学，以陆九渊为代表的心学，各学派之间互争雄长，呈现出一派欣欣向荣的景象。

程颢、程颐画像

程颢、程颐被称为"二程"，他们认为，天理是宇宙万物的本原，万物只有一个天理，主张先有理而后有物。这是理学的核心思想。同时，"二程"把天理和伦理道德直接联系起来，认为"人伦者，天理也""父子君臣，天下之定理"。朱熹是理学之集大成者。他特别强调，理之源在于天理，而天理就是作为道德规范的三纲五常，它是人性的最高境界，而天理就是作为道德规范的三纲五常，它是人性的最高境界。朱熹还指出人性本来与天理一致，具有仁、义、礼、智等美德，但被后天的欲望所蒙蔽，所以强调"存天理，灭人欲"。

"二程"提出"格物致知"的认识论，认为"物皆有理"，只有深刻探究万物，才能真正得到其中的"理"。他们把知识、道德和天理联系起来，认为"进学则在致知""穷理格物"，掌握天下之理，达到对普遍天理的认识。朱熹更认为"物"指天理、人伦、圣言、世故。"格物致知"的目的在于明道德之善，而不是求科学之真。

程朱理学适应了统治阶级的政治需要，因此备受推崇，成为南宋以后长期居于统治地位的官方哲学，有力地维护了封建专制统治。朱熹编著的《四书章句集注》，成为后世科举考试依据的教科书。朱熹的学术思想还传及日本、朝鲜乃至欧洲，在日本和朝鲜甚至形成了"朱子学"这一学派。

> **知识链接**
>
> 程颐认为："格犹穷也，物犹理也，犹曰穷其理而已也。"就是说，格就是深刻探究、穷尽，物就是万物的本原。关于"格物致知"的做法，就是"今日格一件，明日又格一件，积习既多，然后脱然自有贯通处"。朱熹认为，要贯通，必须花功夫，格一物，理会一事都要穷尽，由近及远，由浅入深，由粗到精。博学之，审问之，慎思之，明辨之，成四节次第，重重而入，层层而进。

七、科学技术的发展

南宋亦是中国古代科学技术发展史上最为辉煌的时期，中国四大发明中的三大发

南宋突火枪

明,即指南针、火药和印刷术,在南宋获得了比北宋更大的进步。当时,指南针已从简单的水浮单针发展为比较复杂的罗盘针;南宋绍兴年间,作为地方守臣的陈规,在抗金战争中发明了用长竹竿制枪筒以喷射火焰的"火枪",这是世界上最早出现的原始管形火器,此后,南宋人又发明了使用弹丸的"突火枪";南宋文臣周必大用毕昇发明的活字印刷术刻印了自己的著作,成为历史记载中实际应用活字印刷的第一人。陈旉所著《农书》是中国现存最早的有关南方农业生产技术与经营的农学著作,该书首次对土地利用规划的技术进行了研究,并在养蚕栽桑和农业经营管理等方面提出了卓越的见解。秦九韶撰著《数书九章》,发展了任意高次方程的数值解法(正负开方术)和联立一次同余式解法(大衍求一术),其研究领先欧洲500余年。杨辉改革了乘除算法,对中国明代珠算的发明有重要推动作用。

 知识拓展

两宋时期皇权及制度

评述与思考

1. 请你描述五代十国时期江南经济发展的具体表现。
2. 你是如何评价宋太祖的?
3. 简述南宋经济发展的主要原因和表现。
4. 试述宋代理学产生的社会背景、内容及其影响。
5. 简述南宋科学技术的主要成就。

 【推荐阅读书目】

① 邓广铭著:《大家讲史:宋史十讲》,中华书局,2015年。
② 吴钩著:《风雅宋:看得见的大宋文明》,广西师范大学出版社,2018年。
③ 游彪著:《宋史:文治昌盛,武功弱势》,中信出版社,2017年。
④ 虞云国著:《黎东方讲史之续·细说宋朝》,上海人民出版社,2019年。

第八章

蒙元时期

学习目标与要求：

1. 了解蒙古族的起源，认识蒙古征战对欧亚文明及东西方文化交流的影响；
2. 了解成吉思汗的主要活动，认识到他为统一的、多民族国家的巩固与发展所做出的贡献；
3. 了解元朝的建立，认识元朝在我国统一多民族国家发展过程中的历史地位。

建议教学时数

2 课时

第一节　蒙古崛起与征战

一、蒙古族的起源

蒙古族是长期生活在我国北方蒙古高原上的一个古老民族，属东胡族系。蒙古人的起源在《元朝秘史》中一开头就讲到了，说是有一匹奉天命降生的苍色的狼和一只白色的母鹿相配，渡过腾汲思海子，来到斡难河（今蒙古国鄂嫩河）源头的不儿罕山（位于今蒙古国北部中央省和肯特省，蒙古圣山）立下营盘，后裔称为孛儿只斤氏，成吉思汗的先世就属于这部分蒙古部落。《史集》则记载了另一种起源传说。据传，远古时蒙古部落在与他部的战争中被屠灭殆尽，只剩捏古思、乞颜一对男女，他们逃进额尔古纳河山地中，在那里长久地生息繁衍。后来所有的蒙古部落都源出于捏古思和乞颜两人的氏族。成吉思汗即出于乞颜氏。

再看历史记载。公元 1 世纪末至 2 世纪初，匈奴为汉朝所破，鲜卑强盛起来。公元 4 世纪中叶，鲜卑人的一个部落自称为"契丹"，另一个居住于大兴安岭、额尔古纳河的部落则称为"室韦"，蒙古部就是室韦人的一个部落，被称为"蒙兀室韦"。蒙兀室韦这个名称最早出现于唐代,"蒙兀"就是蒙古的唐代音译。大约在唐代后期(9世纪下半叶),蒙古部落从大兴安岭山地向西面的漠北草原地带迁移,成为草原游牧部落。随着部落的繁衍,蒙古部所占地盘逐渐扩大,有一部分迁到了鄂嫩河、克鲁伦河、土拉河"三河之源"的不儿罕山地区。当蒙古部落还居住在大兴安岭山林中时,狩猎是他们的主要生产活动;迁居鄂嫩河流域和肯特山地区后,他们从当地突厥语族居民那里学习了从事游牧畜牧业的丰富经验,由原来"射猎为务""捕貂为业""用桦皮盖屋"的森林狩猎部落,转变为饲养马、牛、羊,逐水草放牧,居"黑车白帐"的草原游牧部落。前述蒙古人的苍狼白鹿始祖传说,就是承袭突厥人狼祖传说的一部分发展而来的。

知识链接

蒙古贵族建立了隶属于自己的武装力量。在贵族身边集结了一帮效忠于他们个人的侍卫——那可儿(伴当),他们有的出身于属民,有的出身于奴隶,还有来自别部的投靠者,都与各自的主人结成特殊的隶属关系,受其豢养,为之冲锋陷阵,出生入死。

公元10世纪后的漠北草原游牧部落除蒙古族之外,还有塔塔儿、克烈、乃蛮、翁吉剌、汪古、蔑儿乞等强大的部族。因这些部族共同生活在蒙古高原,辽金时期被泛称为鞑靼。与塔塔儿、克烈、乃蛮等部比起来,蒙古部兴起较晚,势力也较小。辽时,蒙古部还是一个分散的部落,直到11世纪后期,蒙古贵族借助辽王朝的声威号令部众,把各个分支部落纳入管辖之下,势力才日益强大起来。掠夺邻人是强有力者增加财富的重要手段,蒙古各部皆以部族内最富豪者为首领。金朝建立后,对蒙古族实行"分而治之"和屠杀掠夺的"减丁"政策。蒙古族无法忍受女真贵族的残酷压迫,经常与金朝交兵,加上金朝统治者挑拨离间和迫害,更加深了蒙古人民的苦难。蒙古各部流浪荒漠,不得安居,对金朝统治者恨入骨髓。在阶级和民族的双重压迫下,人们期待有一个强大的中心力量来领导全蒙古的统一,加强反抗金朝民族压迫的力量,结束分崩离析的局面。其时,蒙古各部落贵族亦相互征伐不断,这些草原贵族脱离了游牧生产劳动,统领部众四出进行战争和掠夺。草原贵族制的发展,必然导致各部贵族之间争夺蒙古高原霸权的激烈斗争,也正是各部贵族的争霸战争,把蒙古高原推向统一,从而结束了草原贵族制时代。

1146年,蒙古部首领俺巴孩汗被金以"惩治叛部法"的名义钉死,蒙古部落联盟曾经组织了多次反抗,他们的几代先人为此付出了鲜血与生命。大约在公元12世纪时,蒙古族出现了一位杰出的领袖——铁木真。

二、铁木真与蒙古政权的建立

铁木真的母亲诃额仑(也作月伦)夫人出身于弘吉剌部,与蔑儿乞人赤列都结亲。1161年秋,蒙古乞颜部首领也速该在斡难河畔打猎,发现了途经其驻地的诃额仑。他在几位兄弟的协助下,根据当时的"抢亲"传统,打败了蔑儿乞人,抢来了诃额仑夫人，于是诃额仑成为也速该的妻子。第二年，也速该在与塔塔儿人（当蒙古部反金时，塔塔儿人坚定地站在金朝方面）的作战中，俘获了塔塔儿首领铁木真兀格等，此时适逢其妻生下长子，为了庆祝战争的胜利，也速该遂给儿子取名铁木真。

铁木真9岁时，父亲便给铁木真定娃娃亲。也速该的熟人特薛禅把自己的女儿孛儿贴许配给了铁木真。定亲以后，也速该把铁木真留在亲家家里，自

铁木真出征

己只身踏上归途，半路上遇到一群塔塔儿人举行宴会。宴会上，也速该喝了仇人下的毒酒，回家后不久就死去了。也速该死后，俺巴孩汗之孙乘机兴风作浪，煽动蒙古部众抛弃铁木真母子，使其一家从部落首领的地位一下子跌入苦难的深渊，铁木真和母亲及三个弟弟过着饥寒交迫的日子。少年时期的艰险经历，培养了铁木真坚毅勇敢的品质。

知识链接

蒙古本部族的汗，是由本部族公推。大汗的继承，还是要经过公推的手续，由宗王、驸马、诸大将的公开大会决定。不过当时人们所推举的总是成吉思汗的儿子罢了。

铁木真长大后，决心替父报仇，不料又遭蔑儿乞部落袭击，昔日的仇敌又抢走了他的妻子——孛儿贴。挫折使铁木真日渐成熟和强大。1206年，铁木真在斡难河源召开忽里台（大聚会），诸王和群臣为铁木真上尊号"成吉思汗"，铁木真正式登基成为大蒙古国皇帝（蒙古帝国大汗），这是蒙古帝国的开始。

成吉思汗立国后，实行千户制（军政合一的组织），将私人护卫军扩充至万人，颁布了一系列法令和训言，设置札鲁花赤（断事官）负责国家民事、刑事诉讼。成吉思汗将一部分属民分封给其子和兄弟等宗王，受封宗王的封地和属民可以世袭。蒙古原无文字，靠结草刻木记事，成吉思汗命塔塔统阿借用畏兀儿文字母拼写蒙古语，成为全国通行的文字。虽然忽必烈时曾让国师八思巴创制"蒙古新字"，但元朝退出中原后就基本上不用了，而"畏兀字书"经过14世

斡难河大典

纪初的改革，更趋完善，一直沿用到今天。正是由于有了这种文字，成吉思汗才有可能颁布成文法和青册。在铁木真的领导下，族属不同，社会发展不平衡，方言各异的部落在统一的汗权统治下形成了具有共同地域、共同经济基础、共同语言和共同心理素质的民族共同体——蒙古族，成为中国北方一支不可小觑的力量。

成吉思汗立国之初，今中国北方区域还处在金朝统治之下。经过20余年的蒙夏战争，成吉思汗于1205年、1207年和1209年先后三次大举入侵西夏，屡创夏军主力，迫使西夏国王乞降，纳女请和，削除了金朝的西北屏障。成吉思汗随即亲率大军进攻金朝，随后三战三捷，大败金军十余万，还重创金军于东京（今辽宁辽阳）、西京（今山西大同）、居庸关等地，最终灭亡金国。

大汗移动营垒

三、蒙古的对外征战

在不断征战中，勃兴的蒙古贵族已由复仇转而渴望占有大量财富。蒙古人其时尚不懂政治，没有脱离部族思想，只知道部族间的吞并。崇尚武功推动蒙古人不断对外扩张，疯狂掠夺其他民族。

蒙古第一次西征并非是由成吉思汗挑起的，花剌子模边将海儿汗杀死蒙古450人的商队，花剌子模国王又杀死了成吉思汗要求引渡罪犯的正使，直接导致了成吉思汗西征。但将马蹄所到之处视为自己的领土，掠夺奴隶和财物，为自己的子孙经营一片理想的领地，的确是成吉思汗进行西征的终极目的。蒙古骑兵像潮水一样涌入花剌子模内地，沿途许多小城市纷纷开城投降。花剌子模国王摩诃末再不敢与成吉思汗交战，拼命西逃。成吉思汗派哲别和速不台带3万兵追击，约定3年内返回。摩诃末一直跑到宽田吉思海（今里海）的一座小岛上，蒙古军没船进不了海，只好绕着圈去寻找，顺路征服了周围的许多城市。这时的摩诃末又窝囊又懊悔，最后病死在岛上，临死前命儿子札兰丁即位，嘱咐他要恢复故国。札兰丁率军在呼罗珊击败了3万蒙古军，成吉思汗亲自指挥与札兰丁进行了一场恶战，花剌子模全军覆没，札兰丁连人带马跳进印度河，渡水而逃。成吉思汗又追入印度，因为那里天气太热，只好率军北返。至此，花剌子模国灭亡。成吉思汗西征，采用大规模屠杀、夷平城市、遣发被俘人众打头阵等残酷手段震慑敌人，进行历史上罕见的大屠杀、大破坏，给中亚各族带来了极大的灾难。

知识链接

成吉思汗在攻西夏时去世，秘不发丧。他的遗体被运回蒙古老家，叫起辇谷。到了地方埋葬后，万马踏平，不起坟头，播种牧草。仪式完成后让母骆驼眼睁睁看着自己的小骆驼在此地被杀。来年祭祀的时候，赶上这头母骆驼，它痛苦哀号的地方，大家知道这就是成吉思汗的陵，于是就举行祭祀。母骆驼一死就再也没人知道他埋在哪儿了。今天内蒙古伊金霍洛旗的陵寝是成吉思汗的衣冠冢。

成吉思汗攻灭西夏后，准备集中全力攻金，却在六盘山下清水县（今属甘肃）病逝，遗命第三子窝阔台继承大汗之位。至此，成吉思汗建立了一个横跨欧亚的大帝国。其子窝阔台和拖雷遵其临终遗嘱，利用宋、金世仇，借道宋境，联宋灭金。

成吉思汗是蒙古民族的杰出领袖，将蒙古高原的众多部落统一为一个整体，形成强大的蒙古民族。他依靠一批能征善战的将领和谋士，特别是善于利用游牧民族的骑兵优势，创造了震撼世界的征服，同时也在一定程度上促进了东西方文化的交流。成吉思汗以其军事家的雄才大略，为继承者结束自唐安史之乱以来形成的割据分裂局面，建立统一的大元王朝奠定了基础。元朝建立后，元世祖忽必烈追尊成吉思汗为元太祖。

1234年，蒙古大汗窝阔台决心继承成吉思汗的事业，继续开拓蒙古帝国的疆土，派兵进行了第二次西征。蒙古军从花剌子模故地出发一路向西，击败了钦察人，征服了咸海流域及波斯地区。蒙古军队的旋风震惊了欧洲各地，西欧各国急忙联合起来准备抗击。就连罗马教皇也呼吁组织十字军，以抵抗蒙古军队对基督教世界的巨大威胁。就在蒙古大军即将进攻西欧之时，蒙古大汗窝阔台病逝，于是，蒙古大军向东返回伏尔加河流域。第二次西征的突然结束，无疑拯救了欧洲。随后拔都建立钦察汗国（俄罗斯），欧洲人称为金帐汗国。俄罗斯贵族在金帐前战栗听命，延续了400年之久。当元朝在中国的统治结束后，金帐汗国仍然统治着俄罗斯。直到16世纪中叶，俄国彼得大帝兴起，蒙古人在俄国的统治才衰退而消失。

1253年，蒙古大汗蒙哥和弟弟忽必烈亲自带兵南下攻打南宋，派另一个弟弟旭烈兀率军进行第三次西征。这次蒙古大军的进攻方向是西亚中东地区，平定今伊朗地区，向西攻打阿拉伯强国阿巴斯王朝。1258年年初，蒙古军队击败了阿拉伯军队主力，用大炮轰开了名城巴格达。蒙古军入城后烧杀抢掠了7天7夜，被屠杀的居民达数十万，这座西亚古城几乎被完全毁灭，统治伊斯兰世界几百年的阿巴斯王朝至此灭亡。蒙古军继续向西进攻，攻陷了叙利亚首都大马士革。再向西就是埃及了，旭烈兀准备一鼓作气打到非洲去。就在这时，蒙古大汗蒙哥在四川钓鱼城与宋军作战时阵亡，旭烈兀急于回去争夺大汗之位，就率蒙古主力东返。余下的蒙古军队力量不足，被埃及军队打败，非洲终于得以保全。后来，忽必烈先到一步当上了蒙古大汗，旭烈兀就留在阿拉伯半岛建立了伊尔汗国。在这次西征中，蒙古人把中国的火药技术带到了阿拉伯，日后又传到了欧洲，启发日后的欧洲人发明了火枪火炮。

从1217年到1260年的40多年中，历经三代人，蒙古军共进行了3次西征，不到

100万蒙古人统治了4000万平方公里的陆地面积。在被征服的土地上,蒙古人建立了伏尔加河流域包括俄罗斯中南部地区的钦察汗国,两河流域及阿拉伯半岛一带的伊尔汗国,东起阿尔泰山、西至阿姆河一带的察合台汗国,今新疆西部至巴尔喀什湖一带的窝阔台汗国,总共四大汗国。蒙古贵族征服天下,基本上是采取屠杀和掠夺政策,但其宗教政策却比较开明,并不强迫被征服者改信蒙古人的宗教,而是宣布信教自由,这对蒙古贵族的得天下和治天下都曾发挥过不小的作用。

第二节 元朝的统治

一、元朝建立与统一中国

忽必烈谋得汗位之后,于1271年改国号为"大元"(取《易经》中"大哉乾元"之意),建都大都(今北京)。1279年元朝统一全国后的疆域比过去任何一个朝代都要辽阔,居中国各朝之冠:北到西伯利亚,南到南海,西南包括今西藏、云南,西北至今新疆,东北至鄂霍次克海,今天的新疆、西藏、云南、东北、台湾及南海诸岛均在元朝疆域内。

与以往只知掠夺的蒙古权贵不同,忽必烈即汗位之时,即以实现"天下一家"为己任。他灭南宋后,实现了中国空前的大一统,疆域辽阔,人口众多,民族复杂。他为了巩固对这个偌大国家的统治,更广泛地学习采用中原王朝的传统制度和政治经验,视全国为一体,建立了以蒙古贵族为主要统治者的统一的多民族的封建国家。

忽必烈建立元朝

在元朝向南扫灭南宋的过程中,出现了一位铁骨铮铮的英雄——文天祥。在广东,文天祥率部下抗击元军,被元军击败。文天祥被俘,欲服毒自尽,因为元朝皇帝忽必烈要面见文天祥,他被元军抢救过来。元军让他写劝降信,文天祥写了著名的《过零丁洋》诗;后被押往大都,他在牢里写下了著名的长诗《正气歌》。忽必烈亲自出马对他进行劝降，文天祥一身布衣，在宫殿上背对着忽必烈坐在地上，但求速死！在刑场上，文天祥向南而拜，要来纸笔写下绝命诗，悲壮就义。

二、元朝巩固统一的措施

元朝基本上沿袭了唐宋的中央制度，略有改变，在中央未采用三省制，而是实行一省制，即设立中书省作为中央最高的行政机构，总理全国政务。枢密院不仅掌理军机兵权，且管宫禁宿卫及军官选授迁调事项。御史台（又称内台）掌管监察。除此之外还有主管各方面事务的机构，如宣政院掌管佛教僧徒及吐蕃事务，通政院掌管驿站，将作院掌管工匠，太史院掌管天文历法，大宗正府掌管蒙古人的诉讼等。

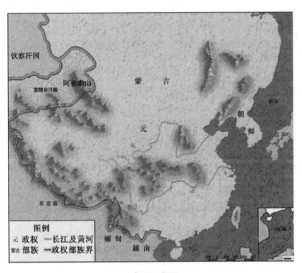

元朝疆域图

元朝如此广阔的领土怎么管辖？这必然需要对地方管理制度有较大的改进，在地方设置行中书省（简称行省），各行省的组织均仿中书省，举凡民政、财政、军政无不统领。此举从政治上巩固了国家的统一，使中央集权在行政体制上得到了保证，对后世影响很大。元朝以后，行省的名称一直沿用下来。在中书省和行中书省下，又有路、府、州、县，各级都有札鲁花赤，主要由蒙古人充任，亦参用色目人，往往不实际管事，但高居于众官之上，所以被称为监临官。

元朝很重视边疆地区的管理。当时的边疆地区主要有如下六处。云南地区——以今云南为主体，东面和北面包括今贵州、四川部分地区，西面和南面包括今缅甸和泰国、越南部分地区。元初即在这里设云南行省，设立学校，教民农桑，大大推动了云南地区经济文化的发展。东北地区——北至外兴安岭，东北至鄂霍次克海和库页岛，东临日本海。元初即在这里设辽阳行省，驿站120处，把东北各地联系起来，又把东北各地与元朝大都联系起来，大为便利了东北各民族的互相交往和与内地的往来。岭北地区——东至兴安岭，西至阿尔泰山，南抵大戈壁，北部包括今贝加尔湖、叶尼塞河流域和鄂毕河上游及其以北地区。元初即在这里设岭北行省，以屯田固边，使军储比较充实，有利于巩固边防，也使蒙古地区的农业有了发展。吐蕃地区——以今西藏为主体，东面和北面包括今四川、青海部分地区。西面包括今克什米尔部分地区，南面包括锡金、不丹等国及附近地区。从忽必烈封吐蕃喇嘛教萨斯迦派首领八思巴为国师和帝师开始，元朝皇帝都尊奉大喇嘛为帝师，以统领全国佛教；大喇嘛又是西藏地区的最高政治首领，掌管西藏军民世俗事务，配以中央机构宣政院和地方机构宣慰司共同治藏。畏兀儿（今维吾尔族）地区——

以今新疆为主体，包括中亚的一部分。元朝在这里设都护府驻军屯田。台湾地区——包括今台湾、澎湖及附近各岛，元朝在这里设立澎湖巡检司专门管辖澎湖、台湾等地。

元朝发达的海运

三、社会经济与科技文化

元世祖忽必烈即位后，建立了管理农业的机构——劝农司，指导、督促各地的农业生产，编辑《农桑辑要》，推广先进生产技术，保护劳动力和耕地，兴修水利等，使元朝初期的农业生产得以恢复和发展。棉花等经济作物生产的恢复和发展，使当时基本上自给自足的农村经济，在某些方面渗入了商品货币经济关系的因素。规模空前的统一局面、对外关系的不断开拓，以及畅达四方的水陆交通，为中外商旅提供了"适千里者如在户庭，之万里者如出邻家"的优越环境。元朝在思想上也是兼收并用的，他们对各种思想几乎一视同仁，都加以承认与提倡。元帝尊重儒学，册封孔子为"大成至圣文宣王"，并且推崇理学为官学。元仁宗初年恢复科举，在《明经》、《经疑》和《经义》的考试中都规定用南宋儒者朱熹等人的注释，影响到后来明朝的科举考试皆采用朱熹注释，也为明朝朱学与阳明心学的崛起提供了条件。

相对而言，元朝的诗词成就较少，但戏剧十分兴盛。杂剧和散曲发展特别快，元杂剧集音乐、舞蹈、动作和念白于一体，是一种比较成熟的戏剧形式。那时还有一种称为散曲的歌词，以抒情为主，与唐宋诗词关系密切。元代剧作人才辈出，除关汉卿与马致远外，还有白朴、郑光祖，被并称为"元曲四大家"，有名的作品有《窦娥冤》、《拜月亭》、《汉宫秋》和《西厢记》等。元曲与汉赋、唐诗、宋词等并称为中国优秀文学遗产。

在书法和绘画方面，以赵孟頫的成就最高。他对诗文音律无所不通，书画造诣极为精深，是元代的画坛领袖。其绘画取材广泛，技法全面，山水、人物、花鸟无不擅长。他倡导复古，强调"书画同源"，主张师法自然。书法方面，钟繇、二王、李邕、宋高宗（赵构）以及历代诸家，篆、隶、真、草各臻神妙，其绘画、书风和书学主张对后世的影响巨大而深远。

元朝在天文历法方面的成就也比较高，元世祖吸收阿拉伯天文学的技术，并且先后在上都、大都、登封等处兴建天文台与回回司天台，设立了远达极北南海的 27 处天文观测站，在测定黄道和恒星观测方面取得了远超前代的突出成就。郭守敬等人修改

赵孟頫《人骑图》

历法，主持编订了《授时历》。《授时历》于 1280 年颁行，沿用了 400 多年，是人类历法史上的一大进步。

元朝自忽必烈定国号起，历经十一帝。因为对汉人的高压政策，受到汉族的强烈反抗，加上权贵之间的争权夺利，国力逐渐衰弱，在统治全国 98 年后，被朱元璋建立的明朝取代。北迁的元政权退居漠北，仍沿用大元国号，与明朝对峙，史称"北元"。

 知识拓展

回族的形成

评述与思考

1. 以蒙古族为例，谈谈我国北方少数民族生产与生活的特点。
2. 简述蒙古政权对外征战的影响。
3. 元朝是如何巩固统一多民族国家的？这些措施对中国历史的发展产生了怎样的影响？

 【推荐阅读书目】

① 韩儒林主编：《元朝史》（上下），人民出版社，2008 年。
② 周良霄、顾菊英著：《元史》，上海人民出版社，2003 年。

第九章

明清时期

学习目标与要求：

1. 了解明清时期在政治上强化封建专制统治的表现，认识其对中国社会发展的影响；

2. 了解明清时期的经济政策与资本主义生产关系萌芽发展的情况，理解新的生产关系发展的艰难性；

3. 了解明朝时期郑和下西洋的经过及影响；

4. 了解明清时期加强中央集权，反抗外来侵略，维护国家主权的事实，探究其对于统一的多民族国家发展的意义。

建议教学时数

6课时

第一节 明朝的统治

一、明朝的建立

（一）明朝建立

元朝末年，吏治腐败，大批蒙古贵族、官僚通过受赐、占夺等方式转变为大土地所有者，如权臣伯颜一次所受赐田即达 5000 顷之多。蒙古贵族又是如此的残酷，伯颜甚至扬言要杀绝张、王、刘、李、赵等五姓汉人，妄图以此镇压以汉族为主体的反元斗争。而当时的黄河又屡屡泛滥，给沿河中下游的河南、山东等地的广大人民带来了巨大的灾难。监督修河的官吏只知贪污舞弊，任意克扣民工的血汗钱，致使民工挨饿受冻；赈灾官员不顾灾民死活大捞灾民救命钱，以致群情激愤。在这些灾民中普遍流行着一个

民间传说中的朱元璋画像

民谣："石人一只眼，挑动黄河天下反。"北方白莲教首领韩山童及其教友刘福通等决定抓住这一时机，发动武装起义。韩山童以白莲教教主的身份宣称只要"明王出世""弥勒佛下凡"，人民就可以翻身。1351年五月，韩山童、刘福通等人打出"虎贲三千，直抵幽燕之地；龙飞九五，重开大宋之天"的旗帜，宣誓起义，因义军头裹红巾，人称红巾军。由于元军势力的强大，红巾军日益陷入元军的包围。1359年，刘福通为保护韩山童之子小明王韩林儿突围出走而壮烈牺牲。朱元璋的南方起义军异军突起，迅速灭亡元朝政权，建立了新的汉族统一政权——大明王朝。

（二）草莽皇帝

朱元璋是个极具传奇色彩的皇帝。他出身贫苦人家，一家人都是老实巴交的农民，给他取名重八（两个八），他小时候给地主家放牛。1343年，濠州（今安徽凤阳）发生旱灾，次年春天又发生了严重的蝗灾，庄稼被蝗虫吃得干干净净。祸不单行，接着当地又发生了瘟疫，朱元璋家也染上了瘟疫，不到半个月，父亲、大哥以及母亲先后去世。朱元璋和二哥眼看着亲人一个个死去，家里又没钱买棺材，甚至连块埋葬亲人的土地也没有。家破人亡的惨痛，深深地影响着朱元璋的心境，他仿佛跌进了无底深渊。为了活命，朱元璋与他的二哥、大嫂和侄儿被迫分开，各自逃生。朱元璋投身皇觉寺做了小行童。他在寺里每日扫地上香、打钟击鼓、烧饭洗衣，整天忙得团团转，仍受到老和尚的斥责，憋了一肚子气。荒灾使寺里的粮食不够和尚们吃，寺里也得不到施舍，主持只得罢粥散僧，打发和尚们云游化缘。朱元璋只好扮成和尚的样子，离开寺院托钵流浪，以乞讨为生。

朱元璋在外要饭三年，把世道看得清清楚楚，他意识到天下大乱很快就会来临，于是广交朋友，准备干出一番事业来。正在此时，朱元璋收到儿时伙伴汤和的信，汤和在信中邀请朱元璋参加郭子兴的义军（就在濠州）。恰在此时，朱元璋的师兄秘密告诉他，说有人知道此信，要去告发他，情急之下朱元璋算了一卦，看过卦象后他放下钵盂，坚定地投奔郭子兴的红巾军。朱元璋入了义军，打仗时身先士卒，获得的战利品全部上交郭子兴元帅。他得了赏赐，又说功劳是大家的，继而分之。不久，朱元璋在部队中的好名声传播开来。郭子兴见朱元璋是个人

> **知识链接**
>
> "壹、贰、叁、肆、伍、陆、柒、捌、玖、拾、佰（陌）、仟（阡）"，这些大写数字是中国特有的数字书写方式，利用与数字同音的汉字取代数字，以防止数目被涂改。据考证，大写数字最早是由武则天发明，后经朱元璋改进完善，目的就是杜绝篡改账目，打击贪污。

才，对自己的事业将会有很大的帮助，就把他调到帅府当差，又把21岁的养女马氏嫁给了他，从此军中改称朱元璋为朱公子。有了身份，他便不能再用从前的名字，于是就另起了正式名字"元璋"。

之后的朱元璋自己募兵，徐达、李善长等纷纷来投。朱元璋出兵定远、滁州，有了自己的根据地，实力增强。1356年，朱元璋亲自统率水陆大军进攻集庆（今江苏南京），不到十天，便攻下了集庆。进城后，朱元璋下令安抚百姓，改集庆为应天府。此时，尽管朱元璋拥有10万兵力，声势比过去大了很多，但是占有的地盘仍然很小，而且四面受敌。他听从儒士朱升的建议，"高筑墙，广积粮，缓称王"，扩大自己的地盘和队伍。在争取民心的同时，朱元璋还不断网罗人才，特别是地主阶级的知识分子，在应天府还专门修建了礼贤馆来接待他们。在局势稳定之后，朱元璋着手消灭其他割据势力。他首先进攻占据江西北部一带的陈友谅，鄱阳湖一战充分发挥小船灵活的长处，采用火攻计，最终艰难取胜，陈友谅被乱箭射死；接着他发表檄文声讨张士诚，以重兵包围平江（今江苏苏州），张士诚被俘。

1364年，自封吴王的朱元璋命中书右丞相徐达为征虏大将军，平章常遇春为副将军，率军25万北进中原。1368年，朱元璋于南京称帝，国号大明，年号洪武。洪武元年，明军进逼北京，结束了蒙古在中原98年的统治，明朝取得了在长城以内地区的统治权，中国再次回到统一的王朝统治之下。真应了"乱世出英雄"，趁着元朝风雨飘摇，朱元璋义无反顾地投奔红巾军，从士兵起步，渐至将军、元帅直至称王称帝，成就了一个从农民到皇帝的传奇历程。

二、封建专制统治的加强

（一）厂卫等特务机构的设立

朱元璋出身贫苦，从小饱受元朝贪官污吏的敲诈勒索，因此极为痛恨贪官，开国之后，他以极其残酷的法律严惩贪官污吏，从登基到驾崩，他"杀尽贪官"之举贯穿始终。当然每个人都会有他的另一面，朱元璋这么个穷苦人好不容易成为开国皇帝，不能让他的儿子再去化缘了，朱家天下要千秋万代，这是他的最高宗旨。明朝钱宰被征编写《孟子节文》，散朝回家发了以下感慨："四鼓冬冬起着衣，午门朝见尚嫌迟，何时得遂田园乐，睡到人间饭熟时。"第二天上朝，朱元璋问他："你昨日的诗作得好，不过我并没有'嫌'迟啊，改作'忧'字如何？"钱宰吓得连忙磕头请罪。这是明朝的一大特色，出于监控官员的需要，朱元璋将管辖皇帝禁卫军的亲军都尉府改为锦衣卫，这是一个正式的军事特务机构，由皇帝直接掌控，可以任意逮捕、刑讯、杀害任何臣民而不经任何法律手续，他的继承者又设立了太监指挥的东厂、西厂等特务机构，与锦衣卫一起实行恐怖统治。明朝的特务统治一直延续到明朝灭亡。

（二）君主专制的加强

明太祖嫌行省制度在地方上过于集权，将之一分为三，设立承宣布政使司、都指挥使司和提刑按察使司，职权分散，三者又是平级，可互相牵制，防止地方权力过重，不过这又使得中枢宰相权力过大。明初仍设中书省，负责处理天下政务，其长官为左、右丞相，位高权重，极易与皇帝发生矛盾，胡惟庸任相后愈演愈烈。胡惟庸门生故吏遍布朝野，形成了一个势力集团，威胁着皇权。在朱元璋以谋反罪将胡惟庸等下狱后，御史们揣摩皇上的意图，群起攻击胡惟庸专权结党。于是，朱元璋以擅权枉法的罪名处死了胡惟庸和有关官员，同时宣布废除中书省，以后不再设丞相。胡案成为朱元璋打击异己的武器，以致受牵连而被杀者达3万多人。太师、韩国公李善长也受牵连，全家被杀。接着朱元璋又杀掉了功臣蓝玉。胡、蓝两案前后共杀了4万人。经过这两次史无前例的政治整肃，开国的文武功臣被屠戮殆尽，连徐达也难逃被杀的下场。对于朱元璋的滥杀，皇太子朱标深表反对，朱元璋故意把长满刺的荆棘放在地上，命太子捡起，朱标怕刺手没有立刻去捡，于是朱元璋说："你怕刺不敢捡，我把这些刺去掉，再交给你，难道不好吗？我杀的都是对国家有危险的人，除去他们，你才能坐稳江山。"在朝廷上，朱元璋还设立廷杖制度，只要大臣与皇上一言不合，拉下去就打，有些大臣为了显示学问，写的奏折长篇大论，忘了皇上认不了那么多字，直接被打一百板子再说。

控制人的最好办法就是控制思想。明朝科举制从四书五经中命题。四书是指《大学》《中庸》《论语》《孟子》，必须以朱熹的注释为准。五经是《诗》《书》《礼》《易》《春秋》。考试过程中不允许发挥个人见解，只能代圣贤立言，文章都分为八股：破题、承题、起讲、入手、起股、中股、后股、束股。十年寒窗，应试只是来玩文字游戏，如何能选出真才！

为了有效控制全国，朱元璋编订永不改变的民、兵、匠户籍，规定国民在自家方圆一里之内自由行动，超过了就得凭官府开的"路引"通行，否则就是重罪。朱元璋还恢复了西汉的殉葬制度，这是一个毫无人性的制度，这个制度在他的后代明英宗时才被废除。

（三）内阁的设立

朱元璋为了加强集权统治，罢中书省，废丞相等官，更定六部官秩，直接对皇帝负责；改大都督府为中、左、右、前、后五军都督府；同时加强监督力度，置都察院。当时的一切人事任免及决策权皆在中央，而朱元璋也亲力亲为。虽然以上措施的确可以保证权力掌握在自己手中，但是需要耗费皇帝大量的精力，并且全国各地事务纷杂，头绪太多，皇帝难免会有遗漏，于是权力的下放成了必然。明太祖设置殿阁大学士作为侍从顾问帮助他处理政务，这些大学士很少参决政事，一切仍由明太祖亲自主持。

明成祖虽有明太祖一样独揽大权的野心和实力，但一次又一次的远征让他不能从真正意义上总

明孝陵陈列的朱元璋画像

揽政事（想象一下从京师到漠北传送文书等待批复的过程），于是一个帮助皇帝的"助手"机构——内阁就应运而生。明成祖把原来宰相拥有的决策权牢牢把持在自己手中，议政权分给内阁，行政权分给六部。当时内阁的主要工作职责是为皇帝提供国事咨询，帮助皇上下发旨意，并且可以向皇上提供合理化建议，直接向皇帝负责。所有内阁大学士的选拔对象，往往都是那些资历较浅但是服从皇帝指挥的文人。

　　内阁职权的改变源自明仁宗和明宣宗的先后改革。明仁宗依靠内阁诸位大臣的支持，如履薄冰地走上帝位，因此对内阁大臣倚重有加，每个内阁大臣都有中央部门的兼职，品级一下子被抬高了。皇帝在下旨意之前一般会与内阁大学士共同商议，看看能否执行。这标志着内阁已经开始成为朝廷的中枢，成为文官集团的首领。明宣宗即位后，给予内阁票拟权，给予司礼监批红权。票拟权是指对各部及地方奏疏进行草拟批复，由内阁大学士将处理意见写在纸上，贴在奏折上交给皇上决策。批红就是对内阁的草拟意见表示同意或反对。当然最终决策权依旧掌握在皇帝手中。这么做仅仅是为了减轻皇帝的负担，保持朝政高效率地运行。皇帝除了上朝很少再与其他大臣商议国事，往往内阁大学士提出了票拟意见，皇上同意就是有法律效力的文件，各部和地方都应当遵从执行。虽然正统末年有反复，但到成化、弘治之际，内阁已经成为足以对抗皇权的文官政府的代表。正德皇帝荒嬉好战不亚于隋炀帝，却因为有杨廷和等阁老撑着未成大乱，经过嘉靖、隆庆的发展，万历早期是内阁权力极盛的时期，首辅张居正让内阁成为政府运转的中枢，他实际上已经接近于现代首相的地位。而作为限制，明朝皇帝对言官也赋予了较自由的议事权力，言官主要是都察院的御史和六科给事中。他们可以对不法事件直接上奏，可以批驳六部尚书，也可以驳斥内阁大学士，甚至可以指出皇帝的不足之处。

　　应注意的是，明朝内阁制度始终不是法定的中央一级的行政机构或决策机构，内阁只是皇帝的侍从咨询机构，并无决策权。内阁是君主专制强化的产物，不可能对皇权起到制约作用。虽有内阁大学士大权在握的现象，但其权力并不来自制度、职位，而是来自最高统治者的个人支持与信任。阁臣的升降由皇帝决定，职权的大小依皇帝旨意而定，票拟是否被采纳最终还得取决于皇帝的批红，一旦失宠，阁臣的地位便一落千丈。而历史上的宰相是皇帝的助手，参与国家大事的决策，对皇权具有制约作用。宰相被制度赋予决策大权，其地位十分巩固。

三、北守政策

　　蒙古在退出中原之后仍保有很强的实力，成为明朝边防的重点。从洪武初年开始，明太祖就着力经营北方，派重兵加以镇守，但当时明朝的国都在南京，明太祖对远离京师的北方又放心不下，于是就仿效周、汉实行分封诸王的宗藩制度。朱元璋要让众子孙都来出力，以维护朱家王朝。每位亲王拥有被称作"护卫"的少量军队，少则3000人，多则1.5万人。名义上，亲王不得干预地方事务，但是在紧急情况下，亲王可调遣王国所在地的镇守兵。每有军事行动，诸王都要带领护卫随军出征，那些在疆场上叱咤风云的将帅，虽身为大将军，也要受到这些年轻亲王的节制。太祖沿长城内外，择其险要地

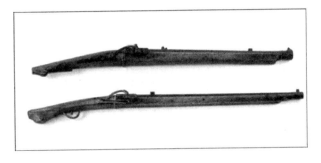

明永乐火铳

区分封了九王，在长城沿线形成一道严密的军事边墙。1390年，燕王朱棣领命率傅友德等出古北口，冒着风雪智取元将乃儿不花等部，捷报传到京师，朱元璋高兴地说："肃清沙漠者，燕王也！"朱元璋屡次命令燕王率师出征，又令他节制沿边军马，燕王威名大振。

"靖难之役"夺得皇位之后，朱棣沿用了朱元璋的政策，对北方故元势力怀柔与武力兼施。永乐初，北元势力相互混战，已分为瓦剌、鞑靼和兀良哈三部。名义上的可汗本雅失里和鞑靼太师阿鲁台野心甚大，想统一全蒙古并与明朝抗衡。1409年，朱棣派淇国公丘福为征虏大将军，率师10万征讨鞑靼。但由于明朝对鞑靼的力量估计不足，再加上指挥失当，10万人马竟在胪朐河（今克鲁伦河）全军覆没。高傲的大明皇帝为保住尊严，只好亲征。1410年春，成祖亲率50万军队出征塞北。明军大败本雅失里于斡难河（今鄂嫩河），对方算上本雅失里仅逃出7人。明军旋回师东击阿鲁台部于飞云壑（今内蒙古锡林郭勒盟东部），阿鲁台部大败，于是年冬遣使贡马，表示内附。之后，成祖又于1416年、1422年、1423年、1424年进行了四次亲征，除1416年是打击瓦剌势力以外，其余皆是征讨鞑靼部。五次北征虽然使北元势力受到打击，但是除了阿鲁台、马哈木这些人接受了明朝的封号外，故元宗室始终未对明朝表示臣服。

1439年，瓦剌部在也先执掌下迅速崛起，在遣使向明朝贡的同时，逐渐扩张其势力。1445年，也先进攻哈密卫，次年攻入兀良哈三卫，瓦剌的势力自哈密向辽东发展，日益形成对明朝的威胁。许多官吏都认识到这一问题，力主警惕戒备，但当时宦官王振擅权，也先私下与王振结纳，王振对北部边防不采取任何战备措施。1449年也先借口贡马减其值而分兵四路大举进犯明朝边界，大同败报传到北京，在王振的蛊惑和挟持下，明英宗决意亲征。随征的文武臣僚虽有数百人，王振却不让他们参与军政事务，一切行动皆由明英宗自己独断。如此大规模的军事行动，既没有认真的战前准备，又没有周密的军事部署，诏下两日，英宗统率的50万大军便匆匆出发了。土木堡之战，皇帝被俘，京军精锐毁于一旦，朝廷震动，一片混乱。郕王朱祁钰即皇帝位，重用力主抗敌的兵部尚书于谦，大败瓦剌军。瓦剌军怕四方勤王兵至，断其后路，遂挟持英宗北撤。1450年秋，也先送还英宗，恢复与明朝的互市贸易，依旧例派遣贡使，但也时常发生抢掠事件。虽然草原上的瓦剌与鞑靼此起彼伏，但终明一

> **知识链接**
>
> 明太祖朱元璋定下规制，内侍太监不得读书，不准和外官交通。成祖起兵，因宦官密告京师虚实，才决意南下。南下的时候宦官又多来投奔，报告机密。成祖深以为忠，即位之后就开书堂与内府，选翰林官入内教习。又命宦官随诸将出镇，设京营提督使之监军，立东厂刺探。于是，宦官权势渐重。

朝始终以守为主,须加固长城以防之,金银珠玉则供其取之。

四、郑和下西洋

知识链接

海外国家与中国结成藩属关系,须派遣使者附载方物入明进行"朝贡",然后由明朝政府以"赏赐"的方式收购其"贡品"。这种做法,实际上是一种变相的贸易形式,长期以来被认为只是"怀柔远人""厚往薄来"的亏本生意,但实际上也包含着相当大的商业成分,大量的商人随之而来并成为主体,进贡物仅占小部分。郑和下西洋进一步推动了朝贡贸易。

就在永乐初年,朱棣还开始了另一件对后世影响甚大的事,这就是郑和下西洋(明朝人对海洋的概念,是以今婆罗洲为界,婆罗洲以西称西洋,婆罗洲以东为东洋)。朱棣自认为是"奉天命君主天下"的"共主",要海外各国都来朝贡。和历代功利主义的封建帝王一样,朱棣也是一个功利主义者,也要宣扬国威,向外示富。

明代初期,由于朱元璋31年的励精图治,农业经济逐步恢复,矿冶、纺织、制瓷、造纸、印刷等方面比以前有了不同程度的发展。中国的丝织品、瓷器受到欧洲一些国家的欢迎,赢得了很高的声誉。尤其是造船业的发达,航海技术的进步(包括罗盘针的使用,航海经验的积累,航海知识的丰富),大批航海水手的养成,以及明初工商业的恢复和发展,宋、元以来中国海外贸易的发达,对外移民的增加,所有这一切,都为郑和下西洋打下了坚实的经济基础,提供了较为雄厚的物质条件。明初这种强盛的国势、发达的贸易,本身具有加强同海外各国的联系、扩大海外贸易和来往的要求。明成祖的皇位是发动靖难之变后,从侄儿建文帝手中夺得的,这在猜忌心很重的朱棣看来,自然是一件最不放心的事,他也想用扬威海外来缓和国内部分人对他武力夺取皇位的不满。明成祖怀疑建文帝下落不明是逃到海外避难,担心他将来对自己构成威胁,所以派郑和下西洋暗中侦察建文帝的踪迹,以杜绝后患。因此,郑和率领的庞大船队,就其活动的性质来说,既不是一般的商船队,也不是一般的外交使团,而是由封建统治者组织的兼有外交和贸易双重任务的船队。

郑和本姓马,回族。郑和的祖父和父亲都到过伊斯兰教圣地。郑和自幼受家庭探险精神的熏陶,后来在一次动乱中,被抓入宫中做了宦官。靖难之役中,他打开宫门,协助朱棣率大军攻入皇宫,推翻了建文帝朱允炆。明成祖朱棣即位后,赐他郑姓,人称三保太监。

当时,中国东南海上局势很乱,不仅有安南(今越南)的四出扩张侵掠,而且还残存着许多反明势力,有元朝的残余,有方国珍、张士诚的余党,还有沿海一带反抗明朝统治的豪强武装。他们不仅不遵守明廷的通海禁令,而且私自交通外国,成为海盗。广东人陈祖义等因犯事逃到旧港(今苏门答腊岛巨港),招募流亡,控制了这一通往西洋的交通孔道,许多海外贡使被拦劫,使明朝向海外的发展受到了限制。同时,东南亚一些地方对明朝的情况不甚了解,或抱有敌对态度。为了解决这些问题,早在1403年,朱棣便派宦官马彬出使爪哇诸国。

1405年，郑和的船队从刘家港浩浩荡荡出发，航海活动开始了。郑和所用的船最大的长四十四丈（126.72米），宽十八丈（57.84米）。据宋应星《天工开物》中"每船长十丈，立桅必两"的说法，可知郑和大船应有九根桅杆。郑和的船队由大大小小200多艘船组成，每次下西洋的人数都有两三万人。

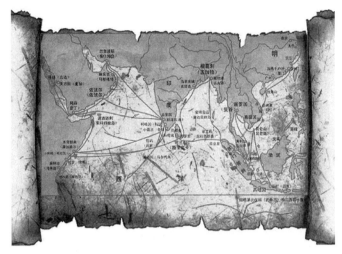

郑和下西洋示意图

船队主要由三类船组成：先锋探路船、主船、助济船。船队之间需要保持距离，避免碰撞，也不能离得太远，但由于海上雾比较大，单用眼睛的视线去调节船的距离很难，有时也不是很准确，这时，船队就用灯光辨位的方法，将灯高高悬挂，这样既能照清海路，又能准确知道船与船之间的距离，适时调节，避免碰撞，还能防止掉队，避免失去控制。一般来说，先锋探路船在前探路，主船在中间一字排开，助济船在后随时助济。船阵很少变动，都是由一般规则来排列的，必要时主船可分为多个支队和一个主队。另外，郑和船队还有粮船、水船以及饲养马匹和动物的船。船队有航海图、罗盘针，也有根据天上星辰测定方位的仪器。船员大部分是老练的水手，观星辨位能力很强。船的目的、方向、位置都可以由先进的仪器和古代人民高超的智慧去准确辨认。

郑和奉命七次出使西洋，其中六次在永乐年间，一次在宣德年间，先后到达了30余个国家，宣扬了国威，提高了明朝的政治外交地位，加强了明朝与西南各国之间的友好往来，增加了我国人民去东南亚的人数。华侨带去了先进的生产技术和文化知识，并积极投入东南亚的开发和建设。华侨的辛勤劳作，促进了东南亚文化和经济的发展，促进了彼此间的文化和经济交流。朱棣在国内的威望也因之提高，地位更加巩固。郑和的航程最远到达非洲东海岸、红海海口，是当时世界航海史上的一个壮举。但郑和七次下西洋给明朝财政造成巨大的经济负担，随着国力的衰退，航海的壮举也必然终止。

五、抗倭斗争

倭寇始终是明政府的一大祸患。日本自与元朝交战后就禁止国内的百姓与中国交通，于是溜出海外做买卖的都是些无赖浪人之流，久而久之就聚合为海盗。与此同时，日本逐渐结束战国时代，沿海诸藩都想靠海外互市赚取金钱，于是出现了不少走私商人。明太祖为了加强海防，实行海禁。日本的海盗和走私商人勾结起来，成为侵扰、劫掠中国沿海的倭寇。

明朝东南沿海各省几乎都受到过倭寇的侵扰。早在14世纪日本南北朝时期，在日本兼并战争中失败的封建地主、商人、武士、溃兵逃亡到海上，他们在封建诸侯的支持、鼓动下，自元末明初开始，就经常侵扰我国东部沿海地区，劫掠财物，烧杀成性，成为东南沿海人民的祸害和影响明政府统治的障碍。15世纪下半叶，日本进入战国时代，各诸侯割据势力相互攻伐。日本国内的许多封建领主依仗着自己的军事力量，不完全服从于日本幕府的命令，而在各自的势力范围内实行封建统治。在战争平息时，这些封建领主时常组织、纵容武士家臣到海上抢劫。这种割据对立状况除了体现在政治上外，还体现在对外贸易上。为了与明朝进行朝贡贸易而谋取巨大的经济利益，各诸侯国争相与明朝通商贸易，最终导致了"宁波争贡事件"的发生。"宁波争贡事件"发生后，勘合的朝贡制度被取缔。嘉靖皇帝废市舶司，重颁海禁令，断绝与日本的一切通商关系。明朝政府企图通过加强海禁，断绝一切海上贸易往来以维护沿海的安定，但是由于经济的发展需要海外贸易，沿海的私商大贾、豪门巨室因利益的驱使也不愿放弃原先的海上贸易，至于广大的平民生计也多赖于此，于是就导致明朝的海禁政策在执行中遇到了很多困难。这种严厉的海禁政策造成中国商品的价格在日本暴涨。在巨大的经济利益刺激下，日本海盗集团便与中国沿海一带的一些土豪、奸商、大贾勾结起来，以日本海盗为外援，中国寇贼为向导，对我国沿海地区进行烧杀抢掠。

而明朝海防空虚，武备松弛，又使倭寇有机可乘。明朝初年，明太祖命汤和沿海筑防，严加戒备，即使倭寇时有来犯，但其活动范围和程度有限，因而没有形成祸患。宣德皇帝以后，明政府的军事重点已不在东南地区，对东南沿海地区的海防有所放松，对东南海防建设的投入也日渐减少，导致东南海防日益废弛，缺员少将，战船残破。尤其在武器装备上，倭寇用的是日本刀、弓和鸟铳，其中日本刀刚硬锋利，刀身长约1.4米，其长度与重量大约是明军的两倍，倭寇用双手执刀，具有很强的杀伤力。而明军配备的短单手刀，刀身只有部分钢制，单手使用。明军装备与倭寇的差距，致使明军在战争中伤亡巨大，进而产生了对倭寇的畏惧心理，作战能力也就更弱。倭寇除了具有优良的装备外，还有严密的组织，对于每一次抢掠，大多是有计划的行动，他们有意避开明政府的军队，乘其不意，攻其不备。对于所要劫掠地方的地理状况他们也相当熟悉，甚至比明军了解得还要详细。倭寇非但不是一帮乌合之众，反而是一支有组织、有纪律的"军队"，种种优势使其屡获成功，一而再，再而三，形成了泛滥局面。

明中叶开始，明政府政治日趋腐败。明英宗、武宗昏庸无能，致使宦官王振、刘瑾相继专权，暴虐无道。明世宗嘉靖皇帝崇尚道教，曾"自十八年不视朝"，使得朝柄被奸臣严嵩把持，严嵩权倾朝野，形成了腐败集团。腐败的政治统治使贪污之风盛行，进而加重了对人民的剥削，在忍无可忍的情况下，人民起义抗争不断，而明政府纠集重兵忙于镇压农民起

戚继光创制的狼筅

义,也分散了抗倭的军事力量,沿海军队减少,使得倭寇劫掠有恃无恐,长驱直入。另外官场的腐败,上下不一,官吏相互倾轧,对抗倭没有形成统一的领导,一味地局部自保,更助长了倭寇的侵略气焰。贪官污吏为了私利竞相勾结,与倭寇沆瀣一气,联合国内豪族大商打击、迫害抗倭将领。浙江巡抚、提督朱纨,在任期间严厉推行海禁政策,斩倭寇首领李光头等90余人,最终却是"落职按问"。以上因素致使倭患屡禁无功,愈演愈烈,最终酿成嘉靖时期的"大倭寇",最猖狂时,80名倭寇在宁波登陆,竟一路杀到南京城外再杀回去。

明朝的剿倭战争时断时续进行了20年,其中戚继光、俞大猷两位将领战功显赫。俞大猷主要负责浙江沿海防务,他先夜袭普陀山,接着在王江泾又歼敌2000多人,屡获大捷,随后调防福建,与戚继光共同剿倭。俞大猷提出,倭寇的陆战能力很强,但水战能力低劣,明军应该想办法在水上作战。1561年,在浙江抗倭的戚继光还自招兵马练成戚家军。根据情报,倭寇将侵袭沧南的金乡卫。戚继光率4000名精兵连夜赶到,把倭寇堵个正着。在水上,戚家军先用红夷大炮、弗朗机轰击,再出动战船,船上士兵拿着手中的"狼筅"去钩倭寇的坐船,去刺倭寇的头领。倭寇被打得异常狼狈,好不容易冲上岸去,只见一些农民军头戴斗笠、手持尖刀,12人一组列出一种古怪的阵法——鸳鸯阵。这种以12人为一个作战基本单位的阵法,长短兵器结合,可随地形和战斗的需要不断变化。倭寇无力抵抗,最后大败而归。此后,戚继光在抗倭战场上几乎次次都能全歼对手,从浙江经福建至广东一路清剿,到1565年,倭寇基本被肃清。

明朝东南沿海抗倭战争示意图

1567年,明政府放宽海禁,准许国内人民贩货于东西两洋,承认私人贸易的合法性。经济贸易的互通有无,使日本国内对中国商品的需求得到了极大满足,这就使得走私贸易和劫掠失去了原先的巨大经济利益,冒险的寇掠活动无利可图。另外,由于日本政府也在明后期颁布了"八幡船禁令",限制国内人民出洋,断绝了倭寇来源于日本的这一链条。在国内外形势的共同影响下,倭寇最终销声匿迹,成为一段尘封的历史。

六、明朝的经济政策与资本主义萌芽的产生

明朝手工作坊

在明朝之前,中国的经济实力远远领先于世界其他国家,比之欧洲至少领先3个世纪。按理说,中国应该是世界上第一个发展成资本主义的国家。可现实是,1598年,明朝万历二十六年,荷兰成了世界上第一个资本主义国家。

明初,国家实行休养生息、全面通商的政策,民间商人资本逐渐壮大。开放的政策,使得明代经济异常繁荣。商品经济发达,商品货币贸易活跃,手工工场规模扩大,一些大商人向手工业生产投资,明朝中后期开始,江南纺织业出现了"机户出资,机工出力"这类具有现代意义的劳资雇佣关系,首先出现了资本主义萌芽。这时,杭州的富人设有机杼,雇织工十数人进行纺织,这可能就是小规模的资本主义手工工场。万历年间,苏州的手工业者"计日受值,各有常主。其无常主者黎明立桥以待唤",其中有纺织工、纱工、缎工,往往十百为群,如无做工机会,即自行散去。无论是为商品生产,还是为官府订货生产,他们本人都是脱离了生产资料、出卖劳动力的劳动者。农村则以丁银并入田赋,征收白银代替实物税,农产品趋于商品化。至万历年间,随着国家垄断盐业管理的松弛,不仅民间商人资本从事盐贸及其他物资的转运制度得以稳固,而且国家开始将盐货的转运权交给当时一些具有资本和实力的民间商人集团。民间经济借着这股东风,发展得越来越快。苏州、杭州、松江等处有一些个体纺织者,最初是自备原料,自己劳动,后来因有利可图,于是逐渐增加织机,自己脱离了劳动,专靠工人生产。还有的人是以布商身份,准备了原料交给机房、染房、踹房等分别依次加工,最后完成纺织品的生产。前一种人,是由小商品生产者分化出来的手工工场主。后一种人,已具有包买商的身份,他们实际上是把分散在社会上的一些生产单位组成手工工场。这两者都已具有资本主义生产关系的性质。这种资本主义萌芽对当时的经济发展,尤其是商品经济的发展起到了推动作用,活跃了市场,推动了相应部门生产力的提高,并在一定程度上促进了城市的发展。

资本主义萌芽在明代出现,但为什么中国最终还是没有走上资本主义道路呢?这其实与当时统治者制定的国家政策和中国的传统经济状况是分不开的,也就是当时的经济结构和政治制度两大因素影响了中国资本主义萌芽的发展。

古代中国的政治,一切都为帝王专制统治服务,封建国家历来关心的是把农民束缚在土地上以便于统治,而不愿劳动人民游离于土地之外,聚在一起。以此为主旨,统治阶级首先实行重农抑商的政策,商人是个低贱的工作,士、农、工、商就是当时职业的等级,商排在最后,商品经济受到排挤、打压。其次为了抑制商业,对于盐、茶、酒等商品都以禁榷的名义抽取重税。对于一般商品,营业有牙税,通过关卡有关税,到达市

场有落地税。另外，地方官吏还有各种勒索。再次是在手工业、商业必须经常承担风险的情况下，封建地租和高利贷有更大的吸引力，商人将获取的大量资本用于购买土地，而不是投入生产领域，因而阻碍了商品经济的发展。最后是明代朝廷对海外贸易做了严格的限制，甚至有时根本不许商民下海，这是人为地削弱、封锁商品的对外销路，很不利于商品生产的发展。凡此种种摧残着商品经济的萌芽。

中国封建社会中长期存在的是自给自足的经济结构。首先，一家一户，以农业与手工业相结合的个体小农，具有顽强的生存能力和再生能力，基本上不需要市场上的供应就能自己解决简单的衣食需求。同时，他们又积累不了多少财富，购买力低下，无法形成大的农村市场。这种自然经济结构在很大程度上限制了市场的发展，阻碍了产业资本为自己开辟道路。其次，应该看到，中国封建经济中的手工业与商业一直比较发达，不过，在整个封建社会里，关乎国计民生的重要工商业却一直由国家经营和控制。虽然当时的资本集团也逐渐开始掌握一些重要的产业，但那都是在统治者控制下，依赖于官方进行的；而且，当时的民间资本集团大多有官方背景，本就是封建制度的维护者。

还应该看到，由于中国的封建社会发展比较成熟，长期成为东方的文明中心，是周边国家和民族的榜样，致使历代封建王朝的统治者形成了以"我"为中心的优越感，一直处于自我感觉良好的状态，对外来文明往往采取排斥态度。如此一来，也就失去了发展资本主义的最好机遇。比如明朝初年，中国的国力不仅稳居世界第一，而且中国的航海技术也是世界上最先进的。郑和统率的远洋船队，无论是造船技术、航海技术，还是船队规模，都远远超过达·伽马、哥伦布和麦哲伦统率的远洋船队。然而，郑和七次远航主要是"宣扬国威"，而不是进行商贸活动。在这样的政治体系下，民间资本集团就算有了一定的发展，也得不到国家的认可，得不到任何政治特权，甚至还会受到当时统治集团的压制和剥削。从16世纪初到17世纪中叶，世界历史正处在一个重要时期，西欧国家由封建时代进入资本主义兴起的时代。1640年，英国资产阶级革命爆发了，而中国的农民正在李自成的领导下浴血奋战，要重建古人所向往的太平世界。

明武宗驾崩后，嘉靖皇帝即位，他很想有所作为，但因为想要尊自己生父为皇考，与众大臣产生了争执。在罢斥抗议朝臣的过程中，阿谀奉承、迎合旨意的人逐渐多了起来，严嵩上位。嘉靖皇帝自身又喜好神仙之道，终日从事斋醮，一切政事都置之不理。

> **知识链接**
>
> 明朝后期，李贽目睹官场污浊和程朱理学家的虚伪，形成了离经叛道的性格。他指出孔子不是天生的圣人，儒家经典也不是神圣不可侵犯的理论；并批判朱熹"存天理，灭人欲"的说教。黄宗羲提出"天下为主，君为客"的思想，认为君主专制是天下之大害，提倡"工商皆民生之本"。顾炎武注重社会实际，形成经世致用的思想，主张"天下兴亡，匹夫有责"。王夫之提出尊重物质运动规律的自然史观和社会史观。唐甄发出"自秦以来，凡为帝王者皆贼也"的呐喊，大胆批判专制君主制度。

等到万历皇帝即位，张居正的一场改革使明朝略有起色，然而皇帝本人却荒于酒色，甚至20多年不视朝。天启年间，皇帝又重用宦官魏忠贤，捕杀东林党人，政治局面进一步败坏，所以那位最后自缢于煤山的崇祯皇帝感叹了一句：朕非亡国之君，而当亡国之运。

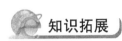

靖难之役

第二节　清朝封建专制统治的空前强化

一、满族的兴起

明末灾荒频频，老百姓只得揭竿而起，农民起义领袖主要是李自成和张献忠。张献忠主要在四川活动，他定了七种人该杀，完全是穷怕了生出的恨。李自成原来是驿站的

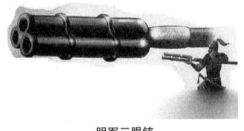

明军三眼铳

驿卒，结果政府节流裁员，李自成没得活路就造反，提出的口号叫"均田免粮"，分田地不交租，老百姓都跟着他。后来李自成的队伍发展到百万之众，由陕西下山西，入河南，逼近北京，沿途州县传檄而定，最后终于拿下明朝的京城——北京。明朝好不容易出了个勤于政事的崇祯皇帝，却成了亡国之君，在万岁山自缢殉国，留下的血书还希望李自成善待百姓。不过李自成的龙椅还没坐稳，女真人就来了。

明朝初期，东北女真人分为三个部族，野人女真、海西女真和建州女真。建州女真文明程度最高，其首领是努尔哈赤。1559年，努尔哈赤出生在赫图阿拉（今辽宁新宾境内）建州左卫都指挥使的家里，这是明朝给他们封的官，可以世袭。小时候，努尔哈赤的后妈不喜欢他，把他轰出了家门。后来女真人与明朝打仗的时候，名将李成梁又把他的祖父和父亲误杀了。努尔哈赤和弟弟舒尔哈齐也在败军俘虏之中。25岁时，努尔哈赤被明廷任命为建州左卫（今辽宁新宾）都指挥使，封龙虎将军，以祖、父留下的十三副铠甲以及部众30人起兵，对建州女真各部展开了兼并战争。他采取"恩威并行""顺者以德服，逆者以兵临"的方针，历时10年，统一了建州各部。

努尔哈赤在统一女真各部的战争中，取得了节节胜利。随着势力的扩大、人口的增

多，他于 1601 年创立了八旗制度，推行兵民合一的组织管理模式。其制规定：每 300 人为 1 牛录，设牛录额真（佐领）1 人；5 牛录为 1 甲喇，设甲喇额真（参领）1 人；5 甲喇为 1 固山，设固山额真（都统）1 人。每个固山用一面旗表示，一开始建立黄、白、红、蓝四旗，称为正黄、正白、正红、正蓝，旗皆纯色。后来归附的人多了，又增编镶黄、镶白、镶红、镶蓝四旗，旗帜除四整色旗外，黄、白、蓝均镶以红，红镶以白。清太宗皇太极时，又建立蒙古八旗和汉军八旗，旗制与满洲八旗相同。八旗由皇帝、诸王、贝勒控制，旗制终清未改。女真人入关得天下后，八旗兵分为京营和驻防两类。京营是守卫京师的八旗军的总称，由郎卫和兵卫组成。侍卫皇室的人称郎卫，且必须是出身镶黄、正黄和正白上三旗的旗人。三个八旗总共不到 20 万人。

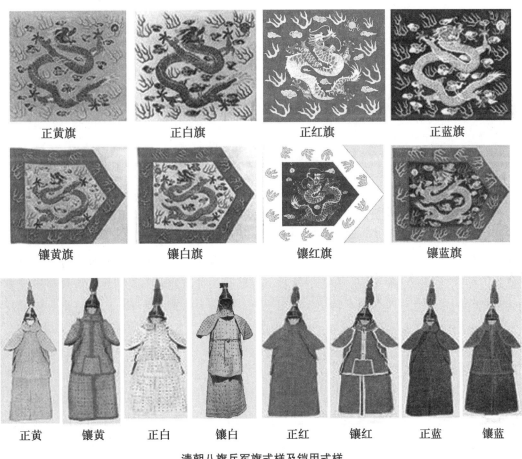

清朝八旗兵军旗式样及铠甲式样

二、后金政权的建立

1616 年，努尔哈赤在赫图阿拉称大汗，国号"大金"（史称后金）。此时的努尔哈赤已经统一了大部分女真部落。努尔哈赤因明朝偏袒女真叶赫部而心生怨恨，愤然颁布"七大恨"，于 1618 年率军 2 万起兵反明。明征集 14 万军队讨伐努尔哈赤。努尔哈赤掌握有利战机，集中兵力，在萨尔浒大败明军，歼灭明军约 6 万人，取得了决定性的胜利。1622年，努尔哈赤大败辽东经略熊廷弼和辽东巡抚王化贞，夺取明辽西重镇广宁（今辽宁北宁），国力越来越强大。1626年，努尔哈赤发起宁远之战，明朝守将袁崇焕以葡萄牙制的红夷大炮击败之，努尔哈赤兵退盛京（今沈阳）。不久，一条消息传进北京城，说努尔哈赤死了。京城一片叫好声，他们把这个满洲人的死归功于袁崇焕——即使不是被大炮震死的，也是被大炮吓死的。

努尔哈赤一死，一番权谋争斗后，皇太极即位。皇太极是继努尔哈赤之后又一位杰出的政治家和军事家，清朝十二帝中的第二位皇帝，是大清王朝的创立者。在登基后的数年里，皇太极先后纠正了父亲努尔哈赤的多项错误政策，强调宽待辽东汉人，对于归降的汉族官吏和知识分子更是极力笼络，甚至不惜赐予高官重金。此外，其中央的统治机构也以汉族的制度为蓝本进行改制，借此完善了后金的政府体制，加强了君主专制集权。他确定统一中国的宏伟目标，在大清建国史上做了两件大事，一件是改族名女真为满洲，另一件是改国号大金为大清。其主观意图就是要隐讳女真和金朝，因为女真和金朝在历史上曾侵扰过中原，容易触及汉族人民的隐痛而诱发汉族人民的民族意识。

清朝兵丁画像

努尔哈赤在宁远之战中被袁崇焕打败，皇太极在宁锦之战中又被袁崇焕打败，由此皇太极得出两个重要的教训：第一，必须有武器，他命令军队制造当时最先进、最具杀伤威力的武器——红夷大炮；第二，将单一的骑兵兵种改建成一支骑兵、炮兵与步兵多兵种结合的军队。这是八旗兵器史、军事史上一项重大的军制改革。谋略是皇太极事业成败的关键，为了笼络蒙古贵族，他在盛京沈阳册封"五宫"，一后四妃都是蒙古人，也都是博尔济吉特氏，通过联姻，结成满蒙联盟，共同对付明朝。皇太极最高明的谋略是巧设反间计，除掉了袁崇焕，他不费一兵一卒，不发一箭一炮，使崇祯皇帝"自毁长城"，从而加速了明朝的灭亡，为1644年的清军入关，入主中原，奠定了坚实的基础。

当时，中华大地上有四颗明星，崇祯皇帝朱由检、大顺农民军领袖李自成、蒙古察哈尔部林丹汗、清太宗皇太极。林丹汗退至青海打草滩而去世时才42岁，他的基业变成了大清的基业。崇祯皇帝最后逼皇后自杀，砍伤自己的亲生女儿，自缢而死时年仅33岁，旁边只有太监王承恩陪着。李自成在紫禁城做了一天皇帝，最后在九宫山被杀，死的时候是39岁。崇祯皇帝、李自成、林丹汗的基业最后都归到了皇太极的大清基业里，但是皇太极52岁就死了，他如果多活8年到60岁，那么在紫禁城的金銮宝座上坐着的就不是顺治，而是皇太极。

三、康熙帝巩固政权的措施

1644年，清军招降了明朝山海关守将吴三桂，顺利入关，随即又打败了李自成的部队，攻入北京。清王朝定都北京，开始了对中国的封建专制统治。但顺治帝英年早逝，所以真正扛起大清王朝的重任，为中国18世纪的繁荣奠定基础的是顺治帝的儿子爱新觉罗·玄烨，玄烨即位后改年号康熙，是有清一代最有作为的皇帝，被后世誉为康熙大帝。

康熙帝的童年异常悲惨，即位是因为父亲去世；他又出过痘（即天花），在其10岁时，生母也病故了。然而，在不幸面前，玄烨没有退缩、消沉、颓废，而是勤奋学习，磨炼意志，培养自信、自立、自强、自励的精神。康熙帝即位之初，虽然有他的祖母

康熙帝像

孝庄皇太后辅佐，但大权实际上在四个辅政大臣索尼、遏必隆、苏克萨哈和鳌拜手里，前三个没什么野心，唯独鳌拜最张扬，大权独揽，欺君罔上。年少的康熙帝在其祖母的帮助与支持下，很快就把日益跋扈、号称"满洲第一勇士"的鳌拜扳倒了。小小年纪便能做出如此惊天动地的大事，体现了这位少年君王的勇敢果断、沉着机智。康熙帝对整个事件的处理，逐渐体现出其政治家的风范。除掉鳌拜后，康熙帝废除了辅政体制，收回了朱批大权，16岁时开始亲政。

清初仿明制，中央设内阁六部，仍不设宰相，但八旗旗主共议国政的遗风尚在，议政王大臣会议做出的决议皇上不能否定，严重威胁了中央集权和皇权。康熙帝是一代雄主，权力岂容他人染指？于是便从制度入手加强皇权。康熙帝勤于政务，每天举行"御门听政"，内阁权力受到限制，康熙帝又设南书房取代原来的议政王大臣会议。南书房主要是翰林院侍臣陪着读书作画的地方，有时还秉承皇帝旨意起草诏令，不是亲信不得进，所以它完全是皇帝严密控制的一个核心机要机构，削弱了议政王大臣会议的权力。康熙帝还把内阁的某些职能移归内廷，进一步加强了皇权，他表示"天下大权当归统一"，"天下大小事务，皆朕一身亲理，无可旁贷。若将要务分任于人，则断不可行"。为此，康熙帝一方面通过各种手段，采取强有力的措施，限制满洲贵族的权力，破除"军功勋旧诸王"统兵征伐的传统，削弱议政王大臣会议的政治影响等；另一方面，控制用人之权、奖罚之权亲自，不许大臣干预。他颁布《大清会典》，从此清朝官僚政治的运行基本做到了有法可依、有章可循，初步实现了政治运作的规范化。

康熙帝亲政之时，清朝正面临着极大的忧患。首先是三藩问题。三藩原来都是明朝的辽东守将，先是尚可喜、耿仲明和孔有德教会了清军使用大炮，分别受封为平南王、靖南王、定南王。后来，孔有德与南明作战时战死，定南王被吴三桂的平西王顶替。这三人替清朝镇守南方，清朝把全年财政收入的一半花在他们身上，把三藩养成了三个割

据的独立王国。三藩自备兵马，不受朝廷管制，挥霍无度。面对变局，康熙帝表现出坚定的决心：必须解决这些割据一方的政权。年方二十的康熙帝力排众议，决定撤藩，加强中央集权。当削藩令下达时，三藩之一的吴三桂马上起兵造反，虽然明朝末代皇帝就是死在他手上的，但他打出的旗号却是"反清复明"，自称"天下都招讨兵马大元帅"，很快便占领了几个省。吴三桂那时已经60多岁，经历了明、清两个朝代，四代君王，可谓身经百战；而康熙帝从未经历过战争，当时的形势十分险恶。身处危局，康熙帝显得异常镇静，最终平定了三藩，云南、广东、福建由中央直辖。

三藩刚刚平定不久，康熙帝旋即把目光转向了郑氏家族割据的台湾，乘其内乱决心以武力收复。1681年秋，康熙帝下诏以施琅为福建水师提督全权负责攻台。施琅本为降将，但康熙帝疑人不用、用人不疑，体现出他作为一代君王的气度。康熙帝统一台湾后，赦免郑克塽等以往之罪，并从优叙录；在台湾设府置县，驻扎军队，开放海禁和建设台湾。至此，在康熙帝统治的几十年里，台湾的经济、贸易、社会、文化、教育得到很大的发展。

之后，康熙帝亲征噶尔丹，还曾进军西藏，抗击过沙俄的侵略。我们不得不承认他是一位伟大的军事家，一个真正能运筹帷幄、决胜千里之外的圣明君主。

康熙重视水利事业，修复了淮、黄古道，疏浚了永定河，在宁夏开凿河渠。康熙帝对水利学和测量学也都有一定研究，曾多次亲行勘察黄河与永定河工地。清代稻的亩产量在江南、湖广、四川等地可达二三石，个别地区亩产达六七石之多。高产作物加番薯，也播种到河南、河北、陕西等省。经济作物如烟草，康熙时已传到河南、陕西等省。手工业的规模也逐步扩大，分工细，工具精良，技术提高，纺织品种类增多。江宁、广州、佛山等地是清代发展起来的丝绸产地。

清朝是少数民族建立起来的政权，更希望自己的统治能长治久安，不要像蒙元那样短命。然而，满族知识分子很少，统治者想要管理好泱泱大国，不依靠广大的汉族知识分子绝对不行，但有相当一批汉族知识分子对清朝持反抗或不合作态度。顺治朝已经对汉族知识分子进行笼络，康熙帝加大了力度，并取得了理想的效果。他的手段主要是抓住汉族知识分子的心理，安慰明朝遗民，祭祀历代帝王、大禹陵、明孝陵和孔庙，唤起汉族知识分子对清朝的好感，利用教育机构和科举对学生与举子灌输程朱理学，以理学控制汉族知识分子的思想。

当时清朝的主要社会矛盾是满汉问题。康熙帝是中国历史上既了解西方科学文化，又精通中华传统文化的一位封建君主，但康熙帝仅仅只是出于个人兴趣，虽然也鼓励个别皇子、个别官员研修西方文化，但没有将中西文化的融合作为政府行为，也没有形成国策。清统治者还用文化高压政策来镇压汉族知识分子。康熙帝时大规模的文字狱就有12次，禁锢思想，摧残人才，造成社会恐慌。

传统的皇位继承办法弊端甚多，晚年的康熙帝深受其累。起初定胤礽为太子，但无奈其太不争气，就废了，后来康熙帝确实对他疼爱有加，也不想让儿子们为皇位而争，又将其复位为太子，然而康熙帝又发现胤礽想谋权篡位，于是又把他的太子位废了。如此两立两废，闹得朝廷纷争，康熙皇帝自己的个人健康也受损。后来，康熙帝已无良策处理这些事情，皇子之间的斗争更为激烈，最终皇四子胤禛夺得皇位，史称"雍正帝"。

四、军机处的设立

雍正帝采取严酷手段铲除同辈兄弟的势力，像清洗胤禩党、幽禁胤祉等，这是皇位争夺斗争的延续，也是雍正帝肃清可能威胁皇权势力的行动，在诸兄弟中得以善终的仅有允祥这样自小与雍正关系密切的人。

雍正初年，蒙古和硕特部首领罗卜藏丹津叛乱失败后，又为准噶尔部所收容，这一切令清廷无法容忍。雍正帝即位之初，不适合用兵，双方处于相持状态。但清廷对于战争的到来进行了积极准备，为做好后勤和保密工作，雍正帝在宫廷内廷设军机房以主持西北用兵事宜。1729年，清军在西北与准噶尔蒙古激战，军机房成为及时处理军务的机构，兼有打击满洲

军机处值庐

权贵、架空内阁、防止大臣擅权的功能。乾隆时军机房改称军机处，是"办理军机事务处"的简称。到了嘉庆年间，军机处得到彻底巩固，职权范围也逐渐加大，成为当时国家的枢纽机关。

但这么重要的机构在清朝只是一个临时机构，没有正式编制，人员很少，一般为四五人，最多时也不过11人，但办事效率极高。军机处的官员结构分为军机大臣、军机章京两层，俗称"大军机""小军机"。军机大臣主持军机处工作，廷见承旨，由亲王、大学士、尚书甚至侍郎兼职，他们一般能文能武、出将入相，既通晓政务，又能办理军务，由皇帝亲自任命。奉旨到军机处工作叫"入军机"，名义称"军机处行走"或"军机大臣上行走"，资历较浅的则在"行走"二字前加"学习"二字。首席军机大臣称"揆首""领袖"，往往由资历较深、声望最高且为皇帝最为宠幸的军机大臣担任。对皇帝的旨意要跪着进行笔录。军机大臣表面上有很高的职权，但是必须服从皇帝一人管制，军机大臣没有决策行动等权力。

军机大臣的值庐在隆宗门内，离皇帝很近，随时可以被皇帝召见。军机处理中枢事务，办事以速、密、勤著称。皇帝与军机大臣商议事务的时候，不允许太监在场。大臣们不得随意进入军机处，即使是王公贵族也必须由皇帝亲自批准，不奉圣旨擅入者斩。

军机处打扫卫生等的杂役都是经过精心挑选的，一般从内务府的童子中选拔，达到一定的服务年限后全部换新人。军机处所拟谕旨，有"明发"和"廷寄"两种。

乾隆帝戎马像

"明发"是通过内阁下达,"廷寄"就直接交由兵部发驿马传递,日行300里,紧急者有400里、500里甚至600里,这样,皇帝的诏令可以迅速传到各地。一年里,皇帝和军机大臣除万寿及岁终过年几天外,几乎无一日不办公。这个机构始终秉承皇帝旨意办事,无论是起草诏令还是诏令的传发与实施,其决定权都在皇帝,皇帝自然得心应手,皇权得以进一步强化。

五、君主专制走向极端

自秦统一天下开始,中国即进入封建社会时期。这一时期,皇权的集中呈上升态势。秦时,宰相权重,日理万机。东汉设立尚书台,唐代又将相权一分为三。这些举措都旨在加强皇权。到了明太祖时,更是用暴力手段找借口废了宰相制。清朝,面对少数民族的统治,广大汉族人民必然有所不满,统治者必须寻找一种手段来加强君权,于是军机处便成为不二之选。因为军机处不但承旨办事,而且在人员组成上,表面上是满汉官员都可入值,实际上实权掌握在满人手里,加强了满人对汉人的控制。但军机大臣只能秉承皇帝的旨意办事,其地位远不及唐宋时的宰相,只能算是皇帝的秘书机构,对事物的认知和评价全凭皇帝的个人意志,因而他们独立思考事务的能力不能得到发挥,逐渐丧失了机构的灵活性和高效的特点,日益僵化,使专制主义皇权达到了顶峰。

知识链接

努尔哈赤时采用共议国政的方式,召开议政王大臣会议,做出的决议皇帝也没权力随意改变,这种形式威胁中央皇权专制。为此,康熙亲政后设立了南书房,秉承皇帝旨意起草诏令,成为核心机要机构。雍正时,军国大事由皇帝裁决,设立军机处,成为秉承皇帝旨意办事的核心机构。

康熙皇帝晚年政治流于宽纵,如各省欠解的钱粮都不认真追查。雍正皇帝即位后一改宽纵方针,政令为之严明,国家财政得以稳固。为对付诸王,他多设密探以为耳目,之后又开始刺探朝臣的隐私。乾隆皇帝的明察秋毫不及其父,但"予智自雄"的架势很足,动辄严词训斥,用不测的恩威使臣下恐惧,到后来没有一个"正色立朝之臣"。清朝统治者的种种行为持续践行着"家天下"的理念。就在清朝日益强化君主专制的时候,英国已经走上了君主立宪的新时代。嘉庆、道光年间,内忧外患纷至沓来,清王朝的悲剧就不可避免了。

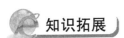

知识拓展

金瓶掣签制度

评述与思考

1. 明朝时期内阁制度是如何形成的？产生了怎样的影响？
2. 郑和能够完成七下西洋壮举的原因有哪些？为什么郑和下西洋不能持久推动我国经济的发展？
3. 清朝前期实行怎样的对外政策？你认为这一政策对当时的中国有什么积极作用和消极影响？
4. 明清时期，资本主义萌芽在中国的境况如何？
5. 军机处的设置对中国产生了什么影响？反映了什么实质问题？

【推荐阅读书目】

① 孟森著：《明清史讲义》（上下），中华书局，1981年。
② 戴逸主编：《简明清史》，中国人民大学出版社，2018年。
③ 商鸿逵：《明清史论著合集》，北京大学出版社，1988年。

第十章

晚清民国时期

学习目标与要求：

1. 了解鸦片战争的经过，运用所学知识，说明鸦片战争对中国社会的深远影响；
2. 了解太平天国起义，《天朝田亩制度》的主要内容及评价；
3. 了解洋务运动的主要内容以及洋务派的产生及其指导思想；
4. 了解公车上书、戊戌变法，说明戊戌变法运动的历史意义和失败原因；
5. 掌握革命团体的建立，革命思想的传播和武装起义的内容；
6. 了解北洋军阀的分裂割据与纷争。

建议教学时数

6 课时

第一节　两次鸦片战争

一、鸦片战争前的中国与世界

中国处于康乾盛世之时，无论是统治阶级还是普通民众，都以生存于天朝大国而自豪，从上到下都无忧患意识。魏源在《圣武记》中描述的天朝大国"一喜而四海春，一怒而四海秋"，正是当时统治阶级傲慢心态的体现。然而，也正是在此时，东西方进入历史的岔路口。从17世纪中叶开始，欧洲的一些国家开始进行资产阶级革命，到了18世纪中叶，欧洲开始掀起工业革命的浪潮，作用于军事领域的直接成果，便是先进武器的大量生产与不断改进。依靠逐渐近代化的军队，欧洲列强开始了对世界的掠夺。

1793年，英国特使马戛尔尼率领庞大的英国使团来中国商谈贸易。马戛尔尼送给

英国马戛尔尼使团面见乾隆帝

乾隆皇帝的礼物（中国政府认为是贡品），有蒸汽机、地球仪、英国最先进的"君主"号战舰的模型、步枪、连发手枪、赫歇尔望远镜、秒表等几百件先进的科技或军事成果。

清朝开海禁是在康熙年间，只在一处设立税关，外商不准和国人直接做买卖，一切货物都要卖给公行；一年里做买卖的期限只有40天，其间外商必须住在公行指定的商馆里，不准入城。外国人经商极为不便，而且收税官吏还巧立名目，横征暴敛。英国派马戛尔尼来华访问，希望改变这一局面。当时的中国，虽然在国防和军队建设上与西方差距极大，但经济上比较繁荣，政治上相对稳定，正是接纳西方先进文明并着手进行变革的最佳历史时期。年至八旬的乾隆皇帝只把马戛尔尼看作来贺寿的使臣，对其展示的先进科技和武器不屑一顾。故步自封的清朝，在日后英国向全球的扩张中就难逃失败的命运了。就像马克思后来所评价的那样："一个人口占世界三分之一的幅员辽阔的帝国，不顾时势，仍然安于现状。极力以天朝尽善尽美的幻想来欺骗自己，这样一个帝国，最终要在一场殊死搏斗中死去。"

二、鸦片战争

从16世纪葡萄牙人初到中国，一直到19世纪初的300年间，中国的对外贸易总是年年保持出超的有利地位。究其原因，一方面是中国有丰富的物产和发达的农业、手工业，能够向世界市场提供大量价廉物美的商品；另一方面，西方国家的工业产品当时还没有达到足以排挤中国货物，从而摧垮中国封建经济的水平。

19世纪初，英国已经基本上完成了工业革命，成为资本主义最强大的国家，在西方各国对华贸易中，英国也居于首位。它把欧洲出产的钟表、玻璃制品、毛织品、金属和在印度、东南亚掠夺来的香料、药材，以及从印度掠夺来的棉花、英国本土

自然经济下的田园风光

生产的棉织品运到中国出售,再从中国运走大量的茶叶、生丝、土布、丝织品、瓷器、糖、大黄、樟脑、水银等。

中国社会经济中占统治地位的是小农业和家庭手工业相结合的自然经济,这种封建的自给自足的经济形式,对西方资本主义工业品的输入有着顽强的抵抗力。同时,清政府为了维护自身的统治,对外采取"闭关政策",限定广州一口通商,禁止外国人在华任意活动,对正当贸易进口的货物也要征收高额关税。英国殖民者认为,这种情况对于他们是极端不利的,必须打破清朝的闭关锁国政策,改变他们在对华贸易中的困境,

> **知识链接**
>
> 工业革命于18世纪发源于英格兰中部地区。资本主义完成了从工场手工业向机器大工业过渡的阶段。它是以机器生产逐步取代手工劳动,以大规模工厂化生产取代个体工场手工生产的一场生产与科技革命。完成了工业革命的西方国家,亟待打开亚非拉落后国家的大门,把整个世界纳入资本主义的商品经济体系。

于是不顾一切社会准则和道德,向中国大量倾销鸦片,从而获得了巨额收入。烟毒的泛滥,引起社会危机日益加深。清朝统治阶级不仅更加腐败,而且更加残酷地压榨人民;中国社会有限的购买力被鸦片大量吸收,造成工商业的普遍萧条和衰落;鸦片也毒害了中华民族的身心健康,摧残了社会生产力。

中国人民强烈反对鸦片贸易是理所当然的。清政府实行禁鸦片措施,特别是钦差大臣林则徐于1839年6月在广东虎门销毁收缴鸦片的行动,完全是维护国家利益和民族尊严的正义行动。英国政府为尽快打开中国大门,以扩大中英贸易,加快了发动侵华战争的步伐。1840年6月,鸦片战争正式爆发。

第一次鸦片战争从1840年到1842年,分三个阶段。战争爆发之初,英军在广东、江浙一带遭到林则徐和邓廷桢的顽强抵抗之后,转战天津大沽口,直逼京师。道光帝迎战信心动摇,将林则徐和邓廷桢等革职,并派琦善南下与英国谈判。随后,琦善擅自签订《穿鼻草约》,使道光帝大为不满,道光帝把琦善抄家革职,同时派奕山等人前赴广东指挥作战。然而,四天之内,广州附近要地全部失守,奕山竖起白旗求和。英国政府为获取更大的利益,开始扩大侵略,挥师北上,先后攻陷定海、镇海、镇江等地,直逼南京,清政府处于不利地位。鸦片战争以清政府的失败而告终。1842年8月29日,清政府被迫与英国政府签订了中国近代历史上第一个不平等条约——《南京条约》。其主要内容为:

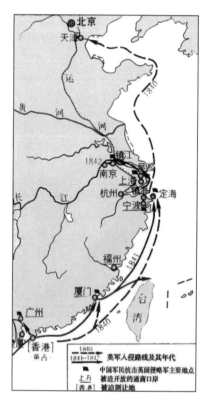

第一次鸦片战争形势图

1. 割香港岛给英国。
2. 开放广州、厦门、福州、宁波、上海为通商口岸，允许英国人在通商口岸设驻领事馆。
3. 中国向英国赔款 2100 万元：600 万元赔偿鸦片，300 万元偿还英商债务，1200 万元赔偿英军军费。
4. 英国在中国的进出口货物纳税，中国与英国共同议定。
5. 英国享有领事裁判权，英国人在中国犯罪可不受中国法律制裁。

接着，1843 年 10 月又签订了中英《虎门条约》。美国、法国西方列强趁火打劫，逼迫清政府签订不平等条约，如 1844 年 7 月中美《望厦条约》，10 月中法《黄埔条约》。

鸦片战争的失败和一系列不平等条约的签订，使得中国的社会性质发生了根本性的变化：

政治上，清政府开始一步步成为列强统治中国的工具。随着中国的领土、领海、司法、关税和贸易主权开始遭到严重破坏，中国逐渐由一个独立自主的国家沦为半殖民地半封建国家。

经济上，列强向中国倾销产品并对中国的丝、茶等农副产品进行收购，逐渐把中国卷入世界资本主义市场；原本占主导地位的自给自足的自然经济受到强烈冲击，中国日益成为世界资本主义市场的一部分。这在客观上促进了中国商品经济的发展，有利于中国民族资本主义的兴起。但是外国资本主义的入侵进一步激化了中国社会的阶级矛盾，一定程度上导致了太平天国运动的爆发。

思想文化上，鸦片战争后有一部分知识分子开始抛弃陈腐观念，关注世界，探求新知，寻求强国御侮之道，萌发了一股向西方学习的新思潮，对封建思想起到了一定的冲击作用。

社会矛盾上，随着社会性质的变化，中国社会的主要矛盾由地主阶级和农民阶级的矛盾，变成外国资本主义与中华民族的矛盾、封建主义与人民大众的矛盾。

三、第二次鸦片战争

中英《南京条约》签订后，美国、法国接踵而来，乘机索取特权，强迫清政府签订了一系列不平等条约。鸦片战争标志着中国近代史的开端，从此中国开始经受更加深重的苦难，中国人民面临着更为复杂曲折的斗争。

中国自然经济顽强的抵抗力，使西方国家梦想的利益未能全部实现。西方国家在提出修约扩大市场的要求被清政府否决之后，英、法在俄、美的支持下，于 1856—1860 年联合发动侵华战争。这次战争因其实质是鸦片战争的继续和扩大而被称为第二次鸦片战争。这场战争使中国损失了更多的主权和领土，俄国侵略中国 100 多万平方公里的土地。在第二次鸦片战争中，列强先后迫使清政府签订了中英、中法《天津条约》和《北京条约》以及中俄《北京条约》，为沙皇俄国割占中国西部更多的领土留下了借口。外国侵略势力扩张到沿海各省，并伸向内地，方便了他们倾销商品、掠夺廉价原材料和劳动力，使中国受到资本主义经济的严重冲击。鸦片贸易合法化、华工出国及允许外国人前往内地传教，都使中国的社会矛盾更加激化。英法联军占领北京城，火烧圆明园，对中国的文化和心理造成了沉重打击。外国公使驻京加强了对清政府的影响和控制。第二次鸦片战争结束后，清政府得以腾出手来镇压太平天国，勉强维持其统治。中国社会半殖民地半封建化的程度进一步加深；清朝统治者投靠外国侵略者，开始成为他们的附庸与工具，中外反动势力公开勾结。落后就要挨打，这个真理在两次鸦片战争中体现得淋漓尽致。

知识拓展

鸦片的危害

第二节　太平天国运动

一、金田起义

洪秀全是广东花县（今广州市花都区）人，籍贯广东嘉应（今广东梅州市梅县区），客家人。曾多次到广州参加科举考试，但是都落第。1844年（道光二十三年），他与表亲冯云山、族弟洪仁玕从梁发《劝世良言》中吸取某些基督教教义，自行洗礼，创立了拜上帝会。1851年1月11日，洪秀全生日，拜上帝会众万人在广西桂平金田村为洪秀全"恭祝万寿"，后来这一天被定为金田起义纪念日。3月23日，洪秀全在广西武宣登基称太平王，后改称天王。

1853年3月，太平军攻克江宁（今江苏南京），改名天京，定为首都，正式建立了与清王朝相对峙的太平天国农民政权。太平军定都天京后，先后进行了北伐、西征及天京解围战，到1856年，除北伐失利外，太平军在湖北、江西、安徽和天京附近等战场都取得了重大胜利，控制了大片地区，达到了军事上的全盛。

金田起义

二、天京事变

太平天国前期，军政大事由军师负责，洪秀全退居幕后少理朝政，大权落在东王杨秀清手中。1856年，太平军攻破清军向荣的江南大营，解天京三年之围后，东王杨秀清见当时太平天国形势大好，便另有图谋，杨假装"天父下凡"逼天王将自己由"九千岁"封为"万岁"。北王韦昌辉在这时请求天王诛杀东王，天王不肯。后来，陈承瑢向天王告密，谓东王有弑君篡位之企图，天王密诏北王韦昌辉、翼王石达开及燕王秦日纲铲除东王。9月5日凌晨，北王韦昌辉、燕王秦日纲偷袭东王府，杨秀清及其家人被杀，东王幕府部属及其家人还有其他军民共2万多人亦被杀，史称"天京事变"。翼王石达开抵达天京后，责备韦昌辉滥杀，两人不欢而散。石达开当夜逃出天京城外。其后在天王洪秀全的密令下，韦昌辉尽杀翼王府中家属。

石达开在安徽举兵靖难，上书天王，请杀北王以平民愤。天王见全体军民都支持石达开，遂下诏诛韦昌辉。11月，石达开奉诏回京，被军民尊为"义王"，合朝同举"提理政务"，洪秀全碍于众议，被迫诏准。石达开不计私怨，追究屠杀责任时只惩首恶，不咎部属，北王亲族也得到保护和重用，人心迅速安定下来。尽管武昌在石达开回京后不久即因粮尽援绝而陷落，但在石达开的部署下，太平军稳守要隘，伺机反攻，陈玉成、李秀成、杨辅清、石镇吉等后起之秀开始走上一线，独当一面，内讧造成的被动局面逐渐得到扭转。1857年春天，李秀成与陈玉成击败清军秦定三部，北上六安、霍邱，与捻军会合，兵锋直指湖北。但这时洪秀全却忌惮石达开的声望与才能，不肯授予他"军师"的地位，只封他为"圣神电通军主将翼王"，局势稍见好转后，又对他产生谋害之意。为避免再次爆发内讧，石达开被迫率数千人逃出天京，前往安庆，后又远走湖南、四川，最后在四川被清军消灭。"天京事变"使三王被杀，翼王远走，是太平天国由盛至衰的转折点。

三、太平天国运动的失败

1863年12月21日，天京外围要塞尽失，并苦缺粮食，忠王李秀成建议"让城别走"，洪秀全不准。1864年6月1日，洪秀全在多日以野草充饥后病逝，幼天王洪天贵福继位。7月19日，天京被湘军攻破。太平天国起义失败。李秀成、洪仁玕护送幼天王突围。李秀成把好马让给幼主，混乱中与幼主失散，于同月22日在南京城外方山被俘，亲书供状数万字（《李秀成自述》），于8月7日被曾国藩处死。

1864年7月29日，突围至安徽广德的幼天王洪天贵福被浙江湖州太平军守将黄文金迎入，临时驻跸。8月28日，黄文金、洪仁玕主动弃城突围，9月5日护送幼天王走安徽宁国，遭敌截击，转走浙江昌化途中黄文金因伤而死。10月，江西石城一役，太平军全军覆没。幼天王洪天贵福在江西石城荒山山洞被搜俘，11月18日在南昌被凌迟处死。

四、革命纲领和太平天国失败的原因

作为一场农民运动必然有其思想追求,《天朝田亩制度》是太平天国解决生产资料与产品分配的纲领,体现了农民阶级要求废除旧有封建土地所有制的强烈愿望,是几千年来农民反封建斗争的思想结晶。《资政新篇》是干王洪仁玕在后期提出的中国第一份具有发展资本主义意愿的政治纲领,由于客观上周边环境的恶劣与主观上农民阶级的局限而没有起到预期的作用。

太平天国运动存在本质上的缺陷,进步的表征底下存在理性的倒退。政治上,太平天国神权与王权结合,朝中不但等级森严,为王为官者的为所欲为,更甚于儒家思想约束下的封建朝廷。文化上,太平天国将固有的传统文化完全推倒,仇视传统知识分子。洪秀全等王定都天京后,生活糜烂腐化,朝政纲纪紊乱,圣灵乱封。制度上,《天朝田亩制度》《资政新篇》等纲领只是纸上谈兵,从未认真推行,亦不见有任何成效可言。至于所谓"开放科举考试予女子应考"等进步政策,大多仅存在于野史传说之中。洪秀全本人也并不真正理解基督教教义,他的所有政策都没有得到成功实施。

湘军

其实太平天国的失败是注定的,客观上是中外反动势力联合绞杀,这是中国历史上任何一次农民战争都不曾遇到过的新情况。1861年,慈禧太后授权曾国藩统辖苏、浙、皖、赣四省军务。这样,对付太平军的前线清军全部归曾国藩统一指挥。英法侵略者组织中外混合的反动武装,协助清军共同进剿,中外反动势力远比太平军强大。天朝太平天国颁布的天朝田亩制度,带有很大的思想性,起到发动农民的作用;进入天京后,统治集团封建化,追求享乐,并为争权夺利自相残杀,天朝法令严酷,刑罚残酷,凡犯天条者,一律处死刑,违背了其宣称的救世宗旨,使民众产生离心力。主观上是由于农民阶级的局限性,虽然提出了《天朝田亩制度》,但带有空想性,根本不可能实现。由于他们提不出一个切实的斗争纲领,无法真正的发动农民,广大将士参加起义的目的不明确,大多是迫于生计,希望改变贫穷的经济处境。在定都天京后,领导者封建特权思想膨胀,争权夺利,贪图享乐,内部自相残杀,最终导致了太平天国的覆灭。

总之,太平天国运动是中国近代史上一次规模巨大、波澜壮阔的农民战争。但由于受阶级和时代的局限,农民阶级不能领导中国革命取得胜利。要推翻清政府的反动统治,必须有符合历史潮流的革命思想以及理论指导,以满足广大人民群众的迫切需求。在反封建的同时,还要反对资本主义列强的侵略,才能完成救国救民的任务。

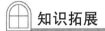

《资政新篇》

第三节　洋务运动

一、洋务运动的兴起

经过两次鸦片战争的失败，面对国家和民族的危机，地主阶级中一些开明知识分子开始探索救国救民的道路，魏源在《海国图志》中主张"师夷长技以制夷"，冯桂芬在《校邠庐抗议》提出"以中国之伦常名教为原本，辅以诸国富强之术"的改革建议。统治集团也意识到旧的统治手段已不适应时代的变化，咸丰十年十二月初一（1861年1月11日），恭亲王奕䜣会同桂良、文祥上奏《通筹夷务全局酌拟章程六条》，开始推行以富国强兵为目的的洋务运动。第二次鸦片战争结束后不久，因为清政府用领土、主权以及一系列经贸特权暂时满足了外国侵略者的要求，国内的农民战争也进入低潮，因而呈现出暂时的"稳定"局面，即所谓"中外和好"的"和局"。但是在清朝统治集团中，一些头脑比较清醒的当权者，如曾国藩、李

江南制造总局

鸿章、左宗棠以及在中枢执掌大权的恭亲王奕䜣等人，并没有因为这种"和局"的出现而减少对清政府统治的危机感。他们在借助外国侵略者对太平天国的"华洋会剿"中，亲眼看到了外国侵略者坚船利炮的巨大威力，从而感受到一种潜在威胁。面临中国"数千年未有之变局"，他们继承了魏源等"经世派"提出的"师夷长技"的思想，并极力将这种思想付诸实践。他们"师夷长技以自强"的目的，一是为了镇压太平天国，二是为了在中外"和局"的条件下徐图强国。

二、洋务运动的内容

洋务运动的内容庞杂，涉及军事、政治、经济、教育、外交等，而以"自强"为

名，兴办军事工业并围绕军事工业开办其他企业，建立新式武器装备的陆海军，是其主要内容。从19世纪60年代开始，洋务派创办江南制造总局、福州船政局、安庆军械所等近代军事工业。

其中，江南制造总局是中国第一个较大的官办军事工厂，1865年由李鸿章在上海创办，全厂2000余人，主要制造枪炮、弹药、水雷等军用品，同时还制造轮船，1867年后开始制造船舰。福州船政局是清政府创办的规模最大的船舶修造厂，1866年由左宗棠在福州创办，全厂1700余人，以制造大小战舰为主。安庆军械所是清政府最早开办的近代兵工厂，1861年12月由曾国藩在安庆创建，厂的规模不大，主要制造子弹、火药、炮弹等武器。除创办上述一类工厂外，清政府还派遣留学生到国外学习技术。但是，洋务派在兴办军事工业的过程中，遇到了难以解决的问题，最主要的是资金、原料、燃料和交通运输等方面的困难。

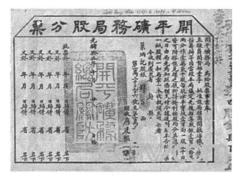
开平矿务局股票凭证

北洋水师

于是，洋务派在"求富"的口号下，从19世纪70年代起采取官办、官督商办和官商合办等方式，开办轮船招商局、开平矿务局、天津电报局、唐山胥各庄铁路、上海机器织布局、兰州织呢局等民用企业。与此同时，洋务派还开始筹划海防，1884年初步建立了南洋、北洋和福建海军。在洋务派控制了海军衙门后，又进一步扩建北洋舰队，修建旅顺船坞和威海卫军港。

洋务运动是近代中国第一次大规模模仿、实施西式工业化的运动，是一场维护封建皇权前提下由上到下的改良运动。洋务运动引进了18世纪以后西方的大量科学技术成果，引入翻译了大量各类西方著作文献，培养了第一批留学生，打开了西学之门，促进了思想开放；学习近现代公司体制，兴建了一大批工业企业，刺激了中国民族资本主义的产生与发展，开启了日后中国工业发展和现代化之路，为之后的"百日维新"埋下了伏笔，也深刻影响了出生于19世纪末的一批中国人，为中国的近代化开辟了道路。

在甲午中日海战中，北洋舰队全军覆没，清廷被迫签订《马关条约》，割让台湾岛等一批领土、领海给日本，更加重了清廷的统治危机，洋务运动也随之破产。在不触动腐朽的封建制度的前提下，洋务派试图利用西方资本主义的某些长处来维护封建专制统治，保留其封建衙门和官僚式的体制，这种手段和基础的矛盾，使洋务运动注定是不可能成功的。同时，洋务运动处处受到顽固派的阻挠和破坏，从而加大了洋务运动开展的阻力。甲午战争的失败深刻激发了中国国民的民族意识，对后来中日两国的文化思想、政治走向以至国运都产生了极为深远的影响。洋务运动是中国历史上一次失败的封建统治者的自救运动。

知识拓展

轮船招商局

第四节　戊戌变法

一、"公车上书"

甲午之战中国惨败，当时齐集在北京参与科举会试的十八省举人，得知《马关条约》中中国割让台湾及辽东，并向日本赔款二万万两的消息，一时间群情激愤。4月，康有为、梁启超撰写了上皇帝的万言书，提出拒和、迁都及变法的主张，得到一千多名参加科举考试学子的连署。5月2日，康、梁与十八省举人及数千市民，集合在都察院门前要求代奏。因为外省举人到京是由朝廷的公车接送的，该事件亦被称为"公车上书"。虽然"公车上书"在

《公车上书记》的封面及首页

当时没有获得实质性的结果，却形成了国民问政的风气，之后亦催生了各式各样不同的议政团体。其中，由康、梁两人发起的强学会声势最为浩大，曾一度得到帝师翁同龢、南洋大臣张之洞等清朝高级官员的支持。

二、变法过程

光绪皇帝虽然在1887年17岁时已在名义上实行亲政，但朝政大权仍然掌握在慈禧太后手里。面对列强瓜分的危险处境，光绪帝于1898年（戊戌年）向慈禧要求实权，让他进行朝政改革。1898年6月8日，徐致靖上书《请明定国是疏》（康有为代拟），请求光

绪帝正式改变旧法，实施新政。上书后的第三天即6月11日，光绪帝颁布《明定国是诏》，表明了变更体制的决心，百日维新开始。之后，光绪帝召见康有为，调任他为章京行走，作为变法的智囊。其后又任用谭嗣同、杨锐、林旭、刘光第等人，协助维新。

新政内容的最终目标，是推行君主立宪制，主要涵盖经济、教育、军事等多个方面。康有为向光绪皇帝赠送他自己的著作《日本变政考》和《俄罗斯大彼得变政记》，还有李提摩太的《泰西新史揽要》译本以及其他有关各国改革的书籍。这令光绪帝大开眼界，并以这些著作作为维新改革的蓝本。

光绪帝根据康有为等人的建议，在百日维新期间颁布了几十道新政诏令。其中经济方面主要有：设立农工商总局，开垦荒地；提倡私人办实业，奖励发明创造；设立铁路、矿务总局；鼓励商办铁路、矿业；裁撤驿站，设立邮政局；改革财政，创办国家银行，编制国家预决算。军事方面主要有：严查保甲，实行团练；裁减绿营，淘汰冗兵，采用新法编练陆海军。文教方面主要有：改革科举制度，废除八股，改试策论；改书院为学堂；鼓励地方和私人办学，创设京师大学堂，各级学堂一律兼习中学和西学；准许民间创立报馆、学会；设立译书局，翻译外国新书；派人出国留学、游历。政治方面主要有：广开言路，准许各级官员及民众上书言事，严禁官吏阻格；删改则例，撤销重叠闲散机构，裁汰冗员；取消旗人的寄生特权，准其自谋生计。这些措施有利于民族资本主义经济的发展和资产阶级文化思想的传播，受到维新派和地主阶级开明人士的拥护。

京师大学堂

图10-15　袁世凯

三、戊戌政变

但新政一开始便遭到朝内顽固派大臣的抵制，特别是北洋大臣、直隶总督荣禄，成为保守派的头目。9月16日，光绪帝在颐和园召见统率北洋新军的直隶按察使袁世凯，面谈后升任他为侍郎候补。另一面，荣禄以英俄开战为名，催袁世凯急回天津。据袁世凯的日记，之后谭嗣同于9月18日夜访袁世凯住处，透露皇上希望袁世凯起兵勤王，诛杀荣禄及包围慈禧太后住的颐和园。1898年9月20日，袁世凯回到天津，向荣禄报告了谭嗣同的计划。1898年9月19日，慈禧太后回宫，1898年9月21日临朝，宣布戒严，火车停驶，并立即幽禁光绪帝，废除新政，搜捕维新党人，是为戊戌政变。至此，维新运动失败，因时间只有103天，故称"百日维新"。维新党人中，康有为早已离开北京，梁启超逃入日本使馆。谭嗣同拒绝出走，表示："各国变法，无不从流血而成；今中国未闻有因变法而流血者，此国之所以不昌也。有之，请自嗣同始。"其他数十人被捕。1898年9月28日，谭嗣同、杨锐、林旭、刘光第、杨深秀、康广仁六人被斩首于北京菜市口，被称为"戊戌六君子"。临刑前，谭嗣同引颈高呼："有心杀贼，无力回天，死得其所，快哉！快哉！"唯一在地方彻底实施变法的湖南巡抚陈宝箴被革职，永不叙用。所有新政，除京师大学堂（现北京大学）和各地新式学堂被保留外，其余主要新政措施均被废止。

戊戌变法被当权者人为终止，但它表现出的强烈的爱国热情，激发了中国人民的爱国思想和民族意识。提倡新学，主张兴民权，在经济上要求发展民族资本主义，主张革除吸食鸦片及妇女缠足等恶俗陋习，提出"剪辫易服"，倡导讲文明、重卫生等，具有移风易俗、开启社会新风的积极作用。它是资产阶级变革社会制度的初步尝试。

维新派试图在政治上建立资产阶级君主立宪制符合当时历史发展的趋势。然而维新派力量太过弱小，因此他们把变法的希望寄托在没有实权的光绪皇帝身上，以求维新变法的成功。但光绪皇帝是一个光杆司令，手中无一兵一卒。维新派也忽略了事先争取军队的支持，直到大难临头，他们才想起了兵权，于是轻率地把赌注押到袁世凯身上，结果被袁世凯出卖。维新派尽管反对帝国主义侵略中国，但对帝国主义的本质缺乏认识，一度曾向英、日、美寻求援助，希望他们干涉后党政变，支持中国变法，结果落空。还有一点，维新派之所以要倡导变法，就是为了抵制"揭竿斩木"之"忧危"。他们害怕群众，害怕革命，始终眼睛朝上，使变法运动缺乏广泛的群众基础，顽固势力一旦反攻，便立刻陷入孤立无援的绝境。

 知识拓展

京师大学堂

第五节 民主革命

一、革命波涛汹涌

八国联军侵华之后,国内知识分子和海外留学生中立宪、革命思想广为流行,并进行了论战。立宪派主张保留君主,实行君主立宪;革命派则主张推翻君主制,推翻清朝,建立民主共和国。清政府为抵制革命宣布"预备"立宪,派五大臣出国考察,定下立宪章程。然而国内革命思想积蓄已久,君主立宪不能适应时代的要求。何况清朝并没有实行君主立宪的诚意,仅仅组建了皇族内阁,对上书请愿仍置之不理,在保路运动的浪潮中,革命开始了!

中国的封建社会长达两千多年,清末中国就像一颗陨落的恒星,从其运行的轨道上下滑、坠落,燃起阵阵灼人的火焰。中国的黎民百姓正陷在大火中,被缓慢地灼烧,痛不欲生。社会矛盾尖锐,民族危机严重。

二、革命先行者孙中山

孙中山

孙中山生于广东香山县(今广东中山)翠亨村的农民家庭,乳名帝象,学名文,号日新,后改逸仙。在日本从事革命活动时曾化名中山樵,故又称孙中山。孙中山自幼在家中干农活,6岁时即上山打柴放牛,又随外祖父到海边打蚝。10岁时进村塾求学,聪颖过人,仅三年就成为全家中最有文化的一员。1878年,得长兄孙眉的帮助,到檀香山就学达5年之久。之后,在香港受洗礼入基督教,以优异的成绩考入香港西医书院。就学期间,对欧美各国的政治、经济、农业乃至天文地理知识,无不涉猎,被友人称为"通天晓"。

早年的游学经历,使孙中山产生了通过学习西方文明以拯救中国的理想。在一次去檀香山的途中,他在轮船上看到一根粗大坚固的铁梁,印象极深。他说:"外国人做的东西,我们中国人不能做,我立刻觉得中国总有不对的地方。"为了振兴中华,孙中山努力学习,吸收西方社会一切先进的事物,并把中国的希望、中国的未来发展和命运,寄托在向西方学习的道路上。他满怀信心地说:"我们要学习他们的最新发明,才可以驾乎各国之上。"在中国处于内忧外患、贫困落后境地之时,孙中山第一个喊出"振兴中华"的响亮口号,他一生为中国的崛起而拼搏奋斗、百折不挠。

1894年,孙中山草拟了《上李鸿章书》,远赴天津求见李鸿章,希望他接纳其"人尽其才,地尽其利,物尽其用,货畅其流"的宏图伟略,但不获接见。于是他转赴檀香山,在孙眉的帮助下，几经艰辛，发动广大华侨，组成了中国第一个资产阶级革命团体——兴中会。该会的誓词鲜明地提出了"驱除鞑虏，恢复中华，创立合众政府"的口号，主张以"振兴中华"为革命事业的目标，这给腐朽的中国打开了一个缺口。之后，孙中山创建了同盟会，四处宣传革命并直接发动和指挥多次武装起义，直至1911年10月10日的武昌起义，革命才取得第一次成功，武汉当日光复，各省纷纷响应。由于孙中山是同盟会的领袖，多年的革命经历使他在国内外都享有知名度。多数革命派也认为他的声望与能力足以成为革命政权的代表人物，因此孙中山在南京临时政府成立时被选为临时大总统。

孙中山创立了中华民国，可是不久又被袁世凯窃权。当时袁世凯手握北洋军重兵，背靠帝国主义列强，一方面威胁清政府，一方面又向革命党人施压。孙中山基于当时的国情，在袁世凯伪装"赞成共和"的表态后，以博大的胸怀辞让临时大总统职位，先迫使清帝退位，又颁布《临时约法》，以图从法律上约束袁世凯，保障国家的民主共和制度——用一个"让位于袁"换取推翻封建帝制和维护共和的巨大成功。随后，孙中山又领导了护法运动和二次革命。在袁世凯复辟帝制时，又领导讨袁护国斗争。在全国各地的讨袁声中，加上北洋军阀内部矛盾的激化，袁世凯仅做了八十三天皇帝，便宣布"废除帝制"一命呜呼了。

三、"三民主义"

在此之前的1905年，中国同盟会成立，孙中山提出的"驱除鞑虏，恢复中华，创立民国，平均地权"革命宗旨被采纳为同盟会纲领。这标志着中国成立了第一个全国性的统一的资产阶级革命政党。在同盟会机关报《民报》的发刊词中，孙中山首次提出"民族""民权""民生"三大主义，简称"三民主义"。"驱除鞑虏，恢复中华"就是民族主义，即推翻清朝封建统治；"创立民国"即民权主义，就是要推翻帝制，建立资产阶级共和国，这是三民主义的核心；"平均地权"是民生主义，就是要解决老百姓的生计问题，提出解决土地问题的方案。

随后，孙中山借鉴欧美资产阶级革命的成功经验，结合国情，将三民主义分三步实施：第一步军政，实现民族革命，独立自主；第二步训政，建设自治，促进民权；第三步宪政，关注民生。思想既成，孙中山从此义无反顾地进行民主革命，其领导的辛亥革命是资产阶级民主主义革命，是中国现代化进程中新的里程碑。之后，他不拘于旧三民主义的定义，根据革命斗争的需要，提出了以"联俄、联共、扶助农工"为主要内容的新三民主义。新三民主义是国共合作的前提与基础，它促进了革命统一战线的建立，直接推动了国内第一次革命高潮的到来。孙中山一生都在锲而不舍地探索中国革命的道路。

孙中山去世后，蒋介石领导国民革命军进行北伐，在名义上完成了中国的统一。由于当时参与革命的主要领导人物，特别是蒋介石、汪精卫两人，均为孙中山培养的继承者，故当时的国民政府以孙中山为最高精神领袖，并以三民主义为治国的最高指导思想。因此，孙中山被尊为中华民国的国父。

总之，孙中山是一位伟大的革命领袖，他的一生都在为革命事业而奋斗。

知识拓展

中国同盟会

第六节 北洋军阀的统治

一、北洋军阀的建立

以康有为、梁启超为代表的资产阶级维新派领导的戊戌变法没能改变中国半殖民地半封建社会的性质,而以孙中山为代表的资产阶级革命派领导的辛亥革命虽然推翻了清政府的统治,结束了持续2000多年的封建君主专制制度,但仍以失败而告终。袁世凯在帝国主义和国内反动势力的支持下,窃夺了辛亥革命的胜利果实,成为中华民国大总统,将全国军政大权集于一身,开始了北洋军阀的军事独裁统治。

二、军阀混战

1916年袁世凯死后,北洋军阀分裂为直、皖、奉三系,他们竞相扩充实力,割据一方,为争夺中央政权,不惜依靠外国列强,混战不已,国家陷于四分五裂之中。从1913年起,孙中山就开始进行反对北洋军阀的斗争,1917年在广东建立军政府,进行护国战争和护法战争,组织北伐。1926年,国民革命军由广东出发,进行北伐战争,至1928年6月,将北洋军阀最后一任统治者、奉系首领张作霖逐出北京,推翻了北洋军阀对中国长达16年的统治,北洋军阀集团从此覆灭。

北洋军阀中以直隶人冯国璋为首的一派称直系。冯国璋早年毕业于北洋武备学堂,袁世凯小站练兵时,委冯担任督练营务处总办,后冯长期追随袁世凯,与段祺瑞、王士珍并称为"北洋三杰"。辛亥革命爆发后,冯国璋曾率清军第1军前往武汉镇压,打败黄兴所指挥的民军。袁世凯窃居中华民国大总统职位后,任命冯国璋为直隶都督兼禁卫军总统。1913年,冯国璋镇压国民党二次革命,占领南京,任江苏都督,1916年任中华民国副总统,1917年任代理总统,1919年病死。后曹锟、吴佩孚继为直系首领,1920年打败皖系,1922年又打败奉系,独揽政权。1923年,曹锟以5000元一张选票高价贿赂国会议员,被选为大总统,势力膨胀到顶点。1924年,直系在第二次直奉战争中被奉系打败,但仍控制着川陕及长江中下游大部分省区。1926—1927年,直系军阀被国民革命军在北伐战争中打败,部分部队被国民革命军收编。

北洋军阀派系之二皖系军阀,以安徽合肥人段祺瑞为首。段祺瑞早年曾赴德国学习炮兵,回国后参与袁世凯小站练兵,任炮兵学堂总办兼炮兵统带,其后又担任保定北洋速成学堂和军官学堂总办(校长)及北洋陆军第4镇、第6镇统制。辛亥革命爆发后,段祺瑞率领北洋军第2军进行镇压。袁世凯窃居中华民国大总统职位后,段祺瑞担任陆军总长、参谋总长、代理国务总理;袁世凯死后,段担任国务总理兼陆军总长,是北洋军阀集团的铁腕人物。1920年前,段祺瑞实际把持中央政权。1917年,力主参加第一次世界大战,对德宣战,在日本支持下,编组参战军,加强其军事实力。1920年直皖战争中,皖系部队被直系打败,部分被消灭,部分被直系收编。此后,段祺瑞以其个人在政界和军界的影响,还曾在政府中担任过临时执政,但皖系势力从此衰落。

北洋军阀派系之三奉系军阀。奉系因其首领张作霖是奉天人而得名。张作霖部本是清朝末年的一股土匪,后被清廷收编,张亦逐渐擢升。1912年,袁世凯窃居中华民国大总统后,任命张作霖为陆军第27师师长。1916年袁世凯死后,张作霖被任命为奉天督军兼省长,其部队扩大到3个师以上。1920年,张作霖升任东三省巡阅使,实力更加膨胀,被称为"东北王"。同年在直皖战争中因协助直系打败皖系,又将其势力范围扩大到热河、察哈尔、绥远和京津地区。1924年,在第二次直奉战争中大败直系,把持政权,成为北洋军阀最后一位统治者,其势力延伸到河北、河南、山东、江苏、安徽和上海,部队扩编为20多个师,并建立东北海军和空军。1927年,张作霖自任中华民国陆海军大元帅,组织军政府,行使统治权,并将其他各派系军队统编为安国军,自任总司令,以对抗国民革命军北伐。1928年6月,张作霖被北伐军逐出北京,在退回沈阳路经皇姑屯车站时,被日本关东军炸死,其子张学良继任奉军首领。同年12月29日,张学良宣布接受南京国民政府领导,奉军被改编为东北边防军,1931年编入国民革命军序列。至此,军阀混战局面结束。

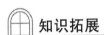

知识拓展

北洋军阀

评述与思考

1. 近代中国屡遭列强入侵,请你制作一个图表,包含主要的战争名称、相关不平等条约名称、相关重大事件三个方面的内容,要求按时间顺序排列。

2. 太平天国运动的转折点以什么事件为标志?

3. 太平天国运动的失败给后世留下了哪些深刻的历史教训?

4. 洋务派的梦想是什么？他们做了些什么？你认为他们做得怎么样？
5. 戊戌变法有哪些重要的内容？失败的原因有哪些？
6. "戊戌六君子"指的是哪些人？
7. 孙中山领导辛亥革命的指导思想是什么？
8. 从当时的基本国情分析，辛亥革命没有使中国获得独立和富强，说明了什么？
9. 北洋军阀的统治是如何建立的？又是如何结束的？

 【推荐阅读书目】

① 本书编写组：《中国近现代史纲要》，高等教育出版社，2018 年。
② 《中国近现代史》：人民教育出版社，2017 年。
③ 夏东元著：《洋务运动史》（修订本），华东师范大学出版社，2010 年。
④ 陈半思著：《戊戌变法》，北京时代华文书局，2016 年。
⑤ 章开沅、林增平主编：《辛亥革命史》，人民出版社，1980 年。

第十一章

新民主主义革命和社会主义建设时期

学习目标与要求：

1. 掌握新文化运动的兴起和发展，运用所学知识，说明新文化运动的历史意义；
2. 认识中国共产党历史必然性、中国革命的新道路；
3. 了解中华民族伟大的抗日战争；
4. 了解解放战争和新中国的成立、社会主义基本制度在中国的确立；
5. 了解大跃进和人民公社化运动、"文化大革命"；
6. 了解社会主义建设进入新时期的表现以及对当代中国的深远意义。

建议教学时数

6 课时

第一节 民主与科学

一、新文化运动时期的中国

孙中山以三民主义为纲领，发动起义，推翻了腐朽的清王朝，建立了中华民国。中国的振兴之路虽然向前迈进了历史性的一步，然而由于各地军阀为了自己的私利和侵略者的在华利益而进行割据和争夺，中国陷入了军阀混战的局面。

中国资本主义民族工业出现的时间是 19 世纪六七十年代。造船业是中国最早的民族工业，1865 年，江南造船厂的前身——江南机器制造

知识链接

19 岁的重庆青年邹容写出了《革命军》，章炳麟为书作序。这本小册子倾注了作者对国内现状的不满，充满了对法国和美国的革命、德国和意大利的统一以及对华盛顿等领袖人物及卢梭等思想家的敬意，号召民众进行革命。

总局创建，揭开了中国近代民族工业的历史。第一次世界大战期间，欧洲列强暂时放松了对中国的经济侵略，中国民族工业进入了"黄金时代"。

第一次世界大战结束后，中国新兴的知识分子意识到中国落后的根本——传统的儒家文化已经不能适应新的世界环境，"老内圣开不出新外王"，发起了新文化运动。

戊戌维新时期对西方科学文化和民主思想的传播，特别是对追求真理、讲究实践、实事求是精神和民主、平等、自由的传播，对中国早期现代化具有重要的思想启蒙意义。科学与民主对于现代化来说，既是标志，更是动力，这不仅在于科学与民主能发挥不断改革生产力和全面实现人尽其才的作用，还在于其能够促进社会由野蛮向理性、由专制向自由的转变，这可谓探索到了社会文化和政治制度现代化的真谛，抓住了现代化的根本所在。

北洋军阀统治前期，爆发了一场崇尚科学、反对封建迷信、猛烈抨击几千年封建思想的文化启蒙运动——新文化运动。当时的中国，军阀统治日趋黑暗，帝国主义掠夺更加贪婪，同时中国的民族资产阶级的力量在壮大，登上了政治舞台，强烈要求实行民主政治，发展资本主义。经过辛亥革命，先进的知识分子认识到，革命失败的根源在于国民头脑中缺乏民主

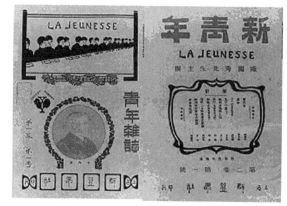

《新青年》杂志封面

共和意识，必须从文化思想上冲击封建思想和封建意识，通过普及民主思想来实现真正的共和政体。

《狂人日记》封面

二、新文化运动的开展

1915年9月，陈独秀在上海创办《青年杂志》，大量发表抨击尊孔复古的文章，标志着新文化运动的兴起。从1916年第二卷第一号起，《青年杂志》改名为《新青年》，被视为青年人的"良师益友"。陈独秀刊载文章，提倡民主与科学（旧称"德先生"与"赛先生"），两面旗帜的树立，使中国许多方面发生了翻天覆地的变化，还造成了新思想、新理论广泛传播的大好机遇。他们说："青年得此，如清夜闻钟，如当头一棒。"1917年年初，《新青年》迁到北京出版。主要撰稿人除陈独秀外，还有李大钊、胡适等。此后，《新青年》的影响越来越大，成为新文化运动的主要阵地。

胡适的《文学改良刍议》首倡白话文，将文言文称为半死文字，认为白话文才代表了社会前进的方向。在倡导科学和民主的同时，他和当时的很多文人受易卜生的影响，针对当时的中国国情，提出了健全的个人主义——个人的自我拯救，妇女解放——救出他人，打破家庭孝道——救救孩子，社会自由——人人平等的奋斗途径。

　　伟大的文学家、思想家和革命家鲁迅，1918年5月在《新青年》上发表了中国现代文学史上第一篇白话小说《狂人日记》，对旧礼教旧道德进行了无情的鞭挞，指出隐藏在封建仁义道德后面的全是"吃人"二字，那些吃人的人"话中全是毒，笑中全是刀"，中国2000多年封建统治的历史就是这吃人的历史，宣告"将来容不得吃人的人，活在世上"。这篇小说奠定了新文化运动的基石，又影响到全国用文言文出版的报纸，之后开始出现用白话文写作的副刊，随后短评、通讯、社论也都采用白话文和新式标点。所有这些文学改革，使全国报纸的面貌为之一新。

　　从国内背景看，军阀混战，人民苦不堪言。民族工业的发展壮大了工人阶级队伍。新文化运动的开展促进了人们的思想解放，推动了先进知识分子，尤其是青年学生爱国热情的高涨。

　　1917年爆发了伟大的俄国十月社会主义革命，震动了全世界，也照亮了中国革命的道路。《新青年》应社会形势发展的需要，以大量篇幅发表了宣传俄国十月革命经验和社会主义理论的文章。1918年11月，《新青年》发表了李大钊写的两篇著名论文《庶民的胜利》《布尔什维主义的胜利》，热烈欢呼俄国社会主义革命的胜利。

三、五四运动和新文化运动的意义

　　新文化运动是辛亥革命在思想文化领域的延续，形成了空前的思想解放。它在政治上和思想上给专制主义以空前沉重的打击，动摇了传统礼教的思想统治地位，为马克思主义在中国的传播开辟了道路。

　　1919年1月召开的巴黎和会，是近代中国第一次以战胜国的身份出席的重要国际会议，但中国想要收回德国在山东权益的合理要求被欧美列强断然否决。巴黎和会上中国外交的失败是五四运动爆发的导火索。5月4日，北京的学生愤怒上街游行，要求"外争主权，内惩国贼"，遭到北洋政府的镇压，运动迅速向全国发展。6月3日以后上海的工人纷纷罢工，声援学生，最终迫使北洋政府未敢在和约上签字。

　　五四运动以后的新文化运动，更是成为宣传马克思主义及各种社会主义流派的思想运动，使旧民主主义的文化运动转变为由马克思主义理论指导的新民主主义的文化运动。

　　北洋军阀的黑暗统治，中国工人阶级的壮大，新文化运动促进思想解放，十月革命给中国人民送来马克思主义，再加上欧洲巴黎和会的外交失败，《凡尔赛和约》的"签订"，引爆了轰轰烈烈的五四爱国运动。五四运动以后，全国各地的进步报刊和进步社团，如雨后春笋相继而出，激发了广大青年追求新思想的热情，促使人们冲破封建思想的罗网，探索救国救民的新出路，在近代中国掀起了一场思想解放的风暴。五四运动后，中国共产党诞生。

知识拓展

巴黎和会

第二节　建国大业

一、中国共产党的成立

南京国民政府建立后，蒋介石打败了新老军阀，表面上结束了军阀混战的局面，但由于国民党的黑暗统治，中国的经济并没有得到太多发展，人民的生活依然暗无天日。于是，中国共产党建立中国工农红军，进行新民主主义革命，寻求新的振兴之路。

北伐誓师大会

中国共产党成立于1921年7月。中国共产党破天荒地第一次提出反帝反封建的革命纲领，为中国人民指明了斗争的目标；采取资产阶级民主派没有采取的依靠广大群众的革命方法，推动中国工人运动出现了第一个高潮，中国革命的面貌为之一新。

在中国共产党的领导、影响和推动下，在国共合作的条件下，中国掀起了反帝反封建的大革命。1925年的五卅运动标志着全国范围的革命高潮的到来，为举行讨伐北洋军阀的革命战争奠定了群众基础。北伐战争是在中国共产党提出的反帝反封建的口号下进行的；共产党员、共青团员与国民党中的进步人士一起，在北伐军中发挥了骨干作用。随着北伐的胜利进军，共产党领导的工农运动迅猛发展，动摇了帝国主义、封建势力在中国的统治基础。在斗争的关键时刻，由于大资产阶级的叛变和共产党内陈独秀的右倾错误，这次革命遭到了失败。1927年8月1日，中国共产党联合国民党左派，领导部分国民军在江西南昌举行武装起义，打响了武装反抗国民党反动派的第一枪，揭开了中国共产党独立领导武装斗争和创建革命军队的序幕。

二、中国革命的新道路

毛泽东领导的秋收起义

1927年8月7日,中共中央在汉口召开紧急会议(八七会议),批判和纠正了大革命后期的陈独秀右倾错误,确定了土地革命和武装反抗国民党的方针。中国革命由此发展到一个新阶段。

毛泽东领导的秋收起义,最初计划夺取湖南的省城长沙。在进攻长沙周围的城镇打了几个败仗以后,毛泽东分析当时的形势,认为在敌强我弱的情况下,攻占长沙这样的中心城市是不可能的。于是,他果断地率领秋收起义的余部向敌人管辖势力较弱、革命较有基础的井冈山地区进军,建立了第一个农村革命根据地。进军途中,部队在三湾进行了改编,确认党对军队的领导。1928年,朱德、陈毅率领的南昌起义、湘南起义的余部到井冈山会师,成立了红四军,发展了井冈山革命根据地。

1928年,毛泽东写了《中国的红色政权为什么能够存在?》《井冈山的斗争》等文章,科学地阐明了共产党领导的土地革命、武装斗争与根据地建设这三者之间的辩证统一关系。1930年,在《星星之火可以燎原》一文中,毛泽东指出:红军、游击队和红色区域的建立与发展,是半殖民地中国在无产阶级领导下的农民斗争的最高形式,是半殖民地农民斗争发展的必然结果,并且无疑是促进全国革命高潮的最重要因素。

农村包围城市、武装夺取政权的理论,是对1927年革命失败后中国共产党领导的红军和根据地斗争经验的科学概括。它是在以毛泽东为代表的中国共产党人与当时党内盛行的把马克思主义教条化、把共产国际和苏联经验神圣化的错误倾向做坚决斗争的基础上形成的。农村包围城市、武装夺取政权理论的提出,标志着中国化的马克思主义——毛泽东思想的初步形成。

随着革命新道路的开辟,中国革命开始走向成功。中国共产党领导的红军和根据地逐步发展起来。红军游击战争实际上已经成为中国革命的主要形式,农村根据地成为积蓄和锻炼革命力量的主要战略阵地。此时,共产党内王明"左"倾教条主义的错误使党再次受到严重损失。由于第五次反"围剿"斗争的失败,红军被迫实行战略转移——长征。长征途中召开的遵义会议,纠正了共产党内的"左"倾错误,确立了以毛泽东为代表的马克思主义路线的领导地位,成为共产党历史上生死攸关的转

红军长征过草地

折点，标志着中国共产党从幼年走向成熟。随后，中国共产党领导红军以异乎寻常的坚强毅力，战胜敌人的围追堵截和各种艰难险阻，取得了长征的伟大胜利。

三、中华民族的抗日战争

1931年9月18日夜，日本关东军炸毁沈阳柳条湖附近的南满铁路路轨，并栽赃嫁祸于中国军队，日军以此为借口，炮轰沈阳北大营，制造了震惊中外的"九一八"事变，这是日本帝国主义侵华的开端。1937年7月7日，日本帝国主义又制造了"七七"事变，发动了全面侵华战争。中国共产党制定抗日救国的纲领，提出全面抗战的路线和持久战的战略方针，为争取抗日战争的胜利指明了道路。共产党领导的八路军、新四军及其他抗日人民武装深入敌人后方，发动人民群众，开辟敌后抗日根据地，建设抗日民主政权。根据地军民逐步成为抗日战争的中流砥柱。在抗日战争进入相持阶段后，共产党领导敌后军民坚决同日本侵略者浴血奋战，并同国民党顽固派进行有理、有利、有节的斗争。1945年8月15日，日本政府宣布无条件投降，9月2日正式签署无条件投降书。

十四年抗战，八路军、新四军和华南抗日纵队对敌作战12万多次，毙、伤、俘和投诚的日军52万多人，毙、伤、俘及反正的伪军118万多人。中国成为世界反法西斯战争的东方主战场，牵制和削弱了日本大部分军队，减轻了日军在太平洋战场对英美的压力，有力配合和援助了世界各国人民的反法西斯战争。抗战的胜利，是中国人民近百年来第一次取得对帝国主义的完全胜利，是中华民族由危亡走向振兴的历史转折点，大大增强了全国人民的自尊心和自信心，也促进了民族觉醒，唤起了民族团结的巨大力量。中国共产党发展到121万名党员，军队120多万人，民兵220多万人，并且建立了拥有1.3亿人口的解放区。中国人民的革命力量空前强大，为抵抗国民党的武装进攻、取得解放战争的胜利奠定了坚实的基础。

四、为新中国而奋斗

1946年6月底，国民党在美帝国主义的支持下向解放区发动全面进攻，中国共产党领导解放区军民进行伟大的解放战争。人民解放军在中国共产党的领导下，挫败了国民党的军事进攻，并转入战略进攻。解放区开展土地改革运动，广大农民踊跃支援前线。在国民党统治区掀起的以学生运动为先导的人民运动，成为配合人民解放战争的第二条战线。"中间路线"遭到破产，人民民主统一战线更加巩固和扩大，国民党政府陷入了全民包围之中。中国共产党领导人民解放军进行辽沈、淮海、平津三大

南京解放

战役，消灭了国民党赖以维持其统治的主要军事力量。中国共产党七届二中全会为夺取全国胜利和建立新中国做了政治上、思想上的准备。人民解放军渡江作战，解放南京，宣告了国民党统治的覆灭。中国共产党领导的反帝反封建的新民主主义革命取得了伟大的胜利。

七七事变

第三节　新中国的成立和社会主义制度的建立

一、开国大典

1949年10月1日下午3点，伟大领袖毛泽东主席在北京天安门城楼上亲自按动电钮升起了第一面五星红旗，并庄严地向全世界宣告："中华人民共和国中央人民政府成立了！"中国人民从此站起来了！中华民族独立了！人民解放了！这无可辩驳的事实说明：中国共产党领导地位的确立不是自封的，而是由其自身条件决定的，是在长期的艰苦斗争中形成的，是中国人民在历史的进程中经过比较鉴别做出的正确选择。

中国共产党作为工人阶级的先锋队、中国人民和中华民族的先锋队，发挥强大的组织和领导功能，改变了中国一盘散沙的局面，把全国人民紧密地团结起来，为推动中华民族的历史进步而努力奋斗。回顾近代中国挨打受辱、战乱不已的历史，人们都会不由自主地想到这样一些问题：为什么一个庞大的古老帝国，居然抵挡不住外国殖民者的攻击，以致签订了那么多不平等条约？为什么在统一的国土内，曾经有那么多军阀割据一方，你争我夺，造成了无数的战乱和破坏？为什么有那么多的外国列强，在中国寻找和操纵他们的代理人，上演了一幕幕钩心斗角的闹剧？原因当然有制度的没落、政治的腐朽、经济的衰弱、科技的落后等，但人心涣散、四分五裂无疑也是其中一个重要的原因。

中华人民共和国开国大典

要彻底改变中国的面貌,就必须把全体人民凝聚起来,把整个中华民族团结起来。谁能承担这样的责任?

从20世纪20年代到21世纪80年的历史证明,要推动中华民族的不断进步,就必须坚持中国共产党的领导。中国共产党的执政和领导地位,是由党的工人阶级先锋队、中国人民和中华民族先锋队的性质决定的,是在长期斗争的考验中形成的,是人民的选择、历史的必然。20世纪中国的历史变迁证明,只有中国共产党才能领导中国人民取得民族独立、人民解放和社会主义建设的胜利,才能开创建设中国特色社会主义的道路,实现民族振兴、国家富强和人民幸福。在旧中国,没有任何其他政党可以领导中国走出黑暗的深渊。在当代中国,没有任何其他力量可以取代中国共产党的领导和执政地位。所以,坚持党的领导,是中国能否发展和稳定的关键,是实现社会主义现代化的关键。在21世纪,党的领导地位只能坚持,不能削弱;只能加强,不能动摇。这是由中国的客观现实决定的,是由中华民族的根本利益决定的,不是个别人的意志所能改变的。

二、人民政权的巩固

中华人民共和国成立之初,封建政治、经济和社会制度并未消亡,旧思想、旧习俗仍然流行,城市萧条,乡村贫困,经济凋敝,新生的人民共和国存在着许多困难,面临着很多严峻的考验。为此,中国共产党团结全国各阶层人民,采取了一系列措施,为建立和巩固人民政权进行了卓有成效的斗争。

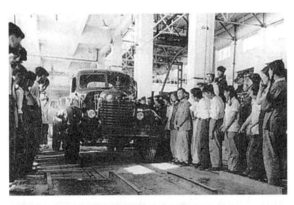

第一辆解放牌卡车下线

首先,肃清国民党残余部队和土匪武装,使全社会秩序得到初步稳定。在各新解放地区,先是建立军事管制委员会,镇压反革命的破坏活动,维护社会秩序,接管旧政权的一切公共事务,组织恢复生产。在条件和时机适当的时候,召集各界人民代表会议,选举地方人民政府。由此在全国范围内逐步建立起地方各级政权。没收官僚资本,恢复国民经济,稳定物价,保证国家对整个国民经济的领导。继续推行土地改革,使广大农民获得了翻身解放,他们拥护新政权,提高了生产积极性。此外,人民政府还镇压了反革命,抨击封建思想文化,取缔丑恶陋习,革命的洪流荡涤着旧社会的污泥浊水,中华人民共和国的政治、经济、社会面貌焕然一新。

1950年10月,中国人民志愿军赴朝作战,拉开了抗美援朝战争的序幕。在抗美援朝战争中,志愿军得到了解放军全军和中国全国人民的全力支持,得到了以苏联为首的社会主义阵营的配合。1953年7月,朝中与联合国军代表签订《朝鲜停战协定》,从此抗美援朝胜利结束,新生的人民政权更加稳定巩固。

三、社会主义制度的初步建立

1949年9月,中国人民政治协商会议举行第一届全体会议,一大批对革命事业做过贡献、在人民群众中具有威望的民主党派和无党派人士代表人物进入了国家政权机关并担任了领导职务,标志着中国共产党领导的多党合作和政治协商制度的确立。这次会议通过了《中国人民政治协商会议共同纲领》,确定中华人民共和国的政治制度是民主集中制的人民代表大会制度。但当时在全国普选的条件还不成熟,自下而上地建立各级人民代表大会也难以进行,所以在新中国成立初期,确定由中国人民政治协商会议第一届全体会议代行全国人民代表大会的职权。经过几年的过渡和积累,在1953年我国进行了第一次大规模的普选,自下而上逐级召开了人民代表大会。1954年9月,第一届全国人民代表大会第一次会议胜利召开,制定了新中国第一部宪法。以人民代表大会为基石的人民代表大会制度成为我国的根本政治制度,确保国家权利掌握在人民手中,符合人民当家做主的宗旨,适合我国的国情。

1952年9月,毛泽东在一次中央会议上提出:"我们现在就要开始用10年到15年的时间,基本上完成到社会主义的过渡。"1952年下半年至1956年,新中国仅仅用了4年时间,就完成了对农业、手工业和资本主义工商业的社会主义改造,实现了把生产资料私有制转变为社会主义公有制。1957年,"一五"计划超额完成任务,实现了国民经济的快速增长,并为我国的工业化奠定了初步基础。

社会主义三大改造的胜利完成,实现了把生产资料私有制转变为社会主义公有制的任务。政治上,社会主义的基本制度在我国初步建立;经济上,社会主义计划经济在我国基本确立。我国的社会主义工业化初步形成,中国从此进入社会主义初级阶段。

知识拓展

抗美援朝

第四节　社会主义建设在探索中曲折发展

一、"大跃进"和人民公社化运动

中华人民共和国成立到1952年年底的3年中,中国国民经济在恢复中发展。1953年至1957年,中国进入了执行发展国民经济第一个五年计划的时期。"一五"计划的任务主要是以发展重工业为主,建立中国社会主义工业化的初步基础。到 1957 年年底,全国工业总产值大幅增长,一大批前所未有的基础工业部门开始建立。"一五"计划的各项指标大多超额完成。"一五"计划的顺利完成增强了中国共产党及全国人民加快社会主义建设的信心。从 1957 年至 1976 年的 20 年间,中国共产党领导全国人民积极探索建设社会主义的道路,经历了一段不寻常的曲折过程,付出了代价,也获取了经验,汲取了教训。

1957 年夏,中国开展了反右派斗争。全国有 55 万名知识分子、爱国人士和党内干部被错划为"右派分子",致使反右派斗争严重扩大化,中国的社会主义建设遭受了重大挫折。1958 年起,中国的社会主义经济建设因为推行雄心勃勃的"大跃进"运动和农村人民公社化运动而遭受挫折。一系列"左"的错误做法严重影响了中国社会主义建设发展的进程。从 1962 年起,中国共产党着手纠正"左"的错误做法,并采取一系列果断措施,意图调整国民经济。

二、"文化大革命"

1966 年,正当中国顺利完成国民经济调整的任务,开始执行和发展 1966—1970 年国民经济第三个五年计划的时候,"文化大革命"发生了。"文化大革命"是当时的称呼,实际上是一场内乱,所以"文化大革命"又被称为"十年内乱"。

1966 年 5 月 4 日至 26 日,中共中央政治局扩大会议通过了毛泽东主持制定的《中国共产党中央委员会通知》(又称"五一六"通知),提出了发动"文化大革命"的主要论点。毛泽东发动这场"大革命"的出发点是防止资本主义复辟、维护党的纯洁性和寻求中国自己的建设社会主义的道路。当时,他对党和国家的政治状况做了错误的估计,认为党中央出了修正主义,党和国家面临资本主义复辟的危险,只有采取果断措施,公开地、全面地、由下而上地发动广大群众,才能把所谓被"走资派篡夺了的权力"夺回来。1969 年 4 月 1 日至 24 日,中国共产党第九次全国代表大会在北京召开。这次会议使"文化大革命"的理论和实践进一步系统化、合法化。

中共九大以后,毛泽东部署在全国开展"斗、批、改"运动。但是,1971 年 9 月 13 日,已经在中共九大上被确定为毛泽东接班人的林彪突然乘飞机仓皇出逃,摔死在蒙古国境内的温都尔汗。这一事件客观上宣告了"文化大革命"理论和实践的失败。1973 年 8 月 24 日至 28 日,中国共产党第十次全国代表大会在北京召开。这次大会继续了中共九大的"左"的错误,江青、张春桥、姚文元、王洪文在中共中央政治局内结成"四人帮",江青集团的势力进一步得到加强。

1975 年,周恩来总理因病住院治疗。在毛泽东的支持下,被打倒的邓小平复出,主持党和国家的日常工作。邓小平上任伊始就大刀阔斧地对许多方面的工作进行整顿,形势有了明显的好转。"四人帮"发起所谓的"反击右倾翻案风",邓小平再度被打倒。1976 年 1 月 8 日,周恩来逝世。1976 年 7 月 6 日,朱德逝世。9 月 9 日,中共中央主席、中央军委主席毛泽东逝世。10 月上旬,中共中央政治局执行全党和全国人民的意志，逮捕了江青、张春桥、姚文元、王洪文，从而结束了"文化大革命"这场灾难。

应该如何认识"文化大革命"？关于这场运动的性质，《中国共产党中央委员会关于建国以来党的若干历史问题的决议》明确指出："文化大革命"是一场由领导者错误发动，被反革命集团利用，给党、国家和各族人民带来严重灾难的内乱。该决议彻底否定了"文化大革命"和"无产阶级专政下继续革命的理论"，实事求是地评价了毛泽东同志的历史地位，充分论述了毛泽东思想作为党的指导思想的伟大意义。这个决议对"文化大革命"的政治定性和原因分析，经受住了实践的检验、人民的检验和历史的检验，是全党全国人民的共识，是完全正确的科学结论。

三、国防建设和外交成果

1946年8月，面对美国记者安娜·路易斯·斯特朗的采访，毛泽东说出了流传于世的一句话：原子弹是美国反动派用来吓人的一只纸老虎，看样子可怕，实际上并不可怕。当中国军队参加抗美援朝战争时，美国当权者多次扬言并打算对中国使用原子弹。毛泽东意识到，要反对核武器，就得自己先拥有核武器。1955年，中央指定陈云、聂荣臻、薄一波负责筹建核工业。20世纪50年代末，中苏关系恶化。苏联撤走专家后，中国决心依靠自己的力量完成这一任务。1960年春天，第一批特别工程部队进入罗布泊，开始了中国第一个核试验基地的工程建设。1962年，成立了以周恩来为首的专门领导机构。在中共中央统一领导下，经过一大批科技人员、干部和职工的共同努力，全面突破了原子弹的技术难关。1964年10月16日，中国自行设计制造的第一颗原子弹在新疆罗布泊爆炸成功。原子弹的爆炸成功，代表了中国科学技术的新水平，增强了中华民族的凝聚力，有力地打破了超级大国的核垄断和核讹诈，保障了国家安全，提高了中国的国际地位。

在新中国成立的第二年，第五届联大否决了恢复中华人民共和国在联合国的合法权利的提案，决定由大会组成七人特别委员会，审议中国代表权问题，在未做出决议以前仍允许"中华民国"的代表占据联合国席位。对此，中国外交部发言人曾发表声明，指出联大的决定违反了联合国宪章，是无礼的、非法的，美国应对此负主要责任。1960年，中国代表权问题正式列入联合国大会议程，美国操纵联合国多数成员提出中国代表权问题要作为"重要问题"在联合国做出决定，就必须有2/3的多数赞成才能通过，以此来阻挠中国合法席位的恢复。进入20世纪70年代，美国的地位急剧衰落，第三世界的力量迅速发展，中国同世界各国、各地区的关系有了进一步发展。1971年10月，第26届联合国大会通过决议，恢复中华人民共和国在联合国的一切合法权利，并立即把国民党集团的代表从联合国及其所属一切机构中驱逐出去。这一具有划时代意义的重大事件，标志着联合国的普遍性、代表性和权威性显著增强，维护和平与发展的力量不断壮大，中国外交进入新阶段。

知识拓展

中国共产党第八次全国代表大会

第五节 崛起之路

一、十一届三中全会

1976年10月，当"四人帮"垮台、"文化大革命"结束的消息传开后，北京及全国各地出现了亿万群众自发地上街欢呼、饮酒庆贺的欢腾场面。中国的社会主义现代化建设重新回到正确的轨道上来，人民对国家的前途与发展充满了信心。众望所归的邓小平再度复出，恢复了中共中央政治局常委、中共中央副主席、中央军委副主席、国务院副总理等职务。从1976年年底开始，在中共中央领导下，全国开展了揭批"四人帮"、平反"文化大革命"中的冤假错案、恢复和发展经济、整顿科学教育文化事业等工作。

当时，华国锋担任中共中央主席，他在粉碎"四人帮"的斗争中有功，也试图结束"文化大革命"造成的混乱局面。但是他没有从根本上认清"文化大革命"的问题，在政治思想上坚持"凡是毛主席做出的决策，我们都坚决维护；凡是毛主席的指示，我们都始终不渝地遵循"（简称"两个凡是"）。1978年，局势开始转变，《光明日报》发表了《实践是检验真理的唯一标准》的特约评议员文章，之后新华社亦转发了这篇文章，各大报刊纷纷转载。《实践是检验真理的唯一标准》一文在全国各地产生了巨大影响，全国展开了一系列讨论，"两个凡是"开始被人们怀疑、批判。

1978年12月18日至22日，中国共产党第十一届三中全会在北京召开。这是一次影响深远、意义重大的会议，实现了当代中国最重要的伟大历史转折，找到了中国人民一直苦苦寻求的强国富民之路。

中共十一届三中全会，恢复了中国共产党实事求是的思想路线。实事求是本来是中国共产党的思想基础和优良传统。但在反右派斗争以来的20年，特别是"文化大革命"中，由于"左"的错误泛滥，教条主义盛行，实事求是思想路线遭到扭曲，甚至被抛弃。会议否定了"以阶级斗争为纲""无产阶级专政下继续革命"等"左"的理论，批驳了以"两个凡是"为代表的僵化、迷信的思想路线。

这次会议做出了将中国共产党工作重点转移到社会主义现代化建设上来的决定，确立了改革开放的战略方针。改革开放就是打破封闭、保守、僵化的思想、体制、制度和一切束缚经济发展的陈规旧俗，对内实行改革，对外实行开放。对内改革，就是对已有的经济体制、政治体制、教育体制和科技体制等方面进行改革，改变那些不适应生产力发展要求的管理体制和具体政策，充分调动各方面的积极性，促进社会主义经济的快速发展。对外开放，就是引进包括资本主义国家在内的国外先进的科学技术和管理经验，利用国外资金，为中国的经济建设服务，发展中国的经济。

中共十一届三中全会以来，在解放思想、实事求是思想路线的指引下，中国共产党围绕着怎样建设社会主义的问题进行了全面的政策创新。从中国社会主义初级阶段的国情出发，中国共产党创造性地提出了"一个中心，两个基本点"的基本路线，形成了党的总政策，并构建了全新的政策体系。如果说，中华人民共和国的成立使中国人民站立起来，那么，中共十一届三中全会所实现的伟大转折则使中国人民开始踏上富裕之路。如果说，中华人民共和国的成立使中国共产党领导的第一次革命完成，那么，中共十一届三中全会确立的路线、方针则是中国共产党领导的第二次革命的开端。第一次革命，把一个半封建半殖民地的旧中国变成了社会主义新中国；第二次革命，将把一个经济文化比较落后的中国转变成一个富强、民主、文明的现代化强国。正是有了第二次革命的起步，中国人民才走上了振兴中华的强国之路，逐步开辟出一条建设中国特色社会主义的新航线。

二、经济体制改革

中国共产党十一届三中全会实现了指导思想上的伟大转折和工作重点的转移，从此，中国共产党带领全国人民团结一致、艰苦奋斗，在振兴中华，建设富强、民主、文明的国家征程中不断前进，谱写着改革开放的光辉篇章。

中国是一个农业大国，农村地域广阔、人口众多，改革首先以农村这个涉及人口最多、对全局影响最大的领域为突破口，提高农民的生产积极性及其生活水平，以取得经验，推动企业和城市等其他领域的改革。

1978年11月底，在中国农村一个极普通的地方——安徽省凤阳县梨园公社小岗生产队，发生了一件不寻常的事。该队的18户农民瞒着公社和大队，秘密地将土地承包到户，搞起了"大包干"。他们的办法很简单：就是将原来集体耕种的土地按人口分包到户，由各户自主经营，自负盈亏。农民获得的收成，按照"保证国家的，留足集体的，剩下都是自己的"办法分配。这种后来被称为家庭联产承包责任制的改革，克服了农村人民公社体制下"吃大锅饭"的平均主义，革除了过去公社管理体制过于集中的弊端，使农民在生产和

农村改革扬新篇

分配两方面都获得了充分的自主权，因而极大地调动了农民的积极性，推动了农村经济的快速发展。1980年5月，邓小平发表《关于农村政策问题》的谈话，明确支持农民搞包产、包干到户的行动。从1982年至1986年，中共中央连续5年发布了5个关于农业与农村工作的1号文件，有力地推动了农村改革的进程。

农村家庭联产承包责任制的实行，意味着"政社合一"的人民公社赖以生存的社会基础的消亡，必须变革人民公社体制。1980年，政社分开的试点工作在部分农村展开。同年6月18日，四川省广汉县向阳人民公社的牌子被摘掉，换上了向阳乡人民政府的牌子，这是中国第一个变革人民公社体制、实行政社分开而建立的乡一级人民政府。1983年10月，中共中央、国务院发出《关于实行政社分开建立乡政府的通知》，规定建立乡（镇）政府作为基层政权，同时普遍成立村民委员会，作为群众性自治组织。

以推行家庭联产承包责任制为主要内容的农村改革还在进行之时，城市改革的试点与探索亦已展开。作为城市经济体制改革先行者的四川省，1978年年底就已经开展了以扩大企业经营自主权为主要内容的改革试点，并于1979年1月制定了试点办法。1981年，又开始了对企业实行经济责任制的改革。其主要内容是：吸取农村家庭联产承包责任制的经验，通过承包，划分国家与企业之间、企业与职工之间的责、权、利关系，按照联产承包、按劳分配的原则，进一步调动企业和职工的积极性，达到增产和增收的目的。这项改革试点从山东省开始，仅用1981年一年时间就很快推行到全国36000家工业企业。与此同时，减少工业品计划管理的品种，发展多种经济形式，采用多种购销方式，开辟多条流通渠道，建立城乡互相开放的新流通体制。到1982年年底，全国初步建立了以国营商业为主渠道、集体和个体商业星罗棋布的商品流通与服务体制。商品流转加快，商品销售值大幅增长，商业企业的经济效益显著提高。改革敢于打破所有制的单一经济形式，积极发展所有制的多种经济形式，调动一切积极因素，发展社会生产力。

三、对外开放新局面

1979年7月，中共中央和国务院根据广东、福建两省靠近港澳台地区、华侨众多的有利条件，决定对两省的对外经济活动实行特殊政策和优惠措施，试办经济特区，确定广东省的深圳、珠海、汕头和福建省的厦门以及海南作为经济特区，"特"的表现：第一，实行特殊的经济政策；第二，实行不同于内地的经济管理体制。采取来料加工装配、补偿贸易、合资经营、合作经营以及外商独资经营等多种形式，以吸引外资，引进先进的技术和设备，学习先进的经营管理方法。

1982年9月1日至11日，中国共产党第十二次全国代表大会在北京举行。根据邓小平1979年以来的倡议，大会确定：从1981年到20世纪末的20年，中国经济建设总的奋斗目标是，在不断提高经济效益的前提下，力争使全国工农业的年总产值翻两番。农村改革在巩固的基础上进一步深入；全国改革的重点由农村逐步转向城市；城市改革由试点发展到全面铺开，个体及私营企业迅速发展，在坚持公有制经济为主体地位的前提下，大力发展多种经济形式，包括集体、个体、私营经济和"三资"（中外合资、中外合作、外商独资的简称）企业。中国的改革开放全面开展，逐渐形成经济特区—沿海开放城市—沿海开放区—沿江开放港口城市—沿边开放城镇—内地省会开放城市多层次全方位的开放格局。其中最重大的改变是进入20世纪90年代，中国对外开放的区域开始由沿海向内地转移。实现这一具有战略意义转移的第一大决策，是开发开放上海浦东。1990年4月18日，时任国务院总理李鹏在上海宣布：中共中央、国务院同意上海市加快浦东地区的开发。以浦东开发为龙头，进

繁忙的集装箱码头

繁荣的浦东

一步开放长江沿岸城市，把上海建设成为国际经济、金融、贸易中心之一，带动长江三角洲和整个长江流域地区经济的新飞跃。从此，浦东成为20世纪90年代中国对外开放的"王牌"，引起全世界的关注。

按照邓小平"一国两制"的伟大构想，1997年7月1日香港顺利回归祖国，1999年12月20日澳门也回到了祖国的怀抱。20世纪末，这两项重大的历史事件，充分证明了在中国共产党的正确领导下，中国已经逐步强大起来的事实。20世纪初旧中国的任人宰割、受尽屈辱已成为历史，逐步繁荣富强、民主昌盛的中华人民共和国，已成为世界和平与发展的重要力量，在国际事务中发挥着越来越大的作用。

四、中国特色社会主义的持续发展

从中共十一届三中全会召开至20世纪末，中国共产党领导全国人民，在中华人民共和国建立以来社会主义建设取得巨大成就的基础上，坚持改革开放，并紧紧把握住经济建设这个中心，使国家的面貌发生了许多可喜的变化，人民生活水平明显提高，在经济建设、科学发展等领域取得了举世瞩目的成就。

以寻求富强为中心，30年的改革开放成就了3000年未有之大变局：中国的崛起。进入21世纪，作为全球最发达的发展中国家，中国的GDP总量超越了日本，仅次于美

国，全世界都在惊呼"中国世纪"的到来。中国驻法国前大使吴建民说，中国现在走到世界舞台的中心，全世界都缺乏准备，我们自己更缺乏准备。本来邓小平制定的国策是韬光养晦，决不出头，甘于边缘，一门心思搞建设。2008年的金融危机，西方世界开始衰退，中国经济继续高速发展，一下子让全世界聚焦中国。中国成为与美国同样重要的世界大国。

第六节 复兴之路

随着改革开放的深入和社会主义市场经济的发展，中国的社会生活发生了广泛而深刻的变化，社会经济成分、组织形式、利益分配和就业方式的多样化还将进一步发展。江泽民同志2000年2月在广东省考察工作时，从全面总结党的历史经验和如何适应新形势、新任务的要求出发，首次对"三个代表"重要思想进行了比较全面的阐述，规划了中国特色社会主义发展的宏伟蓝图和一整套发展战略。

在立足社会主义初级阶段基本国情，总结中国发展实践，借鉴国外发展经验，适应中国发展要求的基础上，胡锦涛同志提出了科学发展观这一重大战略思想，坚持以人为本，树立全面、协调、可持续的发展观，深刻把握我国发展面临的新课题、新矛盾，更加自觉地走科学发展道路，奋力开拓中国特色社会主义更为广阔的发展前景。

党的十八大以来，以习近平同志为核心的党中央，总结历史、面向未来，从坚持和发展中国特色社会主义全局出发，提出一系列治国理政新理念、新思想、新战略，按照"五位一体"总体布局，协调推进"四个全面"战略布局，树立和贯彻新发展理念，带领党和人民开创社会主义现代化建设新局面。党中央确定的目标、方向和任务是明确的，深得党心民心，深受人民的拥护。现在我们比历史上任何时期都更接近中华民族伟大复兴的目标，比历史上任何时期都更有信心、有能力实现这个目标。越是这个时候，越需要全党、全国各族人民拧成一股绳，团结一致，齐心协力，排除一切干扰，聚精会神，埋头苦干，把我们今天的事情办好，把我们的既定目标实现好，坚定中国特色社会主义道路自信、理论自信、制度自信、文化自信。要牢固树立政治意识、大局意识、核心意识、看齐意识，矢志不渝为实现"两个一百年"奋斗目标，实现中华民族伟大复兴的中国梦而团结奋斗。

知识拓展

"一国两制"

评述与思考

1. 新文化运动的主要内容有哪些？
2. 五四运动的导火索是什么？结果如何？
3. 请你用精练的语言介绍中国共产党在解放战争时期发生在锦州—徐州—天津—南京的重大革命事件及其意义。
4. 新中国是何时成立的？新中国的成立有何历史意义？
5. 新生的人民政权是如何巩固的？
6. 第一个五年计划的主要任务是什么？
7. 1958 年我国出现了哪些违背经济规律、超越社会发展阶段的失误？
8. 十一届三中全会是何时召开的？这次会议的召开有何历史意义？
9. 中国的对外开放呈现什么样的格局？

【推荐阅读书目】

① ［美］周策纵：《五四运动：现代中国的思想革命》，江苏人民出版社，1999 年。
② 武国友主编：《红流纪事：共和国开国大典》，吉林文史出版社，2011 年。
③ 新望、高尚全等编著：《40 年改变中国：经济学大家谈改革开放》，北京联合出版公司，2018 年。

第二部分

世界历史

第十二章

古老的文明

学习目标与要求：

1. 古代埃及文明的兴衰历程；
2. 古代两河流域文明的兴衰历程；
3. 古代印度文明的兴衰历程；
4. 古代希腊、古代罗马文明的兴衰历程。

建议教学时数

8 课时

距今 350 万~300 万年前，地球上出现了人类。人种的演变经历了猿人（南方古猿，双足行走）—能人（能够制造工具）—直立人（直立行走，懂得用火）—智人（人工取火），从而进入人类历史的史前时期。

距今 1 万年左右，人类从采集植物果实和猎取动物的实践中学会了栽培植物和驯化动物，发明了原始农耕和畜牧，从而由食物的采集者转变为食物的生产者。从此，气候和土壤适宜种植谷物的地区逐渐以农耕为主，干旱而牧草间生的地区则以畜牧为主。在亚非地区的大河流域，产生了世界上最古老的文明，成为人类文明的发源地。不幸的是，除中华文明以外，其他地区的古老文明都先后衰落了。然而它们留下的灿烂文化对人类社会的发展产生了巨大影响，其中的天文、历法、数学、医学、建筑等成就对世界文明做出了杰出的贡献。

第一节 尼罗河的孕育——古代埃及

在非洲的东北角有一块古老而神秘的土地，它就是古代埃及文明的发源地。每当提及古埃及文明，人们脑海里首先浮现的是被誉为世界七大奇迹之一的金字塔、神秘莫测的木乃伊、尼罗河盛产的纸草和行驶在尼罗河上的古船，很久以来它们都吸引着无数人去探寻这一数千年前璀璨的古代文明。

一、古代埃及的地理与气候

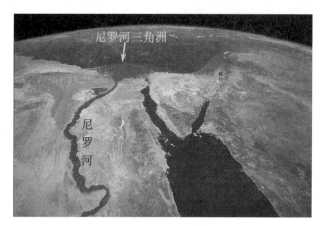

尼罗河

古代人类文明无不源起于大河流域，自然环境深深影响着文明的发展。古代埃及北临地中海，东濒红海，南邻努比亚（今埃塞俄比亚和苏丹），西接利比亚。从地理上看，埃及的东西两面均为沙漠，大南边有几个大险滩，同外界交往甚难。在这相对闭塞的环境中，气候炎热，雨水稀少，但是农业生产很发达。这是为什么呢？原来这与尼罗河的定期泛滥有着密切的关系。发源于赤道附近的尼罗河全长6648公里，每年6月开始涨水，7月至10月是泛滥期，这时洪水挟带着大量腐殖质，灌满了两岸龟裂的农田。几个星期后，当洪水退去时，农田就留下了一层肥沃的淤泥，等于上了一次肥，不仅使尼罗河流域成为古代著名的粮仓，也为古代埃及文明创建大规模水利灌溉工程和制定历法提供了方便。尼罗河像一条生命之藤蜿蜒在撒哈拉大沙漠上，并哺育出了璀璨的古埃及文明和奇迹。直到现代，埃及95%以上的人口仍集中在这条绿色的生命带中。

古希腊学者希罗多德（约公元前484—前425）就有这样的记载："那里的农夫只需要等河水自行泛滥出来，流到田地上灌溉，灌溉后退回河床，然后每个人把种子撒在自己的土地上，叫猪上去踏进这些种子，以后便只是等待收获了。"在人类历史上，尼罗河是文明的化身，在世人心目中，埃及文明总是和尼罗河联系在一起。

二、古代埃及文明的兴衰更替

距今9000多年前，人们在尼罗河河谷定居，开始建造房屋。距今7500年前，人们开始使用青铜器，并出现了城市，这为人类文明的形成奠定了基础。

古代埃及天然的地理屏障也使古埃及的政治相对稳定，避免了因外族入侵而引起频繁的王朝更替，为创造辉煌的古埃及文明提供了良好的环境。

图坦卡蒙法老黄金面具

（一）古埃及的统一

公元前 3500 年左右开始，在尼罗河两岸陆续出现了几十个奴隶制小国。公元前 3100 年左右，美尼斯初步统一埃及，在埃及逐步建立起奴隶制国家，首都是孟菲斯。统一后的埃及开始有文字记录可考。美尼斯建立的王朝称为第一王朝。从这一时期到公元前 332 年，埃及被马其顿王亚历山大征服为止，一共经历了三十一个王朝，随后的埃及地区进入希腊和罗马统治时代。

法老（国王）是古代埃及最高统治者的称谓，他是埃及最大的奴隶主，实行奴隶主专制统治。法老被称为"拉神之子"，拉神即太阳神，是全国最高的神，神庙前矗立的方尖碑顶端的太阳圆盘即太阳神意志的象征。作为最高统治者，法老具有无上的权威。臣民见法老时，要匍匐在地上，用嘴来吻法老脚下的土地。一位贵族如被允许吻法老的脚，就会感到莫大的荣幸。法老发起怒来，还经常用手杖责打大臣。

（二）古王国时期

古埃及第三王朝到第六王朝（约公元前 2700—前 2180 年）是埃及历史上的古王国时期，首都位于孟菲斯城，这一时期，埃及出现了强大的中央集权政府，政治、经济、文化、军事等领域达到了埃及历史上的第一个高峰。这个时期的埃及人笃信法老王能够确保一年一度尼罗河的泛滥，使农作物丰收，相信法老是上天为他们选定的王者。古王国的政治以和平安

胡夫金字塔与狮身人面石像

宁、不施侵略的政策为本。富裕和稳定的经济保证了财政的盈余，使国家有能力主持建设纪念性质的巨型工程和让皇家工场委托制作杰出的艺术品，其中以法老的墓葬——金字塔最为有名。

金字塔是法老的陵墓，底座是四方形，越往上就显得越窄，聚于塔顶形成方锥形的建筑，四面都如汉字的"金"字，因此中文称之为"金字塔"，而在古代埃及文中，则称之为"庇里穆斯"，即中文"高"的意思。古埃及人确实没有说错，在 1888 年巴黎修建埃菲尔铁塔以前，它一直是世界上最高的建筑物。

金字塔群位于今天开罗西南方的尼罗河畔。据说，埃及人相信西方就是人死后的归宿，就像太阳从西边下山一样。埃及国王往往一继位就为自己建造陵墓。在埃及已发现的大大小小近百座金字塔中，最大最有名的是祖孙三代金字塔，它们是大金字塔（也称胡夫金字塔）、哈夫拉金字塔和门卡乌拉金字塔。胡夫金字塔高达 146.5 米，各边长 230 米，塔底面积达 52000 平方米，用石 230 万块，它们大小不一，分别重达 1.5 吨至 160 吨，平均每块重达 2.5 吨。据考证，为建成大金字塔，古埃及一共动用了 10 万人，花了 20 年时间。建造金字塔使用的是最简单的工具：坡道、滚筒和杠杆，那时甚至连

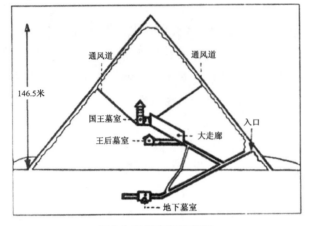

胡夫金字塔内部结构图

铁滑轮都没有。金字塔的建筑方法是叠砌法，石块之间没有抹灰泥，但严丝合缝，刀片都插不进去。这不得不让后人钦佩，惊叹于古埃及人的智慧与力量。哈夫拉金字塔与举世闻名的狮身人面像紧挨着，据传，人面是哈夫拉的模拟像，两者相互烘托，交相辉映，构成一幅深远的历史场景。

（三）中王国时期

古王国末期，埃及经历了一百多年的分裂状态，水利失修，饥荒频繁，人民处于水深火热之中。直到约公元前2040年，孟图霍特普二世再次统一埃及，结束了古埃及第一个混乱分裂时期，开始了古埃及历史上第二个盛世——中王国时期（约公元前2040—前1786年）。

中王国包括第十一和第十二王朝，首都底比斯，崇拜阿蒙神，这一时期政治逐步走向稳定，中央集权的力量大大加强，社会经济有了较大程度的恢复与发展。尼罗河流域大规模兴修水利，增加了两千五百多公顷良田；青铜器在这一时期出现并得到了大范围的推广，极大推动了生产效率的提升；纺织业中出现了较为先进的卧式织布机，手工业中则已经能够制造精美的玻璃制品，中王国时期的玻璃瓶甚至流传至现代。

由于中王国时期商品经济的扩大，使得埃及同地中海地区的交往十分密切。然而这一时期神庙力量强大，大量地方贵族具有强大实力，宫廷争斗激烈，阶级矛盾激化，从而使得中王国衰落。

（四）新王国时期

中王国末期，来自亚洲的喜克索斯人入侵埃及，一直到公元前1580年左右，喜克索斯人才最终被赶出埃及。从此开始了埃及的第十八王朝，埃及历史也进入了新王国时期（约公元前1550—前1069年），从十八王朝到二十王朝。

这一时期，古埃及开始进入空前强盛的时代。公元前15世纪，图特摩斯三世先后17次入侵叙利亚和巴勒斯坦，在那里建立统治；又西侵利比亚，南侵努比亚，直到尼罗河的第四瀑布。古埃及成为一个地跨亚非的奴隶制军事帝国。约公元前1312年，法老拉美西斯二世与西亚强国赫梯会战于卡叠什，并最终与赫梯签订和约，该和约是人类历史上现存最早的国际条约。古埃及政治和军事上的扩张，使它与东地中海的叙利亚、巴勒斯坦等的商业交流不断扩大。这一时期，青铜器普遍使用，铁器开始出现，农业和手工业都有较大的发展。埃及与小亚细亚、红海南岸、希腊和爱琴海岛屿都有贸易往来，还开凿了沟通尼罗河支流和红海之间的运河，以加强同地中海东岸一带的联系。

拉美西斯二世是古埃及历史上最著名的法老之一，拥有一段充满传奇色彩的人生。他在位67年，是古代埃及在位时间第二长的法老。他先后有8个皇后，嫔妃不计其数；

大约有100多个儿女,其中12个有合法继承权的儿子都先于他逝世;在当时古埃及人平均寿命仅有40多岁的情况下,他活到90多岁高龄;他喜欢将自己的经历雕刻在建筑物上夸耀,将自己神化了的雕像矗立在埃及各地,并且与神并列在一起。然而拉美西斯二世统治的时代已是埃及衰落的前夜,国家巨大的开销加速了国力的衰退。拉美西斯二世死后,古代埃及迅速走上了下坡路。

新王国时期,法老及他的官僚机构控制了社会生活的各个领域,法老的统治达到了顶峰,他的身份是神圣的,拥有一支常备军,在现实层面维护和扩大了法老的权威。

拉美西斯二世

(五) 外族统治时期

新王国末期,埃及国内社会矛盾逐步加剧,上层贵族集团内部争权夺利,导致埃及很快进入了一个分裂动荡的时期。而雪上加霜的是,来自西亚的强大邻邦亚述、波斯先后入侵埃及,从而导致埃及本国政治力量一蹶不振,开始走向衰亡。公元前332年,马其顿亚历山大大帝征服了古埃及,古代埃及文明就此被打断。埃及从此失去了独立,长期处在外族统治之下。公元前323年,亚历山大病死,他手下的部将托勒密控制并占领了整个埃及。公元前305年,托勒密正式称王,建立了埃及历史上最后一个王朝——托勒密王朝。托勒密一世鼓励文化事业,发展工商业,其中最突出的成就是建立起举世闻名的亚历山大图书馆,吸引了当时大量的学者,促使古代西方多学科研究取得很大进展。公元642年,阿拉伯帝国征服了埃及,埃及从此成为阿拉伯人的家园,直至今日。

三、古代埃及的文字

公元前3000多年前,古代埃及出现了世界上最早的文字——象形文字。象形文字是用一定的图形来表示一定的事物或概念,后来这种符号除表示意思以外,也表示一定的音节。在这个基础上,产生了各种符号组成的文字,这种文字后来经过几次演变,外形逐渐简化,它为以后的字母文字奠定了基础。象形文字一直使用到公元4世纪末,流行了三四千年之久。有了文字这个载体,古埃及的文明就长上了翅膀,其影响不再局限于尼罗河流域,开始向近东地区和非洲其他地区以及地中海沿岸传

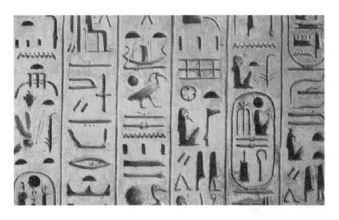

象形文字

播。公元前2000年，地中海东岸的腓尼基人主要在埃及文字的影响下，创造出22个拼音字母。古代希腊人又在腓尼基字母的基础上创造了希腊字母。在希腊字母的基础上又形成了后来罗马及其周围地区使用的拉丁字母。此外，印度字母、阿拉伯字母等也辗转由腓尼基字母发展而成。

随着历史的变迁，古埃及文字面临着湮灭的窘境。直到拿破仑军队远征埃及时，在罗塞城附近发现了一块用三种文字写成的黑色玄武石碑，商博良用了近20年时间终于在1830年完全破译，使得当代能一窥古埃及之究竟。

四、古代埃及的科技成就

（一）天文历法

古埃及人为了不违农时，发展农业生产，逐渐认识到必须掌握尼罗河泛滥的规律，准确地计算时间，这就需要有一种历法。他们在长期的生产实践中发现尼罗河每年的涨潮基本是定时定量的，尼罗河每两次泛滥的时间间隔大约在365天。同时，他们还发现，每年6月的某一天早晨，当尼罗河的潮头来到今天开罗附近时，天狼星与太阳同时从地平线上升起。以此为根据，古埃及人便把一年定为365天，一年分为12个月，每月30天，年终加5天作为节日，一年分为3季，这就是埃及的太阳历。古埃及的太阳历将一年定为365天，与地球围绕太阳公转一圈的时间（回归年）相比较，只相差四分之一天，这在当时已经是相当准确了。这种历法后来传到古罗马，经欧洲人稍加改变后，即成了今天所用的"公历"。

（二）数学

古代埃及人应用十进位的计算方法；已掌握了算术的加减乘除四则运算法；能解出一个未知数的方程式；几何方面，能计算长方形、正方形、梯形、圆形及等腰三角形的面积；算出圆周率为3.16。

（三）医学

古埃及在科学方面贡献最大的是医学，而提到医学就要提及古埃及的防腐技术，提到防腐又要提及古埃及的木乃伊，提到木乃伊则不得不提及古埃及人对生死的认知。尼罗河水每年有规律地泛滥与消退，自然界的植物有枯有荣，太阳每天周而复始地东升西落，这些现象使他们想到，自然界的万物都是可以由死回生的，人也应当如此。当时的古埃及盛行这样一种说法：人死后灵魂只是暂时离开尸体，经过一段时间后灵魂又会返回尸体，在阴间复活，并继续在来世生活，直到永远。为了准备来世复活，他们认

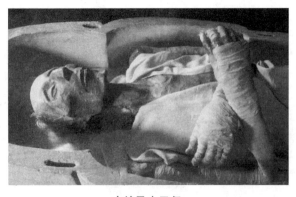

古埃及木乃伊

为必须保存尸体。没有尸体，人死后不灭的灵魂便无所依附，人也就无法重生。于是，在这个观念的支配下，古埃及盛行将尸体制成木乃伊。而解剖尸体、制作木乃伊对医学的发展产生了巨大的推动作用，尤其是外科医术。古埃及人已懂得解剖学，对人体组织也有了初步的了解，并用高超的防腐技术，主要是利用香料、碱水和椰子水做防腐材料，把人的尸体保存下来，这样形成的干尸就叫"木乃伊"。

古埃及人以自己独特的人生观创造出古埃及文化，不仅极大地丰富了世界文化宝库，而且为后世西方文化的发端和繁荣提供了宝贵的借鉴。

知识拓展

古埃及象形文字

第二节 美索不达米亚的珍珠——古代巴比伦

一、苏美尔文明

在亚洲西部，底格里斯河和幼发拉底河从西北流向东南，注入波斯湾。两条河流之间的广袤土地包括现代伊拉克的全境以及叙利亚和土耳其与其相连的部分，古代希腊人、罗马人称之为"美索不达米亚"，我们称之为"两河流域"，是人类文明的又一摇篮。

从新石器时代起，幼发拉底和底格里斯这两条大河哺育了许多农业村落。人们在平原上种植粮食、果树、在沼泽中捕鱼，崇尚武力、崇拜英雄。

世界上最早的奴隶制国家诞生在苏美尔。早在公元前 4000 年左右，苏美尔人已经是两河流域南部的主要居民，在这一地区先后产生了十几个城邦，即奴隶制小国，每个国家以一个城市为中心，人口不过四五万人。苏美尔人还虔诚敬神，他们向神祈求风调雨顺、五谷丰登、国泰民安。在苏美尔各个城邦中，最高大辉煌的建筑就是神庙。每个城邦都有一个保护神，各个保护神的神庙就是城邦和城邦之间，甚至是苏美尔地区与周边地区之间经济活动的中心。这个时期，神庙最高处的多层塔式建筑，是古代两河流域文明建筑的特色。由于地理位置四通八达，苏美尔人善于经商和对外交往。在陆地或是海上，他们将两河流域的粮食、鱼肉制品等运往各地，带回木材、石料、矿产等生活必需品，当然还有一些奢侈品。

两河流域的人类文明

二、阿卡德王国

萨尔贡

大约4300年前,在苏美尔地区北部,阿卡德人的势力越来越强大,逐渐吞并苏美尔人的城邦国家。公元前3000年,阿卡德人侵入两河流域,他们的杰出领袖萨尔贡率领其精锐部队长驱直入,统一了苏美尔地区,建立了古代两河流域第一个统一国家,并在苏美尔地区北部建立国家的新首都,定名为阿卡德,称为阿卡德王国。

萨尔贡作为一名领袖,他创造了许多第一:世界上第一个地域性的王国;世界上最早的中央集权制统治的雏形;建造了世界上最早的首都。然而阿卡德王国的社会矛盾频发,统治集团也屡屡出现争权夺利的现象,因而在王朝的末期,三年内王位更迭了四次,国力因此大幅度下滑,被东方的库提人乘虚而入,并取而代之。

三、古巴比伦王国

公元前1894年左右,来自西部草原的阿摩利人开始风起云涌般地侵入两河流域,成为两河流域新的主人,他们在这里建立了巴比伦城市国家,它在历史上被称为"古巴比伦王国"。这里土地肥沃,灌溉方便,对经济的发展非常有利,国家日渐强大起来。公元前18世纪,国王汉谟拉比用毕生精力统一了两河流域,建立了以巴比伦为首都的强大的中央集权的奴隶制国家,两河流域的居民自此统称为巴比伦人。古巴比伦王国时期是两河流域古代文明史上最辉煌的时期。

真正让汉谟拉比万古流芳的不是他的赫赫战功,而是他为了维护奴隶主阶级的利益，制定了一部法典，即《汉穆拉比法典》，这是迄今为止世界历史上第一部完备的成文法典。

法典由序言、正文和结语三部分组成。序言宣扬汉谟拉比受命于神，是世界上最伟大的王。正文共282条法律条文，包括对刑事犯罪，如杀人罪、盗窃罪等的处罚规定，以及对民事纠纷，如借贷、转让、婚姻等方面的处理原则，甚至还规定了房产、土地出租的租金，婚姻的礼金和聘金的额度等，把当时已经形成的奴隶制关系、等级关系、租佃雇佣关系、商业高利贷关系和财产关系等用法律条文明确固定了下来。结语颂扬汉谟拉比的功绩，希望法典传之后世，并诅咒敢于破坏法典石碑的人。

记载汉穆拉比法典的石碑

《汉穆拉比法典》比较全面地反映了古巴比伦的社会情况，说明了古巴比伦王国奴隶主专政的实质。法典规定：奴隶可以买卖，可以用来抵债，奴隶的生命和安全毫无保障。例如，"如果一个人伤了自由人的眼睛，还伤其眼；一个人伤了自由人的牙齿，还打其牙。奴隶打了自由民，要割掉耳朵。如果有人偷了商行的货物，处死刑。拐带别人奴隶的人，要处死刑"。

尽管汉谟拉比煞费苦心制定了如此严密的法律，但也无法使王国的统治根基纹丝不动。正是由于私有制、奴隶制高度发达，社会分化加剧，国内矛盾日益尖锐，最后引起冲突，到处发生大规模的暴动。因此，在汉谟拉比死后，古巴比伦的国力开始下降，逐渐走向了衰落。公元前1595年，古巴比伦被赫梯人所灭，自此以后，整个两河流域处于一片衰败状态，直到公元前1000年北部的亚述王朝开始崛起。

四、亚述帝国

大约在公元前30世纪末，在两河流域的北部出现了一个城邦国家——亚述。从公元前10世纪末叶起，亚述经过两个多世纪连续不断的征战，最终建立起一个横跨西亚北非的帝国，将两河流域南部及埃及两大文明均置于统治之下。

亚述帝国是世界上一个可以称得上"军事帝国"的国家，历代诸王几乎都是在不断征伐中度过的。亚述帝国的征服战争以残暴闻名，军队所到之处城镇都被焚烧破坏，财物被掠夺，居民被屠杀或被掳走。亚述的一位国王辛那赫里布，一生曾占领并焚烧了75座城市，城市中的人和财物都被亚述人掳走。由于亚述人在战争中的行为异常残暴，犹太人将亚述首都尼尼微称为"血腥的狮穴"。

由于铁器的使用，不仅耕作工具得到改进，也保证了帝国军队的先进性。亚述是靠军事征服建立起来的帝国，只相信强权，导致国内起义不断，也未做出发展社会经济的举措，加上王室内部争斗，最终走向覆亡。

五、新巴比伦王国

古代"空中花园"想象图

新巴比伦王国由两河流域的迦勒底人建立。公元前626年，亚述人派迦勒底人领袖那波帕拉沙尔率军驻守巴比伦，他到巴比伦后，却发动反对亚述统治的起义，建立新巴比伦王国，并与伊朗高原的米底王国联合，共同对抗亚述。公元前612年，亚述帝国结束，遗产被新巴比伦王国及米底王国瓜分，其中新巴比伦王国分取了亚述帝国的西半壁河山，即两河流域南部、叙利亚、巴勒斯坦及腓尼基。

公元前604年8月，新巴比伦王国首任国王那波帕拉沙尔因病去世，其子尼布甲尼撒二世继承了王位，新巴比伦王国进入了繁盛时期。公元前587年，尼布甲尼撒二世进军巴勒斯坦，围困了耶路撒冷。耶路撒冷被围一年后城破，全城被洗劫一空，尼布甲尼撒二世拆毁城墙、神庙、王宫和民居，并下令将犹太国王齐德启亚带到巴比伦去示众，而全城犹太居民则全被俘往巴比伦尼亚，史称"巴比伦之囚"。由此，新巴比伦王国在叙利亚、巴勒斯坦的统治巩固了下来。

尼布甲尼撒二世虽将大部分精力用于对外征战，却未忽视国内建设。他注意发展经济，大规模在国内兴修水利。同时注重巴比伦的城市建设，使该城成为一个重要的国际商业中心。城市有豪华的宫殿、著名的"空中花园"、马尔都克神庙、伊丝塔尔女神神庙、巴比伦塔楼等著名建筑。在他统治时期，巴比伦城修有两道围墙和一道护城河，城门装饰华丽，成为一个坚固的军事堡垒。

著名的空中花园据说就是尼布甲尼撒为来自米底的王妃建造的。花园由一层层平台叠架而成，高23米，四周边长120米。每层平台都由砖砌的弯拱支撑，上面种着花木。树木郁郁葱葱，鲜花姹紫嫣红，园里还有灌溉用的水道。远远望去，这座花

三大文明的文字创造

园宛如悬垂在半空。

公元前562年，强有力的尼布甲尼撒二世去世，新巴比伦王国的政局骤然恶化，在5年里换了三个国王，同时王国内部的阶级矛盾和民族矛盾空前激化。因此，当公元前539年波斯国王居鲁士二世率军大举入侵巴比伦尼亚时，竟不费吹灰之力攻下了巴比伦，新巴比伦王国存在了不到100年便灭亡了。

新巴比伦王国虽然为时短暂，但它存在的时期却是两河流域历史上奴隶制经济最繁荣的时期，它在两河流域历史上留下了深深的印记。新巴比伦王国的灭亡，标志着两河流域历史独立发展的完结，从此它被一个个外族入侵和统治，直至公元7世纪阿拉伯人入侵并统治这里。

六、楔形文字

早在公元前3200年，苏美尔人就开始使用文字，他们先揉搓好一块大小适宜的黏土泥板，并把棱角磨圆，然后再削几支芦苇秆在湿润的泥板上用力画下一些奇怪的小图案。削尖的芦苇秆留下一道道头粗尾细的笔画，形如一个个小木楔。这些很"酷"的小符号叫"楔形文字"，同我们中国的甲骨文和古埃及象形文字一起，并称为人类最早的三种古文字。

楔形文字的符号数目共有600多个，常规的则只有300个。它们大体可以分为表意、表音、部首三大类，其结构十分复杂。如果你能穿越时空隧道来到古代苏美尔宫殿，你一定会为眼前的景象所震撼：数以万计的泥板被搁置在高高的"书"架之上，众多的书吏穿梭其间，间或坐在长桌前雕刻出新的泥板——这是一个庞大的图书馆，也是世界上最早的图书馆。就是在这样的地方，苏美尔

楔形文字泥板

人制作出了一块块涉及政治、经济、法律、宗教、神话、医学、数学、天文和外交的典籍，充分反映出当时的文明已经达到令后世瞠目的高度。公元前1500年左右，楔形文字逐渐成为西亚各国通用的文字体系。

楔形文字是世界上最早的文字，很难说清第一个文字究竟是在什么情况下形成的。苏美尔人用自己的神话传说记录了楔形文字的诞生：为了收集修建神庙的木材、天青石和金银，一名使者牢记国王的嘱托远赴他国，转述国王的旨意。回来的时候，他又要转述那位国王的答复。反复多次，使者传递的信息越来越多，他的嘴变得越来越沉重。在此情况下，一位国王试着将旨意写在了泥板上——文字诞生了，而使者的嘴巴终于得到了解脱。可是由于它极为复杂，到公元1世纪就完全消亡了。

七、两河流域的自然科学成就

（一）天文历法

两河流域的人们，根据月亮圆缺的规律，编制了太阴历。此外，他们还把七天作为一周，分别用日、月、火、水、木、金、土七个星球的名称来命名，"星期"就是星的日期，这就是现在通用的七天一星期制度的来历。

（二）数学

算术上，古代巴比伦人是具有高度计算技巧的计算家，其计算程序是借助乘法表、倒数表、平方表、立方表等数表来实现的。代数方面，巴比伦人有丰富的代数知识，许多泥书版中载有一次和二次方程的问题，他们解二次方程的方法与今天的配方法、公式法一致。几何上，巴比伦的几何学与实际测量有密切的联系。他们已有相似三角形之对应边成比例的知识，会计算简单平面图形的面积和简单立体体积。把圆周分为360等分，也应归功于古代巴比伦人。

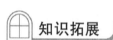

犹太人的兴衰

第三节　印度河的生机——古代印度

在亚洲南部，印度河曲折南流，两岸土地肥沃，在这里也诞生了人类的文明——古代印度。古代印度大体包括现在印度和巴基斯坦两国的领土。我国从西汉开始，就有关于印度的记载。司马迁称印度为"身毒"，到了东汉又被译为"天竺"，而"印度"这一称呼开始于唐代的高僧玄奘。

一、古代印度的地理、人文

古代印度三面环海，北背高耸的喜马拉雅山，所以在地理上是一个相对独立的三角形半岛，但面积又小于通常意义上的洲，所以被称为印度次大陆。其北部有平原，还有两条大河流域，即印度河和恒河，这对农业的发展有利。南部有高原，有富饶的森林和矿藏，这对手工业发展有利。很早的时候，就有人类在印度居住。由于印度次大陆地域辽阔，境内自然环境好，古印度人就未全力冒险向海洋挑战。

生活在西北部印度河流域的主要居民是达罗毗荼人。他们被认为古代印度的土著人种，到了公元前两千年中期，属于印欧语系的雅利安人从西北方侵入印度河流域，以后又有波斯人、希腊人、大月氏人等进入印度，形成了现在印度民族复杂的现象。

二、哈拉巴文化

公元前 3000 年后期，印度跨入了文明的门槛。达罗毗荼人创造了"哈拉巴文化"，这是古印度最早的文明。

1922 年，考古学者在印度河流域的信德和旁遮普地区发现了摩亨佐·达罗和哈拉巴两个文化遗址。从考古发掘的材料来看，哈拉巴文明已进入了城市文明时代：城市不分大小，都有一个共同点，即包括卫城和下城两个部分。卫城有城墙和塔楼，有巨大的公共建筑物，还有

哈拉巴文化遗址

规模很大的储粮仓。卫城中心有一个可缘阶而下的大水池，这可能与举行宗教仪式有关。下城的街道平直、整齐，街道两旁房屋排列整齐，一般用烧砖砌成，有些住宅较大，有两三层，并有排水设施，水道与街上的排水沟相连。另外，有一长串形状相同的简陋小屋，很像是一些给征召的士兵、劳工或奴隶居住的宿舍。由各建筑的明显差别可以推知，当时社会存在贫富的阶级差异，也可以看出当时已有掌管支配权力的国家机构。

哈拉巴文化已经有文字，主要保存在石、陶、象牙等制成的印章上，迄今所知的符号已有 500 个，其中有些是发音符号，有些是表意字。这种文字至今尚处于被解读过程中，人们还没有得出满意的结果。不过，文字的出现本身就说明其文明已达到了较高的水平。

哈拉巴文明存在了几百年，以后就衰亡了。至于其衰亡的原因也是众说纷纭，有自然灾害说、过度耕种说以及外族入侵说，但都没有足够的说服力。

三、吠陀时代

哈拉巴文明的莫名衰落给了外来民族入侵极大的机会。公元前 2000 年中期，雅利安人自西北方向侵入印度，逐渐征服了当地居民，但这些雅利安人是处在原始社会末期的人，所以古印度倒退到由野蛮向文明过渡的时代。从公元前 900 年开始，雅利安人才进入文明，或者说古印度才第二次进入文明。

这一时期的史料由于保留在《吠陀》及解释《吠陀》的《梵书》《森林书》《奥义书》以及两部史诗中，故称这一时期为吠陀时代。

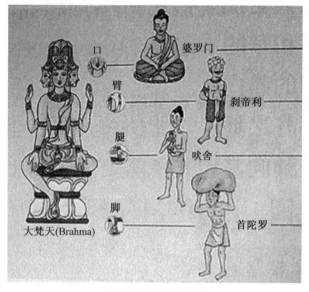

婆罗门教阐述种姓制度

"吠陀"(veda)的原意是求知或知识,也有解释为"圣经",而《吠陀》是印度最古老的文献材料和文体形式,主要文体是赞美诗、祈祷文和咒语,是印度人世代口口相传、长年累月结集而成的。《吠陀》包括很多具体的经典,通常的说法包括"四吠陀",分别是《梨俱吠陀》《娑摩吠陀》《夜柔吠陀》《阿达婆吠陀》。其中《梨俱吠陀》最为古老,其大部分内容在公元前2000年代中叶大概已经形成,全部编成大约不晚于公元前1000年。因此,这一段时期通常称为梨俱吠陀时代或早期吠陀时代。《娑摩吠陀》《夜柔吠陀》《阿达婆吠陀》大体形成于公元前10世纪上半叶,《阿达婆吠陀》结集最晚,这一段时期通常称为后期吠陀时代。

早期吠陀时代的历史几乎完全无从考查,只能从《梨俱吠陀》的描述中大致发现雅利安人的主要活动是祭祀、迁徙和对土著居民进行征服。在后期吠陀产生的时代,雅利安人的文化较以前有了很大发展。他们开始从印度河流域迁徙入恒河流域地区,在部落中开始出现以崇拜梵天、毗湿奴、湿婆三大主神为核心的宗教——婆罗门教,这种宗教的一个显著特点是抬高祭司阶层(婆罗门)的地位。于是社会又逐渐出现了分层,分成了四个界限严格的社会等级,即婆罗门、刹帝利、吠舍和首陀罗,对古代印度社会影响重大的种姓制度就此出现。

第一种姓是婆罗门(意即梵天所生)。他们主管宗教祭祀,属特权贵族阶层。他们垄断了宗教和文化等方面的权力,而且其中一些人参与政权。

第二种姓是刹帝利(意即权力)。他们是军事行政贵族集团,基本职能是充当武士,国王也属于这一种姓。

第三种姓是吠舍(居士、田家、商贾)。他们是雅利安人中的一般平民,主要从事农、牧、工商。吠舍中有富人,也有穷人,他们在政治上无特权,是古代印度社会中的普通劳动者。

第四种姓是首陀罗(可能是"小人"或"陷入悲哀处境的人"之意)。主要由被征服居民组成,但也有一些失去公社成员身份的雅利安人。这一等级的人主要从事农、牧、渔、猎及各种低贱的职业,他们不受法律保护,不能参加宗教仪式。

在婆罗门的经典《吠陀》中,婆罗门把种姓制度的出现用神话来解释,说原始巨人普鲁沙死后,天神梵天用他的嘴创造出婆罗门,用手创造出刹帝利,用腿创造出吠舍，用脚创造出首陀罗，以此说明各个等级的高低贵贱是神的意志决定的。

四、孔雀帝国

在吠陀时代的末期，雅利安人内部出现了分化，很多大的贵族集团开始建立属于自己的国家，于是逐步出现了16个实力较为雄厚的国家。其中位于恒河流域的摩揭陀国因地势易守难攻，且历代国王颇有统治才能，国力逐步强盛。

就在摩揭陀国的君主意图完成统一大业的时候，希腊马其顿国王亚历山大大帝入侵了印度西北部。但因受到印度各地的顽强抵抗，马其顿军队士气低落。公元前325年，亚历山大大帝被迫从印度河流域撤走，在旁遮普设立了总督，留下了一支军队。约在公元前317年，摩揭陀国一位名叫旃陀罗笈多的年轻人，率领当地人民揭竿而起，击败了西北印度的马其顿人的部队，并宣布了印度的自由。之后他率军进抵摩揭陀国的首都华氏城，推翻了当时掌权的难陀王朝，建立了新的政权，因其出身于一个饲养孔雀的家族，历史上称该王朝为孔雀王朝。

孔雀王朝在第三位君主——阿育王时期发展到达巅峰，阿育王这位在印度历史上最有影响力的君主在军事上完成了对南方羯陵伽的征服，除了大陆南端的少数地区外，几乎完成了对整个印度的统治。在文化上，阿育王大力支持佛教，广泛进行传教活动，为佛教的传播做出了重大贡献。

在阿育王死后不久，孔雀王朝王权衰落，印度重新分裂为许多国家。约公元前187年，孔雀王朝的最后一位国王布里哈德拉塔在阅兵时被大臣所杀，孔雀王朝正式结束。

五、古代印度的宗教

（一）婆罗门教

婆罗门教是印度古代宗教之一，起源于公元前2000年的吠陀教，形成于公元前7世纪。婆罗门教信奉吠陀思想与婆罗门的无限权威。他们认为，透过祭祀可以使人和神直接沟通；同时崇尚自然、歌咏自然，尤其崇拜神格化的自然神：梵天、毗湿奴和湿婆神。婆罗门教认为生死轮回的根源，来自"业"。"业"，就是由每个人自我的行为善恶而形成的。现世人生的苦，由前世行为而来，今生行为的善恶，同样也会连带前世的业缘，影响到下一世的人生。

公元前6世纪至公元4世纪是婆罗门教的鼎盛时期，公元4世纪以后，由于佛教和耆那教的发展，婆罗门教开始衰弱。公元8世纪至9世纪，婆罗门教吸收了佛教和耆那教的一些教义，结合印度民间的信仰，经商羯罗改革，逐渐发展成为印度教。

阿育王石柱

从左到右为：梵天、毗湿奴、湿婆神

（二）佛教

在奴隶制发展的过程中，婆罗门教日益遭到反对，阶级矛盾和阶级斗争日趋激烈。在扩张战争中，刹帝利的势力不断加强，对婆罗门的特权地位日益不满，在这种形势下，公元前6世纪，印度产生了佛教。

佛教的创立者释迦牟尼（佛陀），是古代中印度迦毗罗卫国的释迦族人。他成长于富裕的环境，娶妻生子后，大概29岁时出家，他所学的禅定和苦行都无法解决问题，于是约在35岁时觉醒成佛。余生的岁月，他的足迹遍布恒河流域，向各阶层说法教化，80岁"涅槃"。

佛教宣扬在灵魂上众生平等，反对婆罗门的特权地位，但并不反对奴隶制度。它认为活着就是受罪，人的生、老、病、死都是苦的，苦的根源在于各种欲望，必须消灭一切欲望，忍受苦难，进行修行，这样，将来灵魂就可以进入极乐世界。佛教揭示了人生一切皆苦的状况，符合下层社会的心态，因此得到了群众的信仰。同时，佛教又把刹帝利摆到了最高地位，因此得到了国王的推崇，国王便利用佛教作为统治人民的工具。孔雀王朝阿育王在位时，把它定为国教。公元前后，佛教传入中国，以后又由中国传入朝鲜、日本。

（三）耆那教

耆那教是印度传统宗教之一，产生于约公元前6世纪，创始人称作大雄。大雄于公元前599年诞生在古印度东北部的贡得村，父亲是贝拿勒斯一个小王国的君主。大雄年轻时，家庭富裕，但他并不感到幸福。父亲死后，他便立志出家苦行，寻找解脱不幸的宗教途径。他在修炼途中受尽磨难，甚至裸体行乞。在极端困难的条件下，他苦行修炼到第13年时，终于在一棵沙罗树下觉悟成道，时年42岁。

耆那教认为，世界是永恒的，而非婆罗门教所说的神创造了一切。世界同时在时空上也是无限的，且只有形式上的变化。一切物质都包含两种因子，即物质因子和精神因子。也就是说，灵魂和身体的结合，是随意的，无原因的，是由自我决定的。同时耆那教也认同婆罗门教的善恶轮回，但是反对杀生献祭。

由于耆那教反对婆罗门教、种姓制度、杀生和宿命论，因而得到了一些王公贵族和平民的支持，但是它走向了另一个极端，耆那教徒不事农业和其他行业，因此商业成了耆那教徒的选择。

六、古代印度的自然科学成就

(一) 天文学

印度在自然科学领域取得了不少成就。在天文学方面,由于农业生产和生活方面的需要,古印度居民很早就注意观察天象。早在吠陀时代,他们就知道金、木、水、火、土五星,将五星与日月并称为七曜,称为"星期"。他们把一年分为12个月,每月30天,一年共360天,每隔5年加一个闰月补足差额。公元1世纪以后,古印度出现了著名的天文历法著作《太阳悉檀多》,此书也是重要的数学著作之一。

(二) 数学

说到数学,古印度最重要的成就是发明包括"0"在内的十个数字符号(0是以黑点表示)。还发明了现在一般通用的计数法,这种记数法为中亚地区许多民族采用,后又经阿拉伯人对十个数字略加修改后传到欧洲,逐渐演变为现今全世界通用的"阿拉伯计数法"。

(三) 医学

古代印度的医学也达到很高的成就,医生能用几百种草药以及明矾等多种矿物治病,能做眼科手术等复杂的手术。《阿闼婆吠陀》中已记载了77种病症之名,并开出了对症的药方,当然,这些记载也夹杂着巫术迷信。古代印度最著名的医学著作是《舍罗迦本集》。相传舍罗迦是贵霜王朝君主迦腻色迦的御医,2世纪人,他的著作《舍罗迦本集》被誉为医学百科全书,探讨了诊断、疾病预后和疾病分类的问题,并把营养、睡眠与节食视为维护人体健康的三大要素。书中提到的药物有500种,到今天仍有实用价值。

 知识拓展

阿育王

第四节 欧洲的先觉者——古代希腊、罗马

欧洲有着悠久的文明发展史。公元前4000年至前2500年在南欧和西欧曾广泛分布有巨石文化。随后,位于欧洲东南部的爱琴海地区勃兴,为世界古文明的发祥地之一,称为爱琴文明,给人类留下了丰富的文化遗产。公元前6世纪,古罗马国家兴起,逐渐发展成一个囊括半个欧洲(大不列颠群岛至多瑙河口一线以南)及北非、西亚在内的

庞大帝国，而意大利所在的意大利半岛一直是其政治和经济的核心区域。

一、古代希腊的地理、人文

古希腊地处地中海东部，它的地理范围比现今的希腊共和国版图大一些，大致包括希腊半岛、爱琴海诸岛、爱奥尼亚群岛和小亚细亚半岛西部沿海地带。在这块不大的地区中，海陆交错，山峦重叠，景象与古代埃及、两河流域等东方大河流域各国差异很大。由于古希腊多山，可耕地面积受到很大限制，没有类似于东方大河流域那样的沃野，因此古代希腊的农业不够发达。

爱琴海以南有一个大岛，被称为克里特岛，东西长约 250 千米，南北宽约 12～16 千米，古时候岛上森林覆盖，气候湿润，有利于农业发展。同时该岛四面环海，多有良港，海上交通方便。在这里最先产生了古希腊地区的人类文明。

爱琴文明

二、爱琴文明

爱琴文明是爱琴海地区的古老文明，以克里特岛和希腊地区的迈锡尼为核心，故又称"克里特—迈锡尼文明"，西方古代文明由此发轫。

（一）米诺斯文化

根据近代的考古发现，公元前 2600 年至公元前 1500 年左右，岛上涌现了著名的米诺斯文化，这一文化在艺术、建筑和工程技术上空前繁荣，并建立了统一的米诺斯王朝。20 世纪初，人们在该岛北部发掘出"克诺索斯王宫"遗址，遗址规模宏大，与希腊神话传说中的米诺斯迷宫隐隐相符，集中代表了克里特岛文化的成就。

在米诺斯王朝的后期，米诺斯人充分利用自己优越的地理位置发展造船业，并建立了世界上最早的一支海军。米诺斯王朝的舰队所向披靡，使它与埃及、叙利亚、巴比伦、小亚细亚等区域保持贸易来往，并建立了海上霸权，进行扩张和殖民，爱琴海诸岛纷纷向米诺斯称臣，雅典也向它纳贡。然而在公元前 1500 年左右，克里特岛附近的桑托林火山突然爆发，传说这是人类历史上规模最大的火山喷发之一。巨大的自然灾害几乎在极短的时间内抹去了米

克诺索斯王宫遗址

诺斯文明。

（二）迈锡尼文化

迈锡尼文化是希腊青铜时代出现的古希腊文明。它的存在要从公元前1600年左右希腊人中的一支阿卡亚人到达爱琴海开始算起，直至约公元前1100年衰落。大约在公元前1400年，迈锡尼人掌握了米诺斯文明的中心克里特岛的控制权，并且吸收后者的文字来书写自己的语言。

迈锡尼人的墓葬比较特别。他们将贵族葬于圆顶墓——一种带有高高的穹顶和笔直的石砌入口通道的圆形墓室。他们通常将短剑和其他武器装备与死者合葬，而贵族通常戴有金面具、冠冕、甲胄以及镶有珠宝的武器，并且死者经常以坐姿下葬，一些贵族的遗体还经过木乃伊化处理。

在迈锡尼文化的末期，发生了著名的特洛伊战争。当时迈锡尼诸国组成联军，渡海远征小亚细亚的城邦国家特洛伊。经过十年苦战，特洛伊城被攻陷，但迈锡尼人的力量也受到很大损失。不久之后，另一支希腊人的部落多利亚人侵入迈锡尼，迈锡尼文明由此消亡。此后300年，希腊

特洛伊木马

完全陷入沉寂状态，封闭又贫穷，因为对这一时期的了解主要来自《荷马史诗》，所以又称"荷马时代"。

在著名的《荷马史诗》中记述了这么一个故事：特洛伊王子帕里斯来到希腊斯巴达王国做客，受到了国王墨涅拉奥斯的盛情款待，但是，帕里斯却看上了当时斯巴达王国的王后海伦。利用计谋，帕里斯成功地抢走了王后海伦。知道心爱的妻子被抢走之后，非常生气，去他哥哥阿伽门农那里寻求帮助。他的哥哥招募了很多英雄，如战神阿喀琉斯。为了抢回王后，帕里斯和阿伽门农对特洛伊这个城市开始了长达十年之久的战争。由于特洛伊城池牢固，易守难攻，斯巴达国王攻战十年都未能如愿。最后英雄奥德修斯献计，让迈锡尼士兵烧毁营帐，登上战船离开，造成撤退回国的假象，并故意在城下留下一具巨大的木马。特洛伊人把木马当作战利品拖进城内，当晚正当特洛伊人高歌畅饮欢庆胜利的时候，藏在木马中的迈锡尼士兵悄悄溜出，打开城门，放进早已埋伏在城外的希腊军队，结果一夜之间特洛伊城化为废墟。

三、希腊城邦时代

在"荷马时代"末期，铁器得到推广，取代了青铜器；海上贸易也重新发达起来，新的希腊城邦国家纷纷建立，古希腊的文明又获得了活力，并于公元前776年召开了第一次奥林匹克运动会。奥林匹克运动会的召开标志着古希腊文明进入了兴盛时期。

希腊本土经济的发展和土地资源的匮乏导致了大规模的海外扩张。在此后的250年间,希腊人沿着爱琴海沿岸向外扩张,新的希腊城邦遍及包括小亚细亚和北非在内的地中海沿岸。希腊社会进入了奴隶制形成的阶段,在希腊先后形成了许多奴隶制城市国家(又称城邦)。其中,斯巴达和雅典是公元前8世纪建立起来的著名的城市国家。

在希腊城邦向地中海沿岸扩张的同时,西亚的波斯帝国也在扩张,强大的波斯帝国征服了小亚细亚半岛上的艾奥尼亚希腊诸邦。小亚细亚半岛上的米利都等希腊城邦发动起义,得到雅典的支持。公元前492年,在东方称霸的波斯帝国开始侵犯希腊本土,一场决定希腊命运的"希波战争"爆发。这场战争前后持续了将近半个世纪,结果是希腊城邦国家和制度得以幸存下来,而波斯帝国从此一蹶不振。

四、希腊古典时代

对波斯帝国战争的胜利极大地增强了希腊人的信心,希腊迈入其历史的鼎盛时期——"古典时期",希腊文明在这一时期得到迅猛发展。

奥林匹斯山十二主神

(一)宗教领域

宗教渗透在希腊生活的方方面面,并且与古希腊的神话密切相关。古希腊的宗教没有经典教义,没有教会组织及神职人员,宗教是一种多神教,其中地位最显赫的神是居住在奥林匹斯山上的十二个主神。神的人化倾向严重,所有的神都与人的外表相似,有男有女,有喜怒哀乐,会嫉妒,会争吵,具有人的所有缺点,有情欲,有善恶,有计谋,互有血缘关系,都是人格化了的形象,这拉近了神与人之间的联系;而神与凡人最大的区别只在于神是不死之身,这是人与神之间不可跨越的界限,其好恶态度对下界人类的生杀祸福起着决定作用。希腊神话不仅为后来的罗马神话所继承,而且可以说古希腊神话是整个西方文学的源头,后世几乎所有的作家都曾从古老的希腊神话中汲取养分。

(二)文化领域

这一时期,希腊人创造了辉煌灿烂的文化,无论是文学、艺术,还是哲学及历史等都有很高的成就,对以后的欧洲有很大的影响。

在文学领域,出现了古希腊最为著名的三位悲剧作家:埃斯库罗斯、索福克里斯、欧里庇得斯;还有最为出色的喜剧作家阿里斯托芬,他的喜剧取材于平民生活,幽默诙谐。

在哲学领域,德谟克利特提出了"原子论",指出事物是由原子组成,而原子是不断运动的。继德谟克利特之后又出现了古希腊最著名的三位哲学家:苏格拉底、柏拉图、亚里士多德。其中苏格拉底主张人要通过不断的思辨来破除旧的认识,以达到认识上的进步和德性的完全化。

雅典卫城

图 1-25　掷铁饼者

在艺术领域，古典时期出现了三位优秀的雕塑家：米隆、波利克里托斯、菲狄亚斯。米隆的作品《掷铁饼者像》和波吕克利特的《持矛者像》以及菲狄亚斯设计的雅典卫城，堪称不朽的古典作品。

（三）政治领域

许多城邦摆脱了本国的贵族统治，建立起民主政府，希腊民主政治因此进入了繁荣时期。在众多实行民主政体的国家中，最为典型、留给后人材料最多并在世界史上产生深远影响的是雅典。经过克里斯提尼、伯里克利等的民主改革，雅典的民主政治为雅典公民的主观能动性和聪明才智提供了尽情发挥的可能，使雅典在政治、经济和思想文化方面成为全希腊的学校和样板，产生出大批彪炳史册的政治家、哲学家、戏剧家、历史学家、艺术家，为人类文明做出了卓越的贡献。

然而，雅典民主政治的目的在于把本国数量不多的全体公民集合成一个在国内享有特权、在国外控制附属国的统治阶级，因而它在促成雅典政治、经济、文化极盛的同时，又残忍地窒息了社会另一部分成员，即奴隶和外邦人自由发展的能力，同时也剥夺了本邦妇女参政的权利。所以它既是人类文明的催化剂，又是奴役和罪恶的渊薮。它给世界文明宝库带进无价之宝，又招致其他城邦及其人民的怨恨。这是雅典民主政治的最大局限。

（四）伯罗奔尼撒战争

希波战争中，希腊各城邦建立了以雅典为首的提洛同盟，战后逐渐成为雅典实现其霸权的工具。以斯巴达为首的伯罗奔尼撒同盟不满雅典的霸权，双方爆发多次摩擦。

从公元前 431 年到公元前 404 年，进行了 20 余年的战争，历史上称为伯罗奔尼撒战争。雅典依靠其强大的海军进行封锁，斯巴达则攻入雅典，试图迫其决战。双方互有胜负，但都未能取得决定性胜利，遂缔结和约。

然而和平未能维持很久，公元前 415 年，雅典对西西里岛斯巴达的盟邦发动大规模远征，结果以惨败告终，雅典元气大伤，无力抵御斯巴达的攻势。公元前 405 年，雅典海军被全歼。次年，雅典向斯巴达投降，斯巴达成了希腊的新霸主。斯巴达的霸权也未能长久，希腊各城邦陷入混战之中。

五、亚历山大东征与希腊化

在希腊内部争战不休的时候，希腊北部的马其顿正在崛起。马其顿处于希腊文明的边缘，被希腊人视为蛮族。但从公元前4世纪起，马其顿逐渐成为希腊北部的重要国家。在国王菲利普的统治下，马其顿成为巴尔干地区首屈一指的军事强国。公元前336年，菲利普遇刺身亡，其子亚历山大即位，很快巩固了政权。

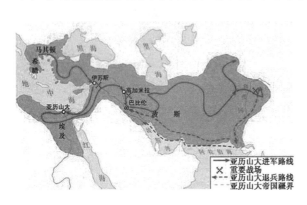

亚历山大东征示意图

公元前334年，亚历山大率大军渡海东征，拉开了他征服世界的序幕。亚历山大先后在格拉尼卡斯河和伊苏斯击败了波斯军队，从波斯人手中夺取了叙利亚和埃及。波斯国王大流士三世试图求和，但被雄心勃勃的亚历山大拒绝，高加米拉战役爆发。亚历山大再一次取得了胜利，并乘势攻下巴比伦，波斯帝国灭亡。亚历山大继续东进，直到印度河流域方才折返。

亚历山大以战无不胜的军事才能建立了一个横跨欧洲、亚洲、非洲的庞大帝国，但这一帝国很快也因亚历山大的英年早逝而分崩离析。

公元前323年，亚历山大大帝逝世，马其顿帝国不复存在，但其统治的地中海东部地区原有文明区域的语言、文字、风俗、政治制度等逐渐受希腊文明的影响而形成新的文明特点的时期，我们称之为"希腊化时代"。

这一时期社会生产力有所提高，农业、手工业和商业有一定程度的发展，同时各族人民交往的增加，以及各国国王采取的一些有利于文化发展的措施，使得数学、物理学、天文学等都有很大发展，埃及亚历山大图书馆更是汇集了当时的各类书籍，成为人类知识的圣堂。然而，公元前30年，罗马人征服了埃及托勒密王朝，希腊化时代也就此结束。

六、罗马的起源

当希腊文明的发展进入高潮时，在地中海地区兴起了罗马文明。随着与拥有先进文化形态的希腊人的接触，古罗马文明很快由蒙昧变得成熟起来。他们根据希腊文字创造了罗马字母，形成了自己的雕塑及绘画风格，发展了以希腊神祇为基础的宗教信仰，并精心制定了一套占卜未来的仪式。古罗马文明的中心位于意大利中部拉齐奥大区的台伯河平原上，多个分散的居民聚集区集中到一起，形成了罗马城。根据罗马神话，罗马的建城日是公元前753年4月21日，距今已有2700多年的历史，是由一对被母狼喂哺养大的双胞胎罗穆卢斯和瑞摩斯建立的。

母狼与孪生子铜像

传说这对孪生兄弟是阿尔巴隆加国王之女和战神马尔斯的后裔,在婴儿时期便被母亲的叔父抛入台伯河。牧羊人法乌斯图鲁斯发现母狼在喂养他们,便救了他们。牧羊人对两人视如己出,将他们扶养成人。长大成人的两兄弟推翻并处死了阿穆利乌斯,并决定建造一座新城。但是罗穆卢斯和瑞摩斯因为在新城选址问题上发生了争执,最后哥哥罗穆卢斯杀死了弟弟瑞摩斯,成为新城市的最高统治者,他以自己的名字命名这座城市为"罗马",并成为第一任国王。此城最初建在景色秀丽的七座山丘之上,因此被称为"七丘之城"。

七、罗马共和国时期

公元前509年,罗马建立了共和国,这是一个是奴隶主贵族专政的国家。在持续5个世纪的共和国时代,罗马由元老院和公民大会统治,根据财富和纳税额来划分公民等级,贵族担任执政官和一切高级职务。执政官执掌最高权力,一年选举一次,他们行使最高权力,创建立法,充任大司法官和军事首脑及大祭祀长。不过,他们的权力受到非常严格的限制:他们只执政一年,以后供职于元老院;执政官有两名,任何一名执政官都可以凭借简单的否决有效地阻止对方的行动或决定。在新的政体下,贵族和平民这两个阶级之间经常因争夺权力发生严重的冲突。公元前451年颁行《十二铜表法》的目的,就是试图平息这两个阶级间的斗争。

十二铜表法

公元前5世纪时,罗马的法律还是习惯法,它的解释权操控在贵族法官手里,法官利用这个权利为贵族谋利益。平民要求制定成文法,经过长期的斗争,于公元前449年逼使贵族成立十人委员会(十人团)制定和公布了成文法。因这个文法刻在十二块牌子(铜表)上而得名《十二铜表法》。

铜表法的基本内容是旧有的法律。它保护私有财产和债权,承认债奴制;对防火、夜间行窃或践踏他人田地庄稼者处死刑;准许债权人拘禁不能偿债的债户,把他卖为奴隶,甚至处死。但是铜表法对高利贷进行了一些限制,规定最高年息为8.33%。特别是法律已经明确的条文,在审判中必须以该条文为准,由此限制了贵族的自由裁量权,这表明铜表法的颁布有一定的进步性。

在改革政治的同时,古罗马人建立起领土霸权。公元前5世纪至前3世纪,罗马通过发动扩张战争,统一了意大利半岛,成为地中海的一个强国。当古罗马在意大利半岛扩张时,位于非洲北部由腓尼基人建立的迦太基,拥有当时地中海地区最强大的海上力量。公元前3世纪,当古罗马的势力到达意大利南端、与迦太基人在西西里岛的领土接壤时,这两大强国有了接触。两国之间的战争持续了近60年,古罗马最终控制了包括非洲北部的整个地中海西部。又经过公元前215年至前148年的四次马其顿战争,古罗马征服了马其顿并控制了整个希腊,通过叙利亚战争和外交手段控制了西亚的部分地区,而这些国家都属于马其顿亚历山大大帝在公元前4世纪末曾开拓的帝国。

在征服意大利半岛的过程中,古罗马人精于管理被征服的领土,使用了开明与独裁相结合的政策。

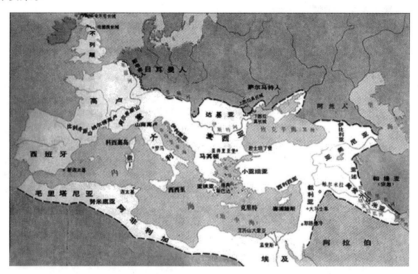

公元117年古罗马帝国疆域示意图

他们通常并不破坏被征服的城市,而是给予人民一定的权利。一些城市几乎全部被授予罗马公民权。与此同时,古罗马社会本身也发生了变化。强加给战败国家的赋税和来自被占领城市的战利品,使罗马城内的财富堆积如山,原本富有的人们又发了战争财,变得更加富有。他们把土地全部买下来,效仿古希腊时期,把奢华和美好当作地位的象征,而成千上万依赖农耕为生的平民,其土地和房屋却被战争损毁,只能成为依附大庄园主的奴隶。

事实上,公元前2世纪,古罗马经济转变成奴隶经济。在此期间,古罗马的奴隶制得到了高度发展,奴隶的遭遇十分悲惨。公元前73年,爆发了古代历史上规模最大的一次奴隶起义——斯巴达克起义。起义沉重打击了罗马奴隶主的统治,严重地动摇了奴隶制的统治基础。

八、罗马帝国时期

罗马共和国末期,罗马平民和富豪之间的冲突连续不断,双方的敌对状态引发了内战。士兵效忠的不是国家而是他们的统帅。在强大忠诚的军队的支持下,被宣布为国家之敌的恺撒攻入意大利，授意元老院任命他为终身独裁者，集各种权力于一身。恺撒的绝对权力，使他成为古罗马的皇帝、最高统治者。拥护共和的贵族们刺杀了恺撒，结果引发了一场长达13年的残酷内战。

盖乌斯·尤利乌斯·恺撒（公元前100年7月12日—公元前44年3月15日），史称恺撒大帝，罗马共和国末期杰出的军事统帅、政治家，并且以其优越的才能成为罗马帝国的奠基者。恺撒出身贵族，先后担任财务官、祭司长、大法官、执政官、监察官、独裁官等职。公元前60年，恺撒与另两位政治家庞培、克拉苏秘密结成政治同盟，随后出任高卢总督，在8年的时间里征服了高卢全境（今法国一带），还袭击了日耳曼和不列颠。公元前49年，他率军占领罗马，打败庞培，集大权于一身，实行独裁统治。公元前44年3月15日，恺撒被以布鲁图所领导的元老院成员暗杀，享年56岁。

公元前27年，恺撒养子屋大维通过武力终于恢复了恺撒曾经拥有的所有权力，最初他自称为"元首"（首席公民），后来称为"奥古斯都"（威严或最高的），总揽了行政、司法和宗教等大权，实际上是古罗马皇帝，从此，奴隶制帝国取代了奴隶制共和国。随后，古罗马帝国继续对外侵略扩张，统治疆域达到了最大规模：东迄幼发拉

罗马帝国的第一任君主屋大维

底河、西抵不列颠、北达多瑙河、南至北非，形成了一个地跨欧、亚、非三大洲的环地中海大帝国，地中海变成了它的内湖。

在帝国初期的200年里，内战停止，社会比较安定，农业、手工业和商业都有了发展，呈现出繁荣景象。其实，表面繁荣的古罗马帝国孕育着深刻的危机。从3世纪起，古罗马帝国已经面临全面的危机，奴隶起义的烽火燃遍了帝国各地，帝国的统治岌岌可危，政权摇摇欲坠。在危机的冲击下，公元395年，古罗马帝国分裂为两大部分：以君士坦丁堡为都城的"东罗马帝国"和以罗马城为都城的"西罗马帝国"。下层民众和奴隶的反抗运动此起彼伏，日耳曼人乘虚而入，频繁侵扰，冲击着帝国的统治基础。公元476年，西罗马帝国的末代皇帝被废黜，西罗马帝国灭亡，标志着奴隶社会在西欧的结束，也是欧洲古代历史终结的标志。

九、罗马的文化成就及影响

古代罗马的历史绵延了千余年之久，创造了灿烂辉煌的文化。其中，罗马人使用的拉丁语，对后世影响极大，拉丁字母是现在世界上最通用的字母。罗马的建筑艺术在古代达到了登峰造极的地步，现存的古罗马遗迹以圆形斗兽场最为壮观，它是罗马的象征。此外，出现了许多杰出的文学家和史学家。维吉尔是古罗马著名的诗人，代表作是

《伊尼特》。历史学家李维的《罗马史》、塔西陀的《日耳曼尼亚志》都有很高的史学地位，而普林尼则是古罗马最著名、最有成就的科学家，其代表作《自然史》是一部百科全书式的著作。

在帝国时期，古罗马与东方的贸易达到了前所未有的繁盛，其贸易通道主要为"丝绸之路"。公元前1世纪，普林尼在其《自然史》中抱怨，每年与印度、阿拉伯和中国的贸易要花费至少一亿塞斯特斯（古罗马的货币单位）。中国《后汉书》记载，公元166年，古罗马皇帝安敦派遣使臣到达中国境内。

古罗马圆形斗兽场

古罗马对西方文明最重要的贡献之一就是其完备的法律体系，包括市民法（仅适用于古罗马公民）、自然法（适用于所有人）和国家关系法（用于调节古罗马人与其他民族之间的关系）。公元2—6世纪，罗马法经历了一个不断补充和完善的过程，至公元534年在东罗马帝国国王查士丁尼的主持下编撰完成并颁布施行，后人称之为《民法大全》。该法典对西方文明的影响被认为仅次于《圣经》，其基本思想和原则已融入西方乃至世界各国的法律。

德国著名法学家耶林格曾说："罗马曾经三次征服世界，第一次是以武力，第二次是以宗教，第三次则是以法律。而第三次征服也许是其中最为和平，最为持久的征服。"

知识拓展

希波战争

评述与思考

1. 简要分析古埃及文明保持千年不衰的原因。
2. 请手工画出金字塔的图形，并简要分析金字塔的建筑特点与用途。
3. 简述三位古代两河流域著名人物的主要事迹。
4. 请简要分析古代象形文字与楔形文字对历史产生了哪些影响。
5. 哈拉巴文明的消失是历史之谜，请查阅课外资料，续写哈拉巴文明消失之谜

（不少于 150 字）。

6. 请分析对比印度婆罗门教、佛教、耆那教教义，指出三教教义中的主要不同点。
7. 古代希腊社会在古典时期进入全盛，请分析其原因，并简述其表现。
8. 哪些因素推动罗马从一座小城变为横跨亚、非、拉的大帝国？

【推荐阅读书目】

① 周启迪著：《古代埃及史》，北京师范大学出版社，1994 年。
② 刘文鹏著：《古代埃及史》，商务印书馆，2000 年。
③ 李铁匠著：《长河落日：巴比伦文明探秘》，云南人民出版社，1999 年。
④ 陈晓红、毛锐著：《失落的文明：巴比伦》，华东师范大学出版社，2001 年。
⑤（德）赫·库尔克著：《印度史》，中国青年出版社，2008 年。
⑥ 林承节著：《印度古代史纲》，光明日报出版社，2000 年。
⑦（古希腊）普鲁塔克、（英）F. J. 古尔德著：《希腊罗马名人传》，应急管理出版社，2009 年。
⑧ 李雅书、杨共乐著：《古代罗马史》，北京师范大学出版社，2010 年。

第十三章

中古时代的世界

学习目标与要求：

1. 中古时期西欧社会的发展状况以及天主教在西欧统治秩序的确立；
2. 中古时期美洲三大主要文明的兴衰历程；
3. 中古时期西亚阿拉伯文明的兴衰历程。

建议教学时数

5 课时

第一节　中古时期的西欧——基督教参与下的政治分裂

一、日耳曼人入侵

公元 4 世纪，古罗马进入政权更替和内乱频仍的历史时期。公元 4 世纪末，狄奥多西（379—395）掌权，古罗马暂时又重新统一在一个皇帝之下。狄奥多西宣布基督教为整个罗马的国教，所有其他宗教为异教。395 年，狄奥多西将帝国分给两个儿子，从此罗马帝国一分为二，形成东西两个国家，实行永久分治。

公元 410 年，日耳曼的一个部族西哥特人迫于匈奴人的追逐迁徙至意大利北部，后来占领并洗劫了罗马。公元 451—453 年，古罗马被匈奴首领统治。公元 455 年，又一蛮族汪达尔人一度占领了古罗马。公元 476 年，蛮族出身的罗马将领奥多亚克反叛，废除西罗马皇帝后自立为帝，权力从罗马人手中转移到蛮族军事首领手中，中世纪由此开始。古罗马文化为西部的欧洲部族和东部的拜占庭人所继承，他们使古罗马和古希腊的政治模式、社会结构、艺术和思想得到了延续。

二、法兰克王国的盛衰

在西罗马帝国的废墟上，日耳曼人建立了十来个封建小王国。然而，在此后绵延百年的腥风血雨中，其中的大多数国家消亡，唯独偏居高卢东北一隅的法兰克王国在克洛维领导下日益壮大起来，最终成为西欧大陆的主宰。

法兰克人属于日耳曼人中的一支，本来生活在莱茵河的下游，自4世纪起，法兰克人就不断越过莱茵河，进入古罗马帝国境内的高卢北部地区。公元481年，克洛维成为法兰克各部落的首领，在他的率领下，法兰克人占领的地盘不断扩大，在苏瓦松打败罗马残余军队，又占领了大片高卢土地。公元496年，他率领3000士兵接受洗礼，皈依了基督教，从而使法兰克王国得到了教会的认可。

克洛维死后，他的四个儿子对国家实行了分治。四个人都想当国王，长期内讧，分裂兼并战争不断，时分时合。6世纪晚期，法兰克王国渐渐分裂成三个独立王国：西法兰克、东法兰克和勃艮第。三个王国都有国王，但是都孱弱无能，不问朝政，被称为"懒王"。他们整日坐着牛车去乡间游玩，而国家大权则落入名为"宫相"的王室总管手中，三个宫相之间长期混战争霸。

公元687年，东法兰克宫相丕平二世击败了所有的对手，统一整个王国，成为唯一的宫相。公元715年，铁锤查理继承父职出任宫相之后，各地贵族蠢蠢欲动，王国内部再呈分裂之势，外族势力也乘虚而入，战火四燃。为挽救危局，加强中央权威，查理大刀阔斧地进行改革。其子矮子丕平继任宫相，他进一步扩大采邑制，发展自己的势力，并停止了对教会土地的征用，改善了国王与教会之间的关系。

8世纪中期，矮子丕平由教皇加冕成为法兰克国王，取代了克洛维的后裔。为酬谢教皇，他两次出兵意大利，把夺取到的包括拉文纳和罗马在内的地区交给教皇，使之成为教皇的领地。从此在西欧出现了一个以教皇为首的封建国家——教皇国。矮子丕平则在贵族，尤其是在教皇的支持下，当选为法兰克国王，从此开始了加洛林王朝的统治。

法兰克王国不断扩张，到查理曼统治时期，国家空前强盛。查理曼是一个马背上的皇帝，他在46年的时间里发动了53次侵略战争。查理曼通过远征，夺取了意大利的北部和中部，占领了西班牙东北部的一片土地，征服了多瑙河上游和中游。其对外扩张规模最大的活动是对萨克森的侵略，断断续续经过了30多年才将其征服。通过不断的征服和扩张，他建立了一个军事帝国，历史上称为查理曼帝国。

查理曼大帝建立了囊括西欧大部分地区的庞大查理曼帝国。公元800年，罗马教皇立奥三世为查理曼加冕"罗马人的皇帝"。后者在行政、司法、军事制度及经济生产等方面都有杰出的建树，不仅文治武功

查理曼大帝

显赫，而且也注意发展文化教育事业。他兴办学校，聘请知名学者讲学。搜集和抄写古代拉丁文和希腊文的手稿，还邀请欧洲最好的建筑师、雕刻家和画家，为帝国修建修道院和教堂。查理曼的文化教育政策对于恢复古典文明和提高日耳曼人的文化水准，做出了积极的贡献，他也因此被后世尊称为"欧洲之父"，成为扑克牌中"红桃k"的原型。

三、英国的形成

5世纪中期，日耳曼人中的盎格鲁—萨克森等部落从欧洲大陆进入不列颠。经过大约一个半世纪的时间，盎格鲁—撒克逊人征服了不列颠的大部分地区，称为英格兰。

从7世纪初起，英格兰土地上出现了十来个小国，其中最强大的是七个国家。此后200多年中，英格兰进入了所谓"七国时代"。9世纪初，威塞克斯国王统一不列颠中南部，形成了统一的英吉利王国，但王权一直不稳固。9世纪下半叶，威塞克斯国王阿尔弗雷德统一全国，他编制法典，倡导文化，奖励农耕，英国国势一度强盛。

法国大封建主诺曼底公爵威廉声称曾经拯救了遭遇海难的英国贵族哈罗德，当他1052年在伦敦访问哈罗德时，后者许诺如果自己当上英国国王，就把王位让与威廉。1066年，英王去世，因无子嗣，哈罗德被推选为英国新国王，但哈罗德无意实践自己的诺言，威廉一怒之下便发兵远征英格兰。1066年，诺曼底公爵威廉率数千骑士组成的精锐之师，横渡海峡，在英国南部登陆。在哈斯丁斯会战中，诺曼底军队大胜英军，接着又攻占伦敦，征服了英国，威廉加冕称王，是为威廉一世，这个事件在历史上被称为"诺曼征服"。法国诺曼底公爵当了英国国王以后，仍旧以法王附庸的身份领有法国境内的领地诺曼底。他的后裔通过与法国封建贵族联姻，把领地扩充到整个法国西部。

英、法两国为了争夺英王在法国的领地和富庶的佛兰德尔，终于爆发了百年战争。双方的军事行动时断时续，大体可分为三个阶段，即1337—1360年、1369—1380年、1415—1453年。1337年，英国开始军事行动，英军凭借军事优势，于1346年在克勒西大败法军。1356年，英军又在普瓦提埃取得了重大胜利，俘获了法国新国王及一大批贵族，战争第一阶段以法国惨败、英国胜利而告终。第二阶段，法军改变战术，大量使用火炮，一度收复了几乎所有的失地。1415年，英王亨利五世率领军队入侵法国，在阿金库尔战役中大胜法军，占领了法国北部，并继续向南推进。1429年，英军围困法国重镇奥尔良。就在法国岌岌可危的关头，传奇式的法国女英雄贞德脱颖而出。她指挥的军队多次击败英军，大大鼓舞了法国人民的抗英斗志。1558年，法军攻陷加莱，英国失去在欧洲大陆的最后一个城市，百年战争至此全部结束。

贞德本为一名农村姑娘，青少年时代正逢英军蹂躏法国河山之时。在父辈的教育下，贞德很小的时候就认识到反

贞德

抗英国人侵略是自己的天职,因而经常舞刀弄棒,练习武艺。1429年4月29日,贞德率领一千兵马开赴前线,取得了奥尔良大捷,这是法国转败为胜的关键一役,振奋和鼓舞了法军的必胜信心。她的事迹因此很快传遍了法兰西,人们称她为"奥尔良姑娘"。1430年,贞德被法国贵族高价出卖给了英国人。第二年她被英国人以"女巫"之罪名,活活烧死在鲁昂广场上,时年19岁。1920年,梵蒂冈天主教会追封贞德为圣人。

四、基督教统治地位的形成

基督教是犹太教中的一个教派——拿撒勒派。公元1世纪中叶,基督教产生于地中海沿岸的巴勒斯坦,该地区的犹太教教徒通常以弥赛亚降临说作为思想武器,发起反对古罗马统治的起义,最后均以失败而告终。基督教的创始人耶稣在传教中引起了犹太贵族和罗马人的恐慌,他们收买了耶稣的门徒犹大,把耶稣钉死在十字架上。但三天以后,有人看到耶稣复活,从此,信奉基督教的人越来越多,他们把基督教传播到罗马帝国各地。

基督教经典《圣经》在《新约》中说耶稣是上帝耶和华之子,他出生在巴勒斯坦北部的拿撒勒,母亲叫玛利亚,父亲叫约瑟。耶稣30岁时受到约翰的洗礼,又在旷野中经受了魔鬼撒旦的诱惑,这一切坚定了他对上帝的信念。此后,耶稣就率领彼得、约翰等门徒四处宣传福音。

早期的基督教曾受到罗马皇帝的残酷迫害和镇压。当古罗马统治者认识到对基督教的镇压是徒劳的之后,帝国的统治者才开始认识到任何以强力消灭基督教的企图都是不现实的,而且要有效地控制帝国,就必须首先维持与基督教会的和平。

于是,继公元311年的《宽容饬令》规定停止迫害基督教之后,公元313年,罗马帝国皇帝君士坦丁和李锡尼又颁布了著名的《米兰敕令》,宣布承认基督教在罗马帝国中的合法地位,并可与其他宗教同享自由,不受歧视。继而君士坦丁皇帝第一个皈依基督教,促使这种信仰在帝国尤其是其东部广泛流行。基督教转变为国教,以服务于君王的利益。相应地,君士坦丁皇帝于公元325年召集基督教"普世主教大会",确定了基督教的正统教义和正统地位。

从此,基督教成为官方认可的合法宗教,古罗马统治者开始大力扶植基督教,并逐步使其变成古罗马帝国的官方宗教,之后又规定基督教为唯一合法的宗教。借助于国教的地位,基督教教堂、教徒遍布于古罗马帝国所辖的各个

中世纪时期的修道院

地方，教会成为其基本组织形式，由各级神职人员管理。教会创设了许多修道院，借以扩大它的宗教影响，并拥有大量的土地。

随着古罗马帝国一分东、西，东、西方教会领导集团为争夺教会的最高统治权不断发生冲突，终于在1054年彻底分裂。东部教会标榜自己的"正统性"，称之为"正教"，因为是东部教会，所以又称"东正教"。西部教会则强调自己的"普世性"，称之为"公教"，因为其领导中心在罗马，所以又称"罗马公教"。

西罗马帝国灭亡前后，罗马主教成为西欧教会的首脑，后来自称为教皇。公元445年，罗马教皇利奥一世通过西罗马皇帝瓦伦蒂尼恩三世正式颁布敕令，用法令的形式规定所有人都得服从罗马主教，从而使罗马教会登上了帝国至高无上的神圣地位。

之后的西罗马帝国毁于日耳曼人之手，社会处于无政府状态，教会担当起维持地方秩序的责任。尚未步入文明的日耳曼等蛮族要统治有较高文明水平的原古罗马辖区的居民，在社会各方面都极为困难，因此其统治不得不依仗于具有古罗马帝国影子的、积累了治理社会经验的成熟的宗教——基督教。基督教也借此稳定了其在欧洲的统治地位，并主导了政治、社会、思想和文化。

罗马教皇利奥一世

五、基督教对欧洲的影响

虽说中世纪的欧洲弥漫在基督教神权至上的思想中，使人性受到压抑，思想受到禁锢，社会愚昧无知，停滞不前，但是我们不能否认它在黑暗时代所起的积极作用，即古代文明被毁后的文化重建作用：保全了古典文化；规范了人的思想、伦理和道德准则；人们生活中的许多需求通常由教会提供。由以上三个方面可以看出教会在中世纪对于欧洲社会的存在和发展是不可或缺的，也正是它的不可或缺，才使它在中世纪得到了更广泛更深远的发展。

在中世纪，即使你不信仰基督教，你也置身于一个由基督教支撑的社会环境中，会潜移默化地接受它的思想，接受它的习俗，人们的社会生活是依赖于基督教和教会的。试想，如果没有基督教这样一个可以支撑起欧洲大陆的组织，那么日耳曼民族就可能不会接受先进文明的洗礼，当时的西方文明就可能会随着日耳曼文明的出现而倒退，甚至西方步入工业文明的时代可能社会迟来几百年。当然，基督教也由此把中世纪的欧洲置于自己的管理之下，建立起"上帝的世界"。

> 知识拓展

查理曼帝国分裂

第二节 中古时期的美洲——神秘而独特的美洲文明

一、玛雅文明

玛雅文明因印第安玛雅人而得名，这是一个最古老而充满智慧的部落种族，是美洲印第安玛雅人在与亚、非、欧古代文明隔绝的条件下独立创造的伟大文明，其遗址主要分布在墨西哥（东南部）、犹加敦半岛、巴拿马、危地马拉和洪都拉斯等地。

玛雅文明被划分为三个时期：公元前1500年至公元前300年为前古典期，公元前300年至公元900年为古典期，公元900年至16世纪为后古典期。传说玛雅人在3000年前的前古典期就开始建造宗教性建筑，最为著名的就是美洲金字塔，其作用不是作为国王的坟墓，而是作为宗教祭祀的场所。

美洲金字塔

公元前200年至公元800年是玛雅文化的兴盛时期。这一时期玛雅人在今天中美洲的危地马拉地区建立了数百座城市，其中最大的城市，人口在高峰时期达到了10万~20万。这些城市中有两个最为强大的城邦国家，一个被称为蒂卡尔王国，另一个则是位于今天墨西哥南部的卡拉姆尔王国。这一时期，几乎所有的小城邦都臣服于这两个较大的王国，最终两大阵营之间发生激烈战争，并分裂成一些小的诸侯国，玛雅文明也从此逐渐衰落。

到了公元10世纪左右，在今天危地马拉尤卡坦半岛北部兴起了以奇琴·伊察为首的一些玛雅城邦，开始了史学上称为玛雅文明的后古典时期。奇琴·伊察城邦政权于公元1224年被推翻，以玛雅潘为首的新城邦联盟建立。1450年，玛雅潘城邦政权因内乱而瓦解。当西班牙殖民者登上美洲大陆时，玛雅人的地区已处于分崩离析的状态。

古代的玛雅人有许多重大的科学发明,其中最杰出的贡献是数学。世界上最早发明"0"的是玛雅人。玛雅人的这个发明比欧洲人从阿拉伯商人那里知道印度人发明"0"数的概念足足早了1000年。

玛雅人根据农业生产的需要,运用发达的数学准确地推知了月亮及金星等行星的公转周期,并创造了多种历法。其中一种以太阳为计时标准,把一年分为18个月,每月都有自己特有的名字,如耕种月、收割月等,每月20天,最后再加5天禁忌日,一年共365天,每过104年,再加25天。这是世界上最早和最准确的阳历,比现在各国通用的格里高利历(即公历)还要准确。

玛雅人也是能工巧匠,他们能用黑曜石加工出燧石工具。燧石工具能凿开坚硬的岩石和雕刻玉石。玛雅人凭借这种工具建设了大量的城市,前后建成的大小城市有100余个。

二、阿兹特克文明

阿兹特克文明是墨西哥古代阿兹特克人所创造的印第安文明,是美洲古代三大文明之一。主要分布在墨西哥中部和南部,形成于14世纪初,1521年为西班牙人所毁灭。

阿兹特克人原住在墨西哥西部的海岛上,从11世纪中叶开始,逐渐向墨西哥盆地迁徙。1325年,在贴什科科湖中的两个小岛上建立了特若其蒂特兰城,即后来的墨西哥城。传说当他们来到湖中央的岛屿时,他们看到一只叼着蛇的老鹰停歇在仙人掌上,这个奇特现象喻示他们应该在这里建造城市。而一只停在仙人掌上的雄鹰就成了阿兹特克人的标志。

阿兹特克人建立城市后,与当地居民混居,并接受了当地较为先进的文化,社会得到了很快的发展。15世纪,阿兹特克人和当地其他部落结成部落联盟,不断扩张,先后征服了周围许多部落,其势力扩展到墨西哥湾和太平洋沿岸,向南一直达到危地马拉。在长期的征战中,阿兹特克人日益强大,成为同盟的首领。15世纪末,终于在墨西哥中南部形成一个幅员辽阔的帝国,特诺奇蒂特兰城成为帝国的政治中心。

阿兹特克人的标志

1519年,西班牙殖民者科泰斯率军来侵,各部落不能团结一致,又加上国王蒙特祖玛动摇不定和叛徒内奸的叛卖活动,阿兹特克终于在1521年被西班牙殖民者征服。

阿兹特克文明在发展过程中,吸收了玛雅文明和其他美洲文明的许多成就,同时自己也有独创。阿兹特克人已经创制了文字,虽然文字还较为原始,仍属图画文字,但已含有象形文字成分。在天文历法方面,阿兹特克人使用太阳历与圣年历,已知一年为 365 天,每逢闰年补加一天。医学方面,阿兹特克人知道利用各种草药治病,并已使用土法麻醉。

阿兹特克城内建有宫殿、神庙、官邸、学校,建筑宏伟,最大一座金字塔台庙的规模甚至可与古埃及金字塔媲美。为了满足城市稠密人口对粮食的需要,阿兹特克人在湖泊中建造了独特的"水上园地",以扩大种植面积。岛城四面环水,市内河道纵横,景色美丽,最初的

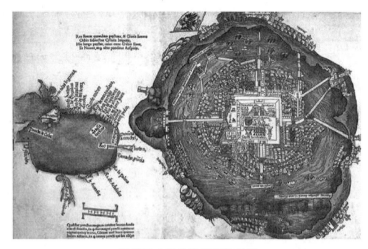

规模巨大的特诺奇蒂特兰城

西班牙殖民者为之倾倒,惊呼为"世界花园"。但殖民者的征服战争把这座城市烧成了废墟,后来的墨西哥城就建在这一废墟上。阿兹特克人的主要生产工具仍为石器,多由黑曜岩制成,但已会制造铜、金物品。

三、印加文明

印加文明是在南美洲西部、中安第斯山区发展起来的又一著名的印第安古代文明。它的影响范围北起哥伦比亚南部的安卡斯马约河、南到智利中部的马乌莱河,总面积达 90 多万平方公里,人口超过 1000 万。大体说来,它包括了现今厄瓜多尔山区、秘鲁山区部分,玻利维亚高原地区、半个智利和阿根廷西北部地区。

印加人原是生活在今天玻利维亚和秘鲁两国交界处的的的喀喀湖中的一个部落,10 世纪以后,他们逐步北迁,一路征战,于 1243 年来到今天秘鲁南部的瓦纳卡里山上扎下营寨。据印加人的传说,此时他们的首领是曼科·卡帕克。从曼科·卡帕克起,到 1532 年印加人的末代首领阿塔瓦尔帕被西班牙征服者皮萨罗杀害,印加国大约经历了整整 3 个世纪的发展历程。

15 世纪初,印加人的势力在安第斯山地区逐渐强大。十一代王瓦伊纳·卡帕克(1493—1525 年在位)时,印加人征服整个安第斯地区,建立起强盛的国家,在他的统治下,帝国达到顶峰。1531 年,瓦伊纳·卡帕克死后,上层贵族集团为了争夺王位进行了大规模的内战,双方伤亡极大,加之瘟疫流行,印加帝国元气大伤。1532 年,西班牙殖民主义者侵入印加帝国,诱捕并处死了印加帝国国王,并在第二年的 11 月占领了印加帝国首都库斯科。面对西班牙人的残暴统治,印加人民进行了连续不断的起义,以反抗西班牙殖民者,斗争一直持续到 1572 年,至此印加帝国退出了历史的舞台。

印加帝国享有"美洲的罗马"之称,它以有一套完整的国家体系而闻名于世。印

加王被称为太阳之子、神的化身,拥有至高无上的权力,独揽国家一切政治、军事和宗教大权。为了维护自己的统治,印加王建立了以中央集权为中心的政治制度。除了政权机构外,印加王还拥有一支强大的军队,对外用以扩张,对内用以镇压反叛力量。印加帝国还建立了严厉的司法制度,用来维护奴隶主阶级的利益。此外,为了巩固自己的统治,印加帝国在征服的地区,强行推广印加人的语言;在全国大兴道路和驿站,建成了以首都库斯科为中心,条条道路通京城的交通网,以利于对边远地区实行控制。

羊驼

印加人精于农业,他们培植了大约 40 多种农作物,以玉米和马铃薯为主要粮食作物,此外还有南瓜、甘薯、西红柿、可可、菠萝、龙舌兰、花生和棉花等。很多农作物从印加国传到了其他大陆,推动了世界农业的发展。畜牧业方面,印加人主要驯养美洲驼和羊驼,用以交通运输及日常的衣食之需。

印加人在采矿冶金、建筑工程、纺织技术、制陶等领域也具有很高的水准。他们很早就掌握了冶炼青铜的技术,用铜、金、银、锡等制造各种精美的器皿和装饰品;在制陶方面,工艺非常精巧,很多陶盆和陶罐上雕有各种美观的图案;建筑方面,首都库克斯的太阳神庙宏伟壮丽,石块和石块之间严丝合缝,甚至连刀片都插不进。

在医药学方面,印加人的成就令人惊叹。他们的外科手术特别是穿颅术在当时居于世界先进行列。对于与外科手术相伴而生的麻醉术,印加人也是内行,他们能够使用一些草药对患者进行麻醉。

在天文、历法和数学领域内,印加人也达到了相当高的水平。在首都库斯科,印加人在城东、城西建有四座天文观象台,中心广场另设一座。根据长期的观测,印加人测得地球运行周期是 365 天零 6 小时,并据此制定了太阳历。印加人尚未创制文字,他们的计数方法是结绳,印加语称为"奇普",即在一条主绳上结上许多小绳,用结节表明数字,用不同的颜色和长度表明不同的类别。

印加人的结绳记事方式"奇普"

在漫长的历史长河中,美洲的印第安人留下了相当高的古代文明。以玉米为代表的多种农作物的种植和栽培,以太阳神金字塔为代表的建筑艺术,以鹰羽冠为代表的民族服饰,以纳斯卡荒原巨画为代表的令人不解的神秘符号,至今仍让人感到神秘而独特,激励着无数的学者去探索和破译。

  知识拓展

特奥蒂瓦坎古城遗址

第三节 中古时期的西亚——冉冉升起的新月

一、阿拉伯半岛的统一

阿拉伯半岛位于亚洲的西南部,东临海湾及阿曼湾,西傍红海,南濒阿拉伯海和亚丁湾,西北接壤叙利亚沙漠,北面接壤美索不达米亚平原,面积320多万平方千米,是世界上最大的半岛。半岛海拔1200~2500米,大部分为沙漠和草原,只有滨海一带气候湿润,特别是在红海沿岸地区,出现了高度发达的文明。

伊斯兰教产生以前,阿拉伯半岛各民族的发展并不平衡,居住在半岛北部的贝都因人主要以放牧为生,相对比较落后;而居住在南部的赛白人已经开始定居生活,农业和海外贸易较为发达。

公元4—6世纪时,拜占庭帝国与萨珊波斯帝国频繁交战,使得途经红海的商路几乎中断,商人们选择了安全性相对较高的陆路进行商业活动,这使得原先商队的必经之地——麦加迅速衰弱。

经济的衰落加深了阿拉伯地区的社会危机,进一步促进了阿拉伯民族的觉醒。公元610年,一位名叫穆罕默德的中年人开始在麦加传播伊斯兰教。他宣称安拉是宇宙万物的创造者,是唯一的主宰,要求人们信奉独一无二的安拉;同时提出穆斯林不分氏族部落,皆为兄弟,应联合起来,同时提出禁止高利贷盘剥,多行善事和善待、释放奴隶等一系列社会改革的主张。随着传教的逐渐公开,其思想受到部分下层群众的拥护,许多人纷纷归信伊斯兰教,后来甚至一些商业贵族的家族成员也加入进来。但穆罕默德的主张也触犯了一部分麦加城贵族的利益,因此遭到了他们的强烈反对,穆罕默德及其信徒们在麦加难以立足。

公元622年9月,穆罕默德与信徒们迁徙到另一城市麦地那,这标志着伊斯兰教进入了新的历史发展阶段。在麦地那,穆罕默德领导信徒们进行了政治、经济、宗教等一系列改革，建立了政教合一的政权，自己则成为麦地那宗教、政治、军事和司法的最高领袖。同时他还进一步完成了伊斯兰教教义体系及各项制度的创建，完整地确立了伊斯兰教的信仰纲领。

公元 630 年年初，在伊斯兰教力量获得优势后，穆罕默德率穆斯林大军回到了离开八年的麦加城，麦加贵族被迫请降，接受伊斯兰教，并承认穆罕默德的先知地位，麦加全城居民宣布归信伊斯兰教。

伊斯兰教圣地——麦加禁寺

随后，阿拉伯半岛远近的各个部落纷纷遣派使者往麦地那表示归顺，少数对抗者遭到了镇压。自此，阿拉伯半岛上的各部落民众开始以伊斯兰教为核心建立一个统一的阿拉伯伊斯兰国家。

穆罕默德生于麦加城哈希姆家族。他自幼父母双亡，由祖父和伯父抚养。据伊斯兰教史记载：他童年替人放牧，12 岁时跟随伯父及商队，曾到叙利亚、巴勒斯坦和地中海东岸一带经商，并广泛接触和目睹了阿拉伯半岛和叙利亚地区的社会状况，了解到了半岛原始宗教、犹太教、基督教的情况。25 岁时他同雇主、麦加富孀赫蒂彻结婚。公元 610 年，穆罕默德 40 岁时的一天，他向门徒宣布，当他在麦加城郊希拉山的山洞潜修冥想时，真主安拉派使者向他传达"启示"：万物非主，唯有安拉。此后，他开始了历时 23 年的传播伊斯兰教的活动。

二、四大哈里发时代

公元 632 年，穆罕默德逝世后，他最为得力的弟子艾布·伯克尔、欧麦尔、奥斯曼、阿里先后继承他的事业，称"哈里发"，即安拉使者的继承人。四大哈里发在执政的 30 年间，对伊斯兰教的传播和发展做出了重大贡献。

第一任哈里发艾布·伯克尔在执政期间，平息了阿拉伯地区一些部落以及信徒发动的武装叛乱，征服了变节者，重新统一了阿拉伯半岛，巩固了麦地那政权。同时建立了一支强大的军队，开始对外征战和扩张。

第二任哈里发欧麦尔在执政时，乘波斯、拜占庭连年战争力量削弱之机，先后征服了叙利亚、巴勒斯坦、伊拉克、波斯、埃及等地，并采取凡归信伊斯兰教者免交人丁税的政策，吸引被征服地的居民改奉伊斯兰教，使伊斯兰教发展成世界多民族信仰的宗教。他初步确立了国家的行政管理制度、司法制度、军事制度、土地制度和年俸分配制度。他还制定了伊斯兰教历，以 622 年 7 月 16 日作为纪年元旦，以纪念穆罕默德由麦加迁徙麦地那这一重要历史事件。

第三任哈里发奥斯曼在执政时，继续西进征服北非，攻占伯尔克、的黎波里、迦太基；在东部征服亚美尼亚，重新平定了波斯和呼罗珊地区的叛乱，远征军在中亚到达巴尔赫、喀布尔和伽色尼，并促使这些地区的众多居民改奉伊斯兰教。为统一伊斯兰教思想、指导宗教活动和立法，在艾布·伯克尔时所辑录的《古兰经》原抄本的基础上，编纂成奥斯曼定本《古兰经》。

第四任哈里发阿里执政时，因伊斯兰教上层领导集团争夺哈里发权位的斗争进一步激化，导致了穆斯林之间的内战，出现了彼此对立的政治派别。661年，阿里被刺后，四大哈里发时期结束，继之而起的是以家族掌权的王朝时代。

三、倭马亚王朝时期

公元661年，倭马亚家族出身的贵族穆阿维叶创建了倭马亚王朝，定都大马士革。王朝在稳定局势后，从7世纪中叶起，继续大规模向外扩张。在东方，先后占领了阿富汗和印度西北部，控制了中亚大部分地区，势力直达帕米尔高原。在西方，首先占领迦太基，消灭了拜占庭在北非的残余势力，公元711年，阿拉伯军队渡过直布罗陀海峡进攻西班牙的西哥特王国，占领比利牛斯半岛大部分地区，将伊斯兰教传入西南欧。732年，阿拉伯军队袭击高卢（今法兰西共和国）西南部，被法兰克王国击败，伊斯兰教向西方的传播，遂到此为止。

倭马亚王朝不仅在对外扩张上成绩突出，在其他方面也颇有建树。在政治上：改哈里发的选举制为世袭制，使哈里发国家成为一个君主专制的封建国家。在经济上，将游牧的阿拉伯人迁徙到新征服的地区，使他们由游牧转入定居；同时分封土地、统一币制、完善税收，使封建制度进一步发展。在文化上，王朝法定阿拉伯文为官方和各地通用的语言，促进了阿拉伯语的广泛传播。吸收被征服地区的先进科学与文化，开始形成多民族的"阿拉伯—伊斯兰文化"。

四、阿巴斯王朝时期

倭马亚王朝末期，统治者横征暴敛，宫廷生活腐化，各种社会矛盾日趋尖锐。公元750年，王朝被人民起义推翻，由穆罕默德叔父阿拔斯的后裔艾布·阿巴斯夺取了哈里发地位，建立了阿巴斯王朝。

王朝在最初的100年间，因对外大规模征战的结束，出现了安定的政治局面，生产力有较大的发展，经济和对外贸易繁荣。国内主要城市商旅云集，对外垄断海上贸易，阿拉伯商人的足迹遍及亚、非、欧各地。随着阿拉伯语的广泛传播，各族穆斯林共同创造的伊斯兰文化蓬勃发展，出现了阿拉伯帝国历史上的黄金时代。

9世纪中叶后，由于阿巴斯王朝实行封建分封制，各地总督和封建主的权力日趋扩大，出现了割据一方的现象，而庞大的阿拉伯帝国原本就是凭借武力征服而建立的多民族、多宗教、多信仰的集合体，因而此时帝国的分裂之势已经无法阻止。10世纪以后，帝国四分五裂，实际统治区域仅限于首都巴格达及其周围地区，帝国名存实亡。1252

年,成吉思汗之孙旭烈兀率蒙古军队洗劫了波斯、小亚细亚、美索不达米亚和叙利亚,并于1258年占领帝国首都巴格达,阿拉伯帝国灭亡。

五、阿拉伯帝国的科技文化成就

穆罕默德和历代哈里发都奉行较为开明灵活的文化政策,阿拉伯帝国时期,各民族以良性竞争的姿态形成并促进了新的伊斯兰教文明体系的发展、建立和传播,它融合、吸收了古代埃及、两河流域、古希腊、古罗马的文化精髓,在形成自己鲜明特点的同时又具有很强的包容性。

(一) 文学领域

阿拉伯文学作品以诗歌为主,文字优美,音韵或铿锵激昂,或婉转柔美。其中最有代表性的为《天方夜谭》,它在数百年时间中被不断完善,汲取了印度、希伯来、波斯、埃及、中国和阿拉伯民间文学的精粹,是阿拉伯乃至世界文学中的明珠。除了自身的文学成就以外,在整理、翻译和改编古典著作方面,阿拉伯人也做出了卓越的贡献。大批希腊人、印度人和波斯人的哲学、科学和医学名著的译本经整理、注释之后,相继问世。这一人类翻译史上的伟大工程,既使中东地区古典文明的辉煌成果在中世纪得以继承,又为阿拉伯文化的发展奠定了较为坚实的基础。

(二) 哲学领域

阿拉伯人认为,除神学外,哲学是了解世界的必备知识。7世纪末,一些伊斯兰教教徒对统治者的奢侈腐化和世俗倾向不满,他们以守贫、苦行和禁欲进行消极的抗议,逐渐形成了苏非派。该派的思想以神秘主义为特征,宣传神秘的爱、泛神论和神智论思想,要求奉行内心修炼、沉思入迷,以达到与真主合一。

公元9—12世纪,在传播希腊哲学和波斯哲学思想的过程中,在阿拉伯伊斯兰教徒统治下的广大地区出现了为数众多的哲学家。这些哲学家较多地受古希腊罗马哲学和东方各种传统思想的影响,尤其推崇亚里士多德,并注释其哲学或科学著作。同时对《古兰经》及伊斯兰教的教义进行种种解释,同伊斯兰教正统派经院哲学进行斗争。

(三) 天文

阿拉伯天文学家批判地球中心说,预测了地球自转并绕太阳转,他们还精确地测出了子午线的长度,阿拉伯天文学家阿尔·巴塔尼在他的著作《萨比天文表》中,对托勒密的一些错误进行了纠正,这部书传到欧洲,成为后来欧洲天文学发展的基础。此外,阿拉伯人在历法研究和制定方面也做出了巨大成就,伊斯兰太阳历一年平均365天,每128年设31闰年,闰年为366天。

阿尔·巴塔尼

（四）数学

阿拉伯人在数学上也取得了很高的成就，最为突出的是对印度数字与"0"符号体系的改造与推广，它不仅方便了阿拉伯人的日常生活，也导致了人类计算领域的一场革命。另外，数学家花剌子密用印度数字编写了《积分和方程计算法》一书，系统阐述了最早的三角函数表，并首次将代数理论发展成为独立的学科。

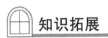

《古兰经》

评述与思考

1. 简述法兰克王国的兴衰历程。
2. 请简要分析基督教得到罗马帝国认可的原因。
3. 请分析美洲三大文明在科技文化上的异同。
4. 请分析美洲三大文明共同走向衰落的原因。
5. 请分析阿拉伯半岛统一的原因。
6. 《天方夜谭》是阿拉伯文学的代表作，其中有很多精彩的故事，请简要介绍其中一个故事，不少于 200 字。

【推荐阅读书目】

① ［美］本内特、（美）霍利斯特著：《欧洲中世纪史》，上海社会科学院出版社，2018 年。
② ［法］罗伯特·福西耶主编：《剑桥插图中世纪史》，山东画报出版社，2018 年。
③ 许海山主编：《美洲历史》，线装书局，2006 年。
④ 白献竞著：《丛林秘境：正说美洲古代文明》，海潮出版社，2006 年。
⑤ 彭树智著：《阿拉伯国家史》，高等教育出版社，2002 年。

第十四章

活跃的西方——近代世界的跳动

> **学习目标与要求：**
>
> 1. 了解这一时期发生的重大事件，包括新航路开辟、文艺复兴、宗教改革、资产阶级革命、启蒙运动、海外扩张和工业革命的起因、过程与结果；
> 2. 了解殖民主义的双重特性，理解西方殖民侵略、经济变革与世界资本主义发展的关系；
> 3. 理解文艺复兴时期的人文主义与启蒙运动时期的理性主义的内涵；
> 4. 理解工业革命对世界产生的影响。

建议教学时数

7 课时

第一节 大航海时代——世界隔绝状态的突破

一、地理大发现

13世纪后半期，在地中海沿岸的某些城市已经稀疏地出现了资本主义生产的最初萌芽。手工工场主同城市的商人和银行家等一起，开始形成新的阶级——资产阶级。

随着西欧社会商品经济的发展，金钱成了支配一切的巨大的社会力量，欧洲上层社会日益奢侈挥霍的糜烂生活，急需黄金来购买奢侈品；同时商人资本家也需要积累大量的黄金和白银作资本，而西欧本身的黄金产量

欧洲中世纪货币

并不大,并且在同东方的贸易中,由于东方的商品很值钱,一部分黄金又因用于购买东方商品而外流。那么,到哪里去寻找黄金呢?《马可·波罗游记》上的一些描述,使西欧人把眼光放到了东方的中国和印度。他的书特别引起了西欧人对东方的向往,15世纪,欧洲各国的国王、贵族、高级教士、商人和正在形成的资产阶级,都沉醉于"寻金热"中。

奥斯曼重装骑兵

马可·波罗于1254年生于意大利威尼斯一个商人家庭,也是旅行世家。17岁时他跟随父亲和叔叔,途经中东,历时四年多来到中国,在中国游历了17年。他回国后出了一本《马可·波罗游记》,描写了东方的繁华和富裕,说印度和中国是"香料盈野,黄金遍地",使贪得无厌的西欧贵族垂涎三尺,他们深信占有通往这些国家的商路就意味着发财致富。在这样的环境下,欧洲社会发生了巨大的变革,这是旧文化与新文化之间的碰撞,必将产生巨大的影响。我们所熟知的那些有名的航海家,便是这些东方热潮中的一分子,正因为此,他们发现了新大陆,从而影响了世界格局。

奥斯曼土耳其帝国在地中海东部兴起后,控制了东西方交通要道,对往来过境的商人肆意征税勒索,加上战争和海盗的掠夺,使得运到西欧的商品数量减少,价格提高。东西方贸易受阻,商业发达的意大利城市尤其受到影响。但是,同东方的贸易又是西欧社会经济生活的必要方面。故而在此路不通之时,西欧国家便千方百计探索通往东方的新航路。

奥斯曼帝国位于东西文明交会处,几乎与中国元朝同时期,塞尔柱突厥人奥斯曼趁塞尔柱帝国混乱即宣告部落独立,在一系列的征服中建立了奥斯曼帝国。奥斯曼帝国掌握东西文明的陆上交通线达6个世纪之久,是15—19世纪唯一能挑战欧洲国家的伊斯兰势力。

科学技术的新发展,为地理大发现和新航路的开辟提供了必要的技术条件。地圆学说为往西航行寻找东方大陆提供了理论依据。人们认为从欧洲向西航行,也可以到达东方。中国发明的指南针,经阿拉伯人传入欧洲,已开始普遍应用于航海事业。与此同时,欧洲人的造船技术也大有进步。在这种强烈要求和可能的条件下,欧洲的葡萄牙和西班牙,首先展开了探寻新航路的活动。

1415年,葡萄牙人开始侵入非洲西北角,建立侵略据点。1487—1488年,葡萄牙人迪亚士率领船队沿西非海岸向南航行,在归途中发现非洲西南端有一个

古代航海罗盘

尖角，后来，葡萄牙国王称它为好望角，因为这次远航给实现通往东方的梦想带来了美好的希望。1497年，葡萄牙人达·伽马率领船队沿着迪亚士开辟的航道继续前进，绕过好望角，沿东非海岸到达印度。1499年，他的船队满载黄金、宝石、香料回国，它们带来的收益高达航行费用的60倍。

哥伦布是意大利热那亚的一个水手，从小对航海探险和旅行活动很有兴趣。他曾向当时的大地理学家托斯坎内里请教。相信地圆说的托斯坎内里还给哥伦布一张示意图，告诉他从大西洋一直向西航行，就能够到达印度和中国。这些大大激发了哥伦布从西边去探航东方的愿望。

1418年，哥伦布向葡萄牙国王申请西航资助，但他们由于忙于在西非沿岸探险而没有理睬哥伦布。于是他转而求助于西班牙国王，最后他的远航计划得到了西班牙女王伊萨贝拉的支持，女王赐给他三只远航帆船和大部分航海费用，并且授给他海军大将军衔。1492年8月3日，是人类历史上一个值得永远纪念的日子。哥伦布率领包括三条船的小小船队出发，横渡茫茫的大西洋。10月12日，船队到达巴哈马群岛中的一个小岛，随后又到了古巴和海地。1493年3月15日，哥伦布返回西班牙。从1493年到1504年，他又三次西航，先后到达南美大陆的一些海岸。哥伦布到死都认为他到达的是印度，因此，他称自己见到的土著居民为印第安人——印度人。后来意大利另一个航海家亚美利哥证实哥伦布到达的地方不是印度，而是一块所谓的"新大陆"。但是哥伦布最初到达的南北美洲大陆间的岛屿，一直被叫作西印度群岛。

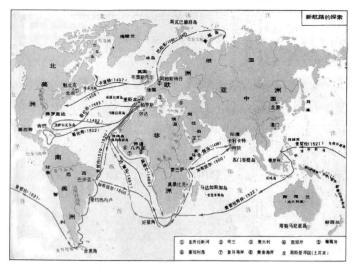

新航线开辟

1519年，葡萄牙海员麦哲伦奉西班牙王室之命，率领船队环球航行。他横渡大西洋，沿南美洲海岸南下，绕过美洲南端的海峡——后来叫作麦哲伦海峡，接着又进入"南海"。由于一路上风平浪静，麦哲伦便将南海改称为"太平洋"。1521年3月，船队终于到达菲律宾群岛。麦哲伦介入了岛上部落的内争，结果反被当地人杀死。他的同伴逃了出来，继续航行，绕过好望角，于1522年回到西班牙，完成了人类历史上首次环球航行的壮举。

这样，从欧洲绕过非洲或南美洲到达亚洲的航路开辟出来了。新航路的开辟，是地理上的一个伟大发现。它使整个世界因此而连成了一片，浩渺的大海变成了坦荡通途，世界在地理上第一次成了一个整体的世界，这就为世界历史走向整体发展创造了条件。

二、殖民征服

新航路的开辟,为欧洲人进行世界范围内的殖民扩张、殖民贸易、殖民掠夺创造了条件。西班牙和葡萄牙是进行海外殖民掠夺的先锋。西班牙殖民掠夺的对象主要是中南美洲,葡萄牙殖民对象除南美洲的巴西外,其重点是非洲和亚洲。

开始时,西班牙主要是侵占西印度群岛,建立进行殖民掠夺的基地。随后,西班牙又征服了智利、哥伦比亚、阿根廷以及巴拉圭和乌拉圭等地。到16世纪中期,西班牙已基本完成对巴西以北的中南美洲绝大部分地区的殖民征服,采用一切手段在中南美广大地区掠夺黄金,甚至破坏庙宇中的金制装饰。

墨西哥是印第安人阿兹特克帝国所在地。1519年,科尔特斯率领一支西班牙军队从古巴出发,入侵墨西哥,囚禁了阿兹特克的国王,并把王宫价值十五万金比索的金银宝物据为己有。1531年,皮萨罗率领一小股西班牙殖民军入侵秘鲁,用阴谋诡计俘获了印加国新王阿塔瓦尔帕,在勒索了巨额赎金(黄金可以填满囚禁印加国王的长671厘米、高275厘米、宽519厘米的房间)后,又背信弃义地杀死了印加国王,占领了印加首都库斯科城。从1521年至1544年间,西班牙每年掠夺黄金2900千克、白银30700千克,到了1545—1560年,平均每年掠夺黄金5500千克、白银246000千克。

早在15世纪,葡萄牙人在探寻直达东方航路的过程中,就在非洲西岸建立了许多殖民据点,劫掠黄金,贩运黑奴。到16世纪中叶,葡萄牙人在从东非的苏法拉到日本长崎的航线上建立了50多个要塞和商站。几内亚是葡萄牙人掠夺黄金的重要场所,被称为黄金海岸。莫桑比克等地是其猎取黑人的重要据点,殖民者从贩卖黑奴中获取暴利。

1500年,葡萄牙航海家卡伯拉的船队在驶往印度途中被风暴吹到了巴西,卡伯拉便宣布巴西为葡萄牙所有。1511年,葡萄牙占领马六甲,随后相继在科伦坡、爪哇、加里曼丹等地建立商站。1553年占领我国领土澳门。据统计,从1493年至1600年,葡萄牙人从非洲掠走了276000千克黄金。

三、经济变革

西欧人通过殖民贸易和殖民掠夺,所得来的大量财富源源不断地流回国内,转化为资本。欧洲的资本主义正是随着殖民掠夺发展起来的。新航路开辟以后,欧洲的主要商路和贸易中心从地中海沿岸转移到了大西洋沿岸,推动了英国资本主义商业的发展,大规模的毛纺织业手工工场已经出现并逐渐发展。随着毛纺织业的发展,养羊成为有利可图的事业,于是"羊吃人"的圈地运动变本加厉地开展起来了。同时,英国利用其优越的地理位置,积极开展海外贸易和殖民活动,进行殖民掠夺。新航路的开辟,使世界市场体系得以初步形成,这就反过来又促进和推动了欧洲内部的发展和变革,加快了欧洲资本主义的发展,加快了欧洲从封建主义向资本主义的过渡,并逐步建立起资本主义的世界经济体系,从而推动了世界历史前进的步伐。

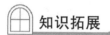

拜占庭帝国

第二节 文艺复兴——冲破黑暗的力量

一、文艺复兴的缘起及其核心思想

西欧的中世纪是个特别"黑暗的时代"。文学、艺术、哲学一切都得遵照基督教的经典——《圣经》的教义，谁都不可违背，否则，宗教法庭就要对他进行制裁，甚至处以极刑。在教会的管制下，中世纪的文学艺术死气沉沉，科学技术也没有什么进展。黑死病在欧洲的蔓延，也加剧了人们的恐慌，使得人们开始怀疑宗教神学的绝对权威。

欧洲人要感谢信仰伊斯兰教的奥斯曼帝国，正是由于后者14世纪末对拜占庭的入侵，使得东罗马的许多学者带着大批的古希腊和罗马的艺术珍品和文学、历史、哲学等书籍逃往西欧避难。在古希腊和古罗马，人们可以自由地发表各种学术思想，文学艺术的成就很高，这和黑暗的中世纪是个鲜明的对比。东罗马的一些学者在意大利的佛罗伦萨办了一所叫"希腊学院"的学校，讲授希腊辉煌的历史文明和文化等。

反对神的权威，把人从中世纪的神学枷锁下解放出来是这场运动的主旨；一切以人为本，宣扬个性解放，肯定人性和人的价值，要求享受人世的欢乐，要求人的个性解放和自由平等，推崇人的感性经验和理性思维，追求现实人生幸福，追求自由平等，反对等级观念，崇尚理性，反对蒙昧，成为其指导思想和主要精神。欧洲人把对人的自由的追求演绎得淋漓尽致，这种以人为本的思维即"人文主义"，是文艺复兴的核心思想。在这种精神的指引下，人文主义者实践了从信仰到理性的转变。他们逐渐摆脱了欧洲中世纪盛行的禁欲苦行风尚的束缚，积极追求现实的幸福，竭力追求个性的发展。进而人文主义者萌发了一种不可抑制的求知欲和追根究底的精神，这样就把人们从中世纪宗教神学的桎梏下解放出来，促使人们积极进取，努力向上，最大限度地激发了个人才能，确认了"人是万物的尺度"这一原则，从而为现代意义上的个人诞生提供了前提。这一呼唤震动着陈腐的欧洲，迸发出一股资产阶级文化的新潮流。人类思想从封建神学的桎梏中摆脱出来，一场提倡人的自由的思想运动开始了。

文艺复兴时期的学者具有极强的求知欲，重视穷根究底的探索精神，因此涌现出了一批科学家和科学思想家。如天文学家哥白尼、开普勒、伽利略等，他们发现的新理论，促使人类对宇宙的观念发生了变化；魏德曼发现了正负号，卡丹首次讨论了三次方程式、四次方程式，维尔特和斯泰文首先使用小数点。同时，涌现出了布鲁诺、培根、笛卡尔等著名的科学思想家。布鲁诺宣传唯物主义，是意大利唯物论和无神论者，更是反对宗教蒙昧主义的伟大思想家；笛卡尔创立的近代解析几何学，提出了新的科学方法的两大原则——观察和思考。这些都反映了这一时期科学的重大成就。

二、意大利的文艺复兴运动

中世纪的后期，资本主义萌芽于欧洲的意大利首先出现，城市经济的繁荣，使事业成功、财富巨大的富商、作坊主和银行家等更加相信个人的价值和力量，更加充满创新进取、冒险求胜的精神，多才多艺、高雅博学之士受到人们的普遍

堂吉诃德雕像

尊重。随着资本主义生产关系在欧洲封建制度内部的逐渐形成，封建割据已引起普遍不满，民族意识开始觉醒，欧洲各国大众表现出了要求民族统一的强烈愿望。文化艺术也开始进入反映新兴资本主义群体利益和要求的新时期。这为文艺复兴的发生提供了深厚的物质基础和适宜的社会环境以及人才。

各地的作家开始使用自己的方言而非拉丁语进行文学创作，带动了大众文学，包括小说、诗、散文、民谣和戏剧等的发展。在意大利出现了"文学三杰"。但丁一生写下了许多学术著作和诗歌，其中著名的有《神曲》。

但丁的不朽名作《神曲》，以恢宏的篇章描写诗人在地狱、炼狱和天堂的幻游，虽然仍以基督教的宗教观念为背景，文艺复兴的新思想却是其精华与主流。但丁借神游三界的故事描写现实生活和各色人物，抨击教会的贪婪腐化和封建统治的黑暗残暴。他强调人的"自由意志"，反对封建教会宣扬的宗教宿命论，歌颂有远大抱负而又坚毅刚强的英雄豪杰，从而表现了新的人文主义思想。

14世纪后半期又出现了新文化的两位代表人物：彼特拉克和薄伽丘。彼特拉克是人文主义的鼻祖，被誉为"人文主义之父"。他第一个发出复兴古典文化的号召，提出以"人学"反对"神学"，代表作是抒情十四行诗诗集《歌集》。薄伽丘是意大利民族文学的奠基者，短篇小说集《十日谈》是他的代表作。小说以诙谐生动的语言讽刺教会贵族，赞扬市民群众，是欧洲文学史上第一部现实主义巨著。15世纪，人文主义在意大利蓬勃发展，出现了"言必称古典"的局面。许多学者、诗人搜求古籍成风，人文主义思想也日益发展，深入人心。当时的先进人士力求成为学识渊博、多才多艺的人。封建教会对文化的垄断钳制被打破，这为新兴的资本主义经济、

政治开辟了道路。这一时期的代表人物有雕刻家多那太罗，画家马萨乔和波提切利。16 世纪是意大利文艺复兴特别繁荣的时期，产生了 3 位伟大的艺术家：达·芬奇、米开朗琪罗和拉斐尔。

三、西欧诸国的文艺复兴运动

在法国，龙沙和杜贝莱在语言和诗歌理论方面做出了贡献。他们最早提出统一民族语言的主张，从而促进了法国民族语言和民族文学的发展。然而，他们排斥民间诗歌，只为少数贵族服务。拉伯雷是继薄伽丘之后杰出的人文主义作家，也是法国文艺复兴民主派的代表。他用 20 年时间创作的《巨人传》是一部现实与幻想交织的现实主义作品，是其人文主义思想的集中体现。

西班牙文艺复兴时期涌现出的最伟大文学家是塞万提斯，其代表作《堂吉诃德》是欧洲出现较早的一部长篇讽刺小说，它对欧洲文学的发展产生了重大影响。维加是戏剧家、小说家和诗人，西班牙民族戏剧的奠基人，被誉为"西班牙戏剧之父"。

塞万提斯在序言中申明："这部书只不过是对于骑士文学的一种讽刺"，目的在于"把骑士文学地盘完全摧毁"。但实际上，这部作品的社会意义超过了作者的主观意图。在这部将近一百万字的作品中，出现了 16 世纪和 17 世纪初的西班牙社会百态，塑造了公爵、公爵夫人、封建地主、僧侣、牧师、兵士、手工艺人、牧羊人、农民等不同阶级的约七百个人物，小说尖锐、全面地批判了这一时期封建西班牙的政治、法律、道德、宗教、文学、艺术以及私有财产制度，使它成为一部"行将灭亡的骑士阶级的史诗"，一部伟大的现实主义文学名著。

托马斯·莫尔是英国著名的人文主义思想家，1516 年，他用拉丁文写成的《乌托邦》是空想社会主义的第一部作品，在他的乌托邦里，没有私有制，没有人剥削人的现象，没有专制暴政，没有宗教迷信和宗教狂热，人人劳动，产品丰富，按需分配，社会和谐。莎士比亚是天才的戏剧家和诗人，他同荷马、但丁、歌德一起，被誉为欧洲划时代的四大作家。莎士比亚的作品结构完整，情节生动，语言丰富精练，人物个性突出，不论是《哈姆雷特》《李尔王》之类的历史剧，还是《仲夏夜之梦》《威尼斯商人》等悲喜剧都通过人物的语言和动作展现在观众面前。诸如此类的文学艺术作品，反映了刚从宗教神学藩篱中走出的人们对世俗幸福生活的热切追求和对人的重新定位。这种文学精神正是文艺复兴时期人文主义精神的形象体现。

四、打破束缚

文艺复兴时期创造出的大量富有魅力的精湛的艺术品，是人类艺术宝库中无价的瑰宝。每件艺术品都色彩丰富，形象生动，中世纪的黑与灰让位给了一系列的明亮色彩。当时的天才艺术家们通过自己的作品反映了社会思想的变迁。达·芬奇的代表作《蒙娜丽莎》所描绘的并不是什么贵族妇女，而是一个商人的妻子，在当时用她来做这种画的模特是很少见的，但这幅画的光彩告诉人们：即使在这样灰暗的世界中生活也可以是这样的。身兼雕塑家、建筑师、画家和诗人等多重身份的意大利人米开朗琪罗，将目光投射向古希腊，雕刻出了公认的完美人类形貌——大卫像，因为在米开朗琪罗的眼中，人类是尊贵、高尚和美的化身！

文艺复兴运动使正处在传统的封建神学束缚中的人慢慢解放，开始从宗教外衣之下慢慢探索人的价值。人，是一个新的具体存在，而不是封建主以及宗教主的人身依附和精神依附。文艺复兴是新兴资产阶级在意识形态领域里的一场革命，这一时期也被称为"出现巨人的时代"。文艺复兴是中世纪世界遭遇的第一个重大冲击，世界文明从此有了一个新的起点。

大卫雕像（局部）

 知识拓展

文艺复兴的巅峰人物及其代表作

第三节　宗教改革——上帝在哪里

一、教会的腐朽

中世纪世界遭遇的第二个重大冲击是宗教改革运动，这一回是对基督教会的直接攻击。在中世纪，基督教教会成了当时封建社会的精神支柱，它建立了一套严格的等级制度，把上帝当作绝对的权威。文艺复兴时期，人文主义者通过研究《圣经》的希腊文本，发掘出了基督教的原始教义，并由于印刷术的推广而迅速在文化阶层中传播，接触了信仰原始内容的人意识到了教皇的腐败与无知，以及教职阶级的弊端，而倡导教会改革。由于中世纪教会的统治地位致使其教会教士出现了腐败堕落现象，他们的行为背离了宗教的初衷。这就为宗教改革提供了反对天主教会及实行改革的有力证据。宗教改革运动成为16世纪欧洲最重要的事件。

基督教士贩卖赎罪券，是西欧中世纪时特有的现象。1313年，天主教会开始在欧洲兜售此券。1515年，教皇利奥十世为聚敛财富，以修缮圣彼得大教堂为名发售赎罪券，修士台彻尔为了推销赎罪券，大肆宣扬赎罪券的功效，称钱币叮当一响，投钱者的灵魂即可升入天堂，与上帝同在。台彻尔的这种宣传令马丁·路德等人气愤。于是路德以攻击教会的救赎券为武器反对罗马教会，提出"人的救赎无须教会中介"的思想，并在德国思想界和民众中引起强烈共鸣，轰轰烈烈的宗教改革运动由此开始。

购买"赎罪券"

二、马丁·路德

　　新兴的民族国家确立了王权统治，王权开始觊觎宗教权威。推崇自由的资本主义经济发展起来后，新兴资产阶级的矛头必然指向封闭的教会，王权的加强势必削弱教权。同时，教会内部争权夺利，教权分裂，神职人员腐化，使教会威信扫地。欧洲各国陆续摆脱教廷控制之后，教廷收入锐减，而教皇的挥霍却有增无减。为维持教廷的庞大开支，教皇只好用各种手段来加重自己势力范围内的剥削与掠夺，于是，封建割据的德国就成为其宰割的主要对象，成了"教皇的奶牛"。但随着德国资本主义经济的发展，德国的市民阶级不断壮大，民族意识逐渐觉醒，德国社会各阶层对教廷强烈不满。从15世纪中叶起，人文主义开始在德国传播，代表新兴资产阶级的知识分子对教廷的深刻揭露和抨击，为马丁·路德进行宗教改革做了思想准备。

马丁·路德

　　马丁·路德是个虔诚的修士，对自己的宗教非常认真，对自己的救赎充满煎熬。在一次细读《圣经》中他发现了保罗写给罗马教会的书信，顿时豁然开朗。保罗说："你只要相信耶稣基督就能得救。"也就是说一个人获得救赎全在于信仰，无须教士的中介，也不必求于教会；行善积德只是你作为信徒而乐于去做的让上帝高兴的事，不能洗刷你的原罪。1512年起，路德开始形成自己的"因信称义"的神学思想。

　　按基督教教义：人自犯有原罪以来，已经失去理性的能力，因而不能自行有正义的行为、成为正义的人。成为正义的人只能由上帝的拯救而获得。中世纪神学强调圣功是获救的重要步骤，不重人的行为与信仰。马丁·路德从保罗致罗马人书中的因信称义的观点引申出信徒可以由于信仰而直接成为义人，可以免去中世纪的繁文缛节。从此，"因信称义"成为路德派的重要教义。

路德因反对教廷而被开除教籍，但他得到了德国诸侯的保护，并带领追随者成立了新教。1555年，德皇查理五世承认路德派的合法地位，从此路德派新教教会正式享有合法地位。德国的宗教改革运动，在罗马教廷统治范围内引起了连锁反应。欧洲各国相继发生了对罗马教廷的宗教改革运动，派生出了一些脱离罗马教廷的新教派，如路德宗、加尔文宗等，宗教改革席卷整个西欧。我们现在所说的基督教大部分指新教。

三、教会的决议

随着西欧各国新教势力的不断壮大，罗马教廷（天主教）为了捍卫天主教教义，清除教会内部弊端和腐化堕落现象，也开展了自身的改革。成千的天主教传教士出于对信仰的热爱，以甘心贫困、纯洁和服从的精神，带着《圣经》和十字架在亚洲、非洲和美洲进行传教活动，扩大了天主教的影响范围，使整个基督文化不仅盛行于欧洲，也被传播到世界各地。同时，教皇在特兰托召开宗教会议，克服宗教分裂，反对新教运动，改革罗马教会。会议历时18年，直到1563年才得出一个决议，认为中世纪罗马教会的信条和仪式全部正确无误，教皇是教会的最高权威，新教为异端。新旧教之间的矛盾和斗争最终导致了1618年三十年战争的爆发。罗马教会的势力受到很大的打击，罗马教廷不再是欧洲的主要政治力量。残酷的战争也影响了基督教的声誉，人们转而向科学和哲学中去寻求人生的答案，进而为理性主义开辟了道路。

知识拓展

三十年战争

第四节　制度的变革——商品引发的革命

一、尼德兰共和

到了16世纪，随着新航路的开辟，世界经济中心开始由地中海地区转移到大西洋沿岸，西欧商品经济的迅速发展促进了封建社会生产关系的变革，新兴资产阶级力量的不断壮大为资产阶级革命在西欧首先爆发奠定了坚实的基础。

资产阶级革命首先在西欧的尼德兰发生。16世纪的尼德兰是西班牙的属地,相当于现在的荷兰、比利时、卢森堡和法国东部地区。尼德兰人凭借敏锐的商业眼光充分利用优越的地理条件垄断了海上运输,被世人称为"海上马车夫"。在经济发展的同时,一个由商人、手工工场主和农场主组成的城乡资产阶级逐渐形成。随着这一新兴阶级力量的壮大,它们同宗主国西班牙之间的矛盾日益尖锐,并最终导致了革命的爆发。1609年,西班牙被迫承认联省共和国的独立,后因联省共和国中以荷兰省实力最强,故改成荷兰共和国。16世纪的尼德兰资产阶级革命,既是反对西班牙殖民统治的民族独立战争,也是人类历史上第一次成功的资产阶级革命,但它并未像随后不久发生的英国资产阶级革命那样在全世界产生巨大反响。

在17世纪,欧洲的资本主义经济得到较大发展,各国之间的贸易往来日益增多。当时的世界贸易通道主要在海上,船在当时的海上就像陆路运输用的马车一样重要。此前,典型的欧洲商船都建造有可以架设火炮的平台,这样做可以有效地防止海盗袭击。荷兰人第一个冒险建造出了一种仅能运送货物而不能装置火炮的商船。这样做的代价是,每一次航行都变成了充满风险的命运赌博,但它的好处是造船的成本低,价格只有英国船只的一半,于是,货物的运费也低。这些货船来往于世界各地,赚取了很多的钱财。

二、《权利法案》

伊丽莎白女王

英国是继尼德兰革命之后第一个爆发资产阶级革命的国家。除了受到尼德兰资产阶级革命的影响之外,英国本身具有许多得天独厚的革命条件:一是16世纪英国国内出现的大规模的圈地运动。圈地运动的结果,一方面将大批农民赶出家园,从而被迫出卖自己的劳动力,变成了资本主义性质的农场或者工场的工人;另一方面它极大地破坏了英国农村传统的封建庄园制度,沉重地打击了封建的自给自足的自然经济,为资本主义工商业的发展扫清了道路。二是海外贸易的迅速扩大,给王室和新贵族带来了巨额财富,加速了资本原始积累的进程。海外市场的扩大,促进了资本主义工商业的发展。三是新兴资产阶级力量的日益增强。英国议会分为上、下两院,到17世纪初,英国新兴的资产阶级在下院逐渐占据优势,这使得议会成了他们同封建王权进行斗争的重要场所。

伊丽莎白在即位之初成功地保持了英格兰的统一。经过近半个世纪的统治后,英格兰成为欧洲最强大的国家之一。英国的殖民贸易触角开始伸向东方的印度。1600年,伦敦商人在伊丽莎白女王的支持下成立了著名的"东印度公司"，该公司享有对好望角以东国家特别是印度进行贸易的垄断权。英格兰文化也在此期间达到了一个顶峰，涌现出了诸如莎士比亚、弗朗西斯·培根这样的著名人物。英国在北美的殖民地也在此期间开始确立。伊丽莎白一世统治时期，在英国历史上被称为"黄金时代"。虽然伊丽莎白由于一生未婚，没有子嗣继承王位，最后不得不让一个外姓人来继承王位，从而导致了都铎王朝的覆灭，但在她漫长的统治时期内，她的确像她所说的那样——将国家作为丈夫。

推崇商业的英国都铎王朝最后一任女王去世，斯图亚特王朝开始了对英国的统治。然而斯图亚特王朝都是些"上帝至上"推崇专制的人物，破坏了英国的传统，于是他们同议会之间的矛盾日益激化，广大民众也不断举行反对专制王权统治的暴动和起义。1642年，英国王室同议会之间发生内战，在人民大众的积极参与和支持下，议会打败了王军，并囚禁了国王。1649年1月，英国国王查理一世被处决，同年，英国正式宣布建立没有国王和贵族的资产阶级共和国。但1660年，拥护斯图亚特王朝的苏格兰军队击败共和国军，查理二世复辟继位，恢复了斯图亚特王朝的统治。1688年，新兴资产阶级、新贵族和土地贵族达成妥协，发动了不流血的宫廷政变，再次推翻了斯图亚特王朝的统治。次年，议会通过了资产阶级性质的《权利法案》，从而确立了君主立宪的资产阶级新政体。

三、《人权宣言》

英国资产阶级革命的成功，对西欧各国起到了巨大的示范作用。为了避免革命的爆发，许多国家的封建君主都主动进行了不同程度的具有资产阶级性质的改革，如俄国的彼得一世改革和普鲁士的腓特烈二世改革等。但在法国却引燃了震撼欧洲甚至全世界的大革命。

法国是欧洲典型的封建专制国家，到了18世纪，资本主义已有了相当发展。但是在波旁王朝的统治下，封建王权空前强化，封建等级制度仍然十分森严，新的资本主义生产力和旧的封建主义生产关系之间的矛盾极端尖锐。1789年7月14日，巴黎人民攻占象征旧制度顽固堡垒的巴士底监狱，标志着大革命的开始。8月，议会通过了《人权宣言》，宣言提出的自由、平等和民主原则在反封建斗争中起着巨大的号召作用，成为资产阶级革命的旗帜。1792年，在吉伦特派取代君主立宪派执政后，国民公会正式宣布法国为共和国，并于次年处死国王路易十六。1793年，更为激进的雅各宾派上台后，在人民群众的支持下，将法国大革命推向高潮。雅各宾派不仅颁布了旨在解决农民土地问题的土地法令，而且还先后建立和健全了一套从中央到地方比较完备的革命民主专政机构，这就从根本上否定了封建专制政体。但雅各宾派的激进行动造成了资产阶级温和派的恐慌，1794年，他们发动政变，推翻了雅各宾派的统治。1799年，拿破仑发动政变，掌握了共和国的大权。1804年，拿破仑称帝，法兰西第一帝国建立。法兰西帝国不是封建制度的复辟，它是法国大资产阶级军事独裁政权的强化。1814年和1815年，

人权宣言

由欧洲各国组成的反法联军两次打败拿破仑，在反法联军的支持下，波旁王朝复辟，法国资产阶级革命暂时受到挫折。经过15年波旁王朝的短暂统治后，1830年，法国"七月革命"再次推翻波旁王朝的统治，从此资产阶级革命成果得以巩固。

拿破仑于1804年11月6日加冕称帝，把共和国变成帝国，在位期间称"法国人的皇帝"。对内，他颁布了《拿破仑法典》，完善了世界法律体系，奠定了西方资本主义国家的社会秩序。对外，他率军五破英、普、奥、俄等国组成的反法联盟，打赢了50余场大型战役，沉重地打击了欧洲各国的封建制度，捍卫了法国大革命的成果。他在法国执政期间多次对外扩张，发动了拿破仑战争，成为意大利国王、莱茵邦联的保护者、瑞士联邦的仲裁者、法兰西帝国殖民领主，形成了庞大的拿破仑帝国体系，创造了一系列军政奇迹与短暂的辉煌成就。

四、《独立宣言》

在英国资产阶级革命的示范影响之下，英属北美13个殖民地最先打响民族独立战争和资产阶级革命的枪声。1776年，大陆会议通过了《独立宣言》，宣言正式向全世界宣告美国脱离英国而独立。其后，经过萨拉托加、约克镇战役，英国军队被迫向美军投降。1783年，英国正式承认美国独立。独立后的美国组成了大资产阶级和种植园主联合政权。美国独立战争的胜利，一方面具有民族独立战争的性质，另一方面也是一场成功的资产阶级革命，为美国资本主义的发展扫清了道路。它的成功不仅推动了欧洲各国的资产阶级革命，同时也极大地鼓舞了整个美洲地区殖民地人民的民族独立运动，在它的影响下，到19世纪初，拉丁美洲几乎所有国家都走上了独立之路，并建立了具有资产阶级性质的政权。

美国独立后，南方和北方沿着两条不同的道路发展。在北方，资本主义经济发展迅速，从19世纪20年代起，北部和中部各州开始了工业革命，到50年代完成。而在南方，实行的是种植园黑人奴隶制度，1860年南方已有黑人奴隶400万人。北方要求在西部地区发展资本主义，限制甚至禁止奴隶制度的扩大；南方则力图在西部甚至全国扩展奴隶制度。双方的矛盾到19世纪50年代在局部地区已酿成武装冲突。战争以南方联盟炮击萨姆特要塞为起点，最终以北方联邦胜利告终。战争之初，北方为了维护国家统一而战，后来，演变为一场消灭奴隶制的革命战争。这场战争，历史上称为美国南北战争。

但是在亚洲和非洲，许多国家由于封建专制政权的顽固和经济发展的封闭落后，到了 19 世纪中期，才有极少数国家如日本通过改革的方式进行了资产阶级革命，而更多的国家则是到了 20 世纪才完成这一变革。

知识拓展

日本明治维新

第五节　启蒙运动——我们需要光明

一、时代背景

欧洲启蒙运动发生于经过文艺复兴之后资产阶级的独立性空前增强的 17—18 世纪，西欧资本主义有了较大的发展，新兴资产阶级的力量日益壮大，他们掌握了越来越雄厚的经济实力。

12 世纪，西欧再一次成为城市的世界。城市不仅是商业中心，也是知识的中心，它打破了中世纪教会对教育的垄断地位。城市市民智力的发展使城市成为新思想萌芽的主要阵地。城市的兴起是中世纪大学产生不可或缺的经济和制度背景。城市提供了大学所需要的集中的人口、竞争的气氛、充足的物质方面的种种需求。但更重要的是，城市独特的法律地位、相对宽松的气氛，以及对知识的需求滋养了大学。

这一时期自然科学的突飞猛进使理性学说有了科学的依据和强大的生命力，它使人们认识到人类是可以征服自然的，人类社会是不断进步的。虽然科学革命使人类觉得自己无足轻重、很渺小，但那个时代的人并不认为科学的种种发现贬低了人的重要性，相反更加肯定人类借由理性可以探索整个自然体系的运行，也可以让生活脱胎换骨，这份以理性为尊的渴望就成了启蒙运动的驱动力。

启蒙思想家在许多方面的认知都是从新兴的自然科学中寻找理论根据和思想方法的。如笛卡

沉思中的牛顿

尔认为认识世界和取得知识的唯一方法是数学推理，提倡科学实验，提倡研究自然界客观事物之风随之盛行起来；牛顿的三大定律和万有引力定律则是在这一风气影响下最伟大的发现，它一下子揭开了宇宙的面纱，把它的秘密暴露于光天化日之下。牛顿发现了一个基本的宇宙法则，这个法则既支配了整个宇宙，也支配了最微小的物体。这样一来，自然界就成为一架按照自然法则运行的庞大的机械装置，这一架机械装置可以靠观察、实验、测量及计算被人们所认识。

英国完成了资产阶级革命，国王的权力开始受到限制。这一变化引起了欧洲国家的广泛注意。但是，当时欧洲大陆的政治仍是专制主义、教权主义占统治地位。为了推翻封建"旧制度"，资产阶级必须制造舆论，首先必须剥去封建制度身上的神圣外衣，以便去触犯它，否定它，摧毁它。于是强调人的价值和权利的思潮兴盛起来，形成了以宣传理性为中心的一场社会运动，如同蒙昧初醒一般，人们谓之为"启蒙"。

启蒙在法文中即为光明、智慧之意。封建主义的主权、神权、特权之所以能够在很长时间里占统治地位，其重要的前提之一便是人们的迷信与愚昧。破除迷信，批判蒙昧主义，自然是这场运动的一项重要使命，也是它被称为"启蒙"的重要原因之一。

二、理性的力量

启蒙思想家认为：过去的时代是迷信和无知的黑暗时代，而启蒙运动就是要从黑暗进入智慧和光明的时代。他们呼唤用理性的阳光驱散现实的黑暗，用人的思考和判断去剥封建制度身上的"神圣"外衣，去批判教权主义、专制主义，以此达到资产阶级所号召的消灭专制王权、贵族特权和等级制度，实现所追求的政治民主、权利平等和个人自由。

运动的核心就在于理性主义。它兴起于17世纪的当时处于资本主义发展最前列的荷兰和英国，并迅速传播到世界各地。所谓理性，即人的思考和判断，它强调凡事要以人的思维去判断，而不依赖天意或神的旨意，人世间的事情只能用人的理性去判断是非曲直，呼唤用理性来批判现实。其目的是为了保障人的自然权利，承认人的价值，主张把理性作为衡量一切现存事物的唯一标准。凡是违背理性的，都应予以打倒，攻击矛头对准了欧洲封建社会最神圣、最崇高的神权、王权和特权，集中宣传的是人权与法制的观点，否定特权，强调法是至高无上的。理性主义成为反封建的一面旗帜，启蒙运动的一位推动者如此归纳该运动的诉求："我希望看到最后一个国王被最后一个神父的肠子给绞死！"

三、运动发端

启蒙运动在法国发端，声势也最大，运动的泰斗和领袖是伏尔泰。他学识渊博，身兼诗人、剧作家、散文家、小说家、历史学家和哲学家等多重身份。他广泛吸收各国的理论精华，特别是英国和中国的一部分政治思想，提出了"开明君主制"的理念，呼吁建立英国式的资产阶级君主立宪制的理想王国。同时，伏尔泰捍卫个人自由，认为自由是神圣不可侵犯的自然权利,他毕生宣传平等,提倡理性,抨击封建专制,是自由思想和自由主义的倡导者。他的思想对18世纪的欧洲产生了巨大影响,所以,后来的人曾这样说:"18世纪是伏尔泰的世纪。"

孟德斯鸠是18世纪上半叶法国杰出的启蒙思想家,资产阶级社会政治理论和法学理论的奠基人之一,继承了伯文"孟德斯鸠男爵"的封号和波尔多市法院庭长的职务。但孟德斯鸠个人兴趣不在于官场事务,在卖掉庭长一职后,他开始游历、思考和写作,《论法的精神》一书是他27年辛勤探索的最后成果和理论总结。在这本著作中,孟德斯鸠全面系统地阐述了自己的社会历史观,揭露和批判了封建专制制度与反动的天主教会,并提出了一系列政治、法律理论,其中以政体分类论和三权分立学说最为著名。

法国启蒙思想者中,最为激进的就是卢梭。他出身于日内瓦一个钟表匠家庭,自小寄人篱下,当过学徒、仆人、伙计、随从,并曾像乞丐一样被送进宗教收容所。相较于其他的作家而言,卢梭拥有丰富的流浪生活经验,并靠着毅力自学研读了启蒙思想家的著作。1741年,卢梭到了巴黎,被引进"上层社会"的"沙龙",见识到了贵族的奢华生活。那段时间的经历使他同情下层群众的疾苦,厌恶上层社会的奢靡。在《论人类不平等的起源和基础》一书中,卢梭着重阐述了私有财产是万恶之源,宣传自由和平等是不可剥夺的"天赋人权"的资产阶级政治观。《社会契约论》则在启蒙运动中

卢梭

首次提出"人民主权"论,强调统治者不履行契约,不顺从民意,人民则有权利推翻专制统治,这为资产阶级提供了反封建专制的理论依据。

卢梭认为人生而自由与平等,人们通过订立契约来建立国家,国家就是人民契约的结合体。"创建一种能以全部共同的力量来维护和保障每个结合者人身和财产的结合形式,使每一个在这种结合形式下与全体相联合的人只不过是他本人,而且同以往一样自由",这就是社会契约要解决的国家与个人的根本关系问题。

不过,启蒙运动的领军人物并不极端,只是让宗教靠边站,由理性取而代之。他们相信科学,若是哪个开明君主愿意推行他们规划出来的理性社会,他们乐见其成。

知识拓展

百科全书派

第六节 殖民去吧——西欧列强的海外扩张

一、荷、英、法诸国的海外殖民

从新航路开辟到工业革命发生之前,由于没有商品生产和商品销售的压力,西欧列强的海外扩张主要是通过直接的、公开的军事暴力手段来实现其赤裸裸的殖民掠夺。

葡萄牙、西班牙能率先进行海外扩张,仅仅是因为他们非常幸运地优先拥有地理优势与航海技术,再加上宗教热情。大量掠夺的金银只是引起了国内的通货膨胀,传统的贵族看不起经商或从事工业的职业,缺乏工业基础,导致这一扩张没有经济实力和经济动力作后盾。1600年至1763年,西北欧强国荷兰、英国和法国赶上并超过了葡、西两国。这一变化对整个世界具有重要意义。

被捕捉的黑人

在西班牙和葡萄牙之后,荷兰、英国和法国等也相继加入了海外殖民掠夺。早期殖民者对殖民地经济的掠夺是封建性的,一方面他们大肆劫掠殖民地的金银、象牙、棉花、茶叶和烟草等,另一方面,则通过罪恶的黑人奴隶贩运攫取暴利。他们将榨取到的大量金银财宝供给宗主国王室、贵族和官僚大肆挥霍,或者支持他们对外进行掠夺战争,货币都流入欧洲其他国家的商人手中,当然也有相当一部分转化为资本主义的原始积累。

二、资本主义世界体系的形成

但是,在工业革命期间和工业革命之后,资本主义列强对外扩张的目的出现了质的变化,虽然其表现形式仍是对海外领土的争夺,但列强已不再满足于对所占殖民地的有限金银财宝进行简单的掠夺,而是在工业革命的刺激下,从19世纪70年代开始,在全球范围内,为了争夺原料产地、商品销售和资本投资的市场,掀起了新一轮规模空前的瓜分世界领土的狂潮。

经过激烈争夺,西欧主要资本主义国家瓜分了几乎整个非洲;在亚洲,有56%的土地沦为殖民地,工业革命取得成功的日本则先后将朝鲜半岛和中国台湾占为己有;而拉丁美洲除原有的殖民地外,其他宣布过独立的国家,实际上也都成为英、美等发达国家的附庸。英国夺得了958万平方公里的领土,其殖民地的人口达5700万,被称为地跨五大洲的"日不落帝国"。到第一次世界大战之前,英、俄、法、德四国殖民地的面积已达6440万平方千米,殖民地人口49450万人。至此,世界殖民体系基本建立,资本主义列强完成了对全世界落后弱小国家的殖民统治。

工业革命之后,资本主义列强对殖民地、半殖民地人民的掠夺和剥削,主要有商品输出和资本输出两种途径,其中

殖民地版图

资本输出在19世纪末20世纪初得到迅速发展。资本主义列强大力进行资本输出,直接进行投资设厂、修筑铁路或开采矿山,或者在殖民地和半殖民地国家开设银行,强迫他们大举外债。其原因一方面是因为资本主义列强国内出现了大量的过剩资本,另一方面是由于在殖民地和半殖民地国家里进行资本投资,地价贱,工资低,原料便宜,因此投资利润高。资本主义列强输出的资本主要投在商业领域,集中在开采和原料的简单加工方面,或者是用于修筑铁路、发展交通方面;对于机器工业,列强并未予以丝毫投资。

1914年前,英国在印度的投资额高达4亿~5亿英镑,而直接投资到工业(实际上用于矿山开采)上的不到3%。由此可见,资本主义列强对殖民地和半殖民地国家的资本输出,目的并不是为了帮助殖民地和半殖民地国家的经济发展,而是为了维持并加强殖民地半殖民地对他们的依附地位。

在资本主义列强的控制下,殖民地和半殖民地国家失去了独立发展的可能。在世界市场上,工业生产集中在欧洲、北美和日本等国,而原料、食品的生产则集中在亚、非、拉等地区的殖民地和半殖民地国家,这些落后国家不得不严重依附于资本主义经济。如在古巴,甘蔗园占了全国耕地面积的大部分,糖出口量占其出口总量的80%;巴西在19世纪末是世界上最大的咖啡生产地,咖啡出口占其出口总值的70%以上。由于片面发展单一的经济作物,殖民地和半殖民地国家被牢牢地拴在资本主义列强的经济体系中,在不平等的贸易中饱受资本主义列强的剥削和奴役。

殖民主义的掠夺和剥削,使殖民地、半殖民地国家的民族经济发展停滞,人民生活极端困苦。在18世纪中期以前,民族解放运动还是零星分散的、单一的,主要是殖民地、半殖民地国家为维护民族自身利益而进行的一系列反侵略、反殖民斗争。随着垄断资本主义的形成,帝国主义完成了对世界的分割,世界殖民体系最终形成,殖民侵略的形式主要是资本输出。殖民地半殖民地产生了民族资产阶级,逐步演变为民族解放运动。

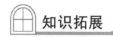

"无敌舰队"之战

第七节 工业革命——机器转动的时代

一、工业革命的出现

人类历史发展到 18 世纪，全世界的劳动成果基本上都是通过手工工具完成的，所利用的动力也大都是靠人力或畜力提供，另外有部分水力和风力。但是从 18 世纪中期开始，人类开始发明利用机械动力和电力，这使得人类的生产技术出现了质的飞跃，即由传统的手工工场阶段发展到机器大生产阶段。这一飞跃发展的过程就是加速人类历史发展进程的工业革命。工业革命从 18 世纪 60 年代开始，到 19 世纪末结束，历时一个多世纪，但人们习惯上以蒸汽机和电力的发明与利用，将这场工业革命又划分为第一次工业革命和第二次工业革命。

二、蒸汽时代

第一次工业革命发端于 18 世纪 60 年代的英国。英国资产阶级革命之后，在国内继续大规模地开展圈地运动，提高了农业劳动生产率，加速了农产品的商品化和农村劳动力的社会化，这为工业革命提供了雄厚的物质基础和良好的社会环境。在国外，英国疯狂进行殖民扩张和从事黑奴贸易，这一方面为少数资本家积累了巨额资本，另一方面则为工业发展提供了广阔的商品市场。另外，基础科学的发展，如科学家牛顿关于力学、光学和数学方面的重大贡献，以及手工工场的充分发展使劳动分工愈来愈细、工具日益专业化，这一切为机器的发明准备了理论、技术前提和大批熟练的工人。

瓦特改良的蒸汽机

英国工业革命首先开始于棉纺业。由于

棉纺业是个新的行业,没有传统规章和行会规约的束缚,容易采取新的技术展开竞争。而且棉布价廉,市场需求日增,为了提高生产效率,对技术革新的要求比较迫切。1733年,机械师凯伊发明了"飞梭",这一发明大大加快了织布的速度,从而使得棉纱供不应求。为了解决这一矛盾,技师哈格里夫斯于1764年发明了多轴纺纱机,即"珍妮"纺纱机。不久之后,钟表匠阿克莱特发明了用水力代替人力的水力纺纱机。1779年,织工克隆普顿吸取"珍妮"机和水力机的优点,发明了"缪尔"纺纱机,即"骡机",其纺出的纱又细又结实。纺纱技术的不断革新,促进了织布技术的改进。1785年,卡特莱特发明了水力织布机,将织布的工效提高了40倍。不久之后,英国便出现了规模较大的织布工厂。

由于水力动力受季节变化和地理条件的限制,徒工出身的瓦特在前人研究的基础上于1784年发明了用作机器动力的"万能蒸汽机"。这种蒸汽机使工厂摆脱了对水力的依赖,于是很快便在英国广泛用于各工业部门。蒸汽机的发明和应用,具有划时代的意义。它使得工业动力从低效的人力、畜力、自然力(风力、水力)转变为由人类控制的高效的汽动力,这大大促进了采矿、交通运输、冶炼等部门资本主义大工业生产的飞速发展。由于蒸汽机对人类历史的巨大影响,人们将蒸汽机的发明与应用视为工业革命的标志,19世纪也因此被人们称为"蒸汽时代"。

约在1679年,法国物理学家丹尼斯·巴本在观察蒸汽逃离高压锅后制造了第一台蒸汽机的工作模型。同时代的萨缪尔·莫兰也提出了蒸汽机的主意。瓦特运用科学理论,逐渐发现了这种蒸汽机的毛病所在。从1765年到1790年,他进行了一系列发明,比如分离式冷凝器、汽缸外设置绝热层、用油润滑活塞、行星式齿轮、平行运动连杆机构、离心式调速器、节气阀、压力计等,使蒸汽机的效率提高到原来纽科门机的3倍多,最终发明出了工业用蒸汽机。

三、电气时代

19世纪70年代,在第一次工业革命仍在进行之时,以电力技术为标志的第二次工业革命又发生了。这次工业革命主要是以科技革命的面貌出现的,其主要表现在四个方面:其一是电力技术的广泛开发和利用。1831年10月17日,法拉第首次发现电磁感应现象,从而奠定了电磁学的基础;1873年,第一台有实用价值的电动机在市场上出现;两年后,法国一家工厂开始使用电力照明。到19世纪末,电已被广泛应用于物质生产和社会生活的各个方面。其二是内燃机的发明和应用。1876年,德国工程师奥托成功试制出热效率高于蒸汽机的内燃机,不久内燃机

早期的三轮汽车

开始取代蒸汽机。内燃机的发明与应用大大促进了汽车、飞机、轮船和石油等工业的兴起，并促成了交通运输业的革命。其三是炼钢技术的发展。在19世纪中后期，人们不仅发明了贝氏炼钢法、平炉炼钢法，而且还成功地发明了碱性转录，解决了含磷铁矿的冶炼问题。其四是化学工业的兴起。电解法解决了制约化学工业发展的铝的冶炼，从而大大促进了化学工业的发展。

在第二次工业革命的推动下，美国和德国在同英国的竞争中获得了飞跃发展。19世纪80年代，美国的工业生产总量已跃居世纪第一，到90年代，美国的钢铁、煤炭、机器制造、电气等重要工业部门，也都超过其他国家而占据世界首位。德国在技术革新的刺激下，其工业发展速度也远远超过英、法两国，并很快发展成为一个以重工业为主导的工业强国。

同第一次工业革命相比，第二次工业革命不是直接来源于工场或其他生产实践领域，而是以科学理论为指导，更多的来源于科学实验室中的发明。自然科学走到技术的前列，成为技术革命的先导和关键。在第二次工业革命的推动下，世界整体经济结构发生了显著变化，工业化开始渗透到人类社会的各个领域，火车轮船、电报电话等现代化的交通和通信工具加快了人类社会生活的节奏，从此，人类社会开始真正告别农业时代而进入工业时代。

经过工业革命后，传统的手工工场制度已为现代工厂制度所取代，商品生产由传统手工生产转变为大机器的批量生产，而且随着科学技术的不断革新，社会生产力以惊人的速度迅速发展。流行了数百年的、以个体手工劳动为基础的学徒制度彻底崩溃，近代职业教育应运而生。近代职业教育机构以学校为基本教育场所，以近代科学知识和技术为主要教学内容，能在短时间内培养大批的各种层次和各种类型的职业技术人才。其耗时短、效率高的特点，使职业教育很快受到各国产业界的青睐。从出现第一批职业学校的18世纪初期开始，近百余年时间里，英、法、德、美诸国都建立了自己的职业教育体系。

但进入工业时代后，攫取高额利润成了资本家永无休止的欲望，加上各国之间和国内各资本家之间的相互竞争也日益残酷，因此，对于资本家而言，获取廉价原料和推销剩余商品既是一种动力，也是一种压力。正是在这种压力和动力的驱动下，新航路开辟之后的殖民掠夺和殖民扩张到了工业时代是愈演愈烈。

四、工人运动的发展

工业革命同时引起社会结构的改变，使社会日益分裂为两大对立阶级——工业资产阶级和无产阶级。19世纪三四十年代，法、英、德等国无产阶级开展了独立的政治运动，主要表现就是发生了著名的三大工人运动。按时间顺序，分别是法国里昂工人起义、英国宪章运动和德国西里西亚工人起义。法国和德国的起义都是丝织工人的起义。

里昂是法国丝织业中心，在工场主和包买商的残酷剥削下，丝织工人和手工业者生活极为困苦。1831年和1834年，里昂工人发起了反对资本主义剥削压迫的两次武装起义。起义在巴黎和法国其他许多地区引起强烈反响，推动了法国工人运动的发展。

英国长期以来是个以实行"议会民主"而闻名的国家，只有缴纳高额所得税的人才有选举权，广大工人被排斥在议会大门之外。1842年的伦敦，浩浩荡荡的工人队伍来到国会下院，要求把《人民宪章》定为法律。工人们提出，年满21岁的男子都有普选权，选举投票应秘密进行，废除议会候选人的财产资格限制，国会每年举行一次改选，平均分配选区。

1844年，普鲁士王国所属西里西亚的纺织工人以争取提高工资被拒绝为导火线爆发了巨大的起义。

当时西欧资本主义已有相当发展，已经或正在实现产业革命，生产力和科学技术达到前所未有的水平。工人运动的出现正是资本主义矛盾激化和工人运动发展的产物。这三次大规模的工人运动虽都遭到镇压，但它有深刻的教训：没有革命理论的指导，无产阶级就不可能取得革命的胜利。因此，创立建立在科学基础上的革命理论，就成为时代迫切的需要。

以《共产党宣言》的问世为标志，马克思主义应时代而生。马克思主义吸收和改造了人类思想文化的一切优秀成果，特别是18世纪中叶和19世纪上半叶的社会科学和自然科学的成果。其主要理论来源是德国古典哲学、英国古典政治经济学和英、法等国的空想社会主义，在此基础上构建起马克思主义哲学、马克思主义政治经济学和科学社会主义三大理论。

无产阶级斗争从此有了科学理论的指导，它给了国际无产阶级无比锐利的思想武器，社会主义运动更加蓬勃地发展起来，国际工人运动进入了一个新的历史时期。它为无产阶级战胜资产阶级，实行无产阶级专政，将社会主义由理论变为现实奠定了思想基础。

19世纪60年代初，欧洲工人运动和民主运动重新高涨的形势下，反压迫反剥削的斗争实践使各国无产阶级认识到，他们有着共同的利益和共同的敌人，而以往分散的斗争常常使他们遭到同样的失败，无产阶级必须在国际范围内联合起来，用无产阶级的国际团结去对抗资产阶级的国际联合。这种国际主义意识促进了国际工人协会的产生，也称"第一国际"。马克思为协会起草《国际工人协会成立宣言》和《协会临时章程》，阐明无产阶级运动的目的是推翻资本主义，建立工人阶级政权；宣布工人运动的基本原则；指出工人阶级的解放应该由工人阶级自己去争取。总委员会在马克思的领导下，把无产阶级先进分子团结在自己周围，率领各国工人群众向资产阶级和压迫者进行坚决斗争。

1870年，法国为争夺欧洲霸权发动了普法战争，结果法军惨败；9月，巴黎革命推翻了第二帝国，第三共和国宣告成立，建立了资产阶级国防政府；第二年，梯也尔组织了新政府，继续执行出卖民族利益和反对无产阶级的政策。1871年3月18日，巴黎工人武装起义，成立了人类历史上第一个无产阶级专政的政权——巴黎公社。巴黎公社是世界上无产阶级武装暴力直接夺取城市政权的第一次尝试。它丰富和发展了马克思主义关于阶级斗争和社会主义的学说，在国际共产主义运动上写下了光辉、伟大而悲壮的一页。

知识拓展

万国博览会

评述与思考

1. 新航路的开辟对世界产生了哪些影响？
2. "文艺复兴"运动为何能在欧洲展开？
3. 自然科学与启蒙运动有何联系？
4. 荷兰、英国和法国为何能赶上并超过葡、西两国？
5. 为什么同样是工人运动，英国要叫作宪章运动？

【推荐阅读书目】

① ［澳］约翰·赫斯特著：《极简欧洲史》，广西师范大学出版社，2011年。
② ［奥］茨威格著：《人类群星闪耀时》，中华书局，2018年。

第十五章

战争与和平——面向未来的世界

学习目标与要求：

1. 了解两次世界大战的主要历程和重要战役，理解两次世界大战的政治经济背景；掌握俄国革命历程与巩固政权所采取的一系列措施；掌握罗斯福新政的主要内容与影响；

2. 理解二战后两大阵营形成的客观逻辑；了解二战后两极格局的具体表现及其终结；

3. 了解世界科技浪潮的社会影响；

4. 理解世界战略格局多元化的背景和全球经济一体化趋势的加强。

建议教学时数

6 课时

第一节 巴尔干火药桶——第一次世界大战

一、20 世纪的欧洲

随着殖民时代的深入，西方国家主要分成两大阵营：老牌资本主义殖民国家，其中包括英国、法国、俄罗斯、西班牙等；新兴资本主义殖民国家，其中包括德国、奥匈帝国、美国、日本等。19 世纪末 20 世纪初，主要资本主义国家先后进入了帝国主义阶段。各国政府代表本国垄断资本集团为了获取最大限度的垄断利益，更为了积极地推行对外扩张和侵略政策，在世界各地以武力争夺殖民地。

普鲁士为了统一德国并与法国争夺欧洲大陆霸权，在 1870—1871 年与法国爆发普法战争。这场战争以法国大败、普鲁士大获全胜、建立德意志帝国告终。而普法停战的和约极其苛刻，和约规定法国割让阿尔萨斯和洛林给德国，并赔款50亿法郎。结果使德、法两国结怨，普鲁士首相俾斯麦担心法国报复，于是采取结盟政策，选择奥匈帝国作为盟友以围堵法国，转而又与面临孤立的意大利结盟，"三国同盟"出现。法国、英国和俄国因受到德国在奥斯曼帝国的力量威胁，组成"三国协约"。

两大军事集团在战前进行了激烈的军备竞赛。德国于1900年制定海军法，将海军规模大加扩充；英国为保持海上力量优势以维持安全，在1905年开始建造无畏舰，并保持自身无畏舰数为德方之两倍以相应付，又联同法、俄两国实施三国海军联防。在陆军方面，从1880年到1913年，德国常备军由42万人扩充至87万人；法国则由50万人扩充至80万人；俄罗斯也准备由80万人增加到230万人，虽未达标，其陆军已有140万人，是全欧之冠，不过其素质却甚为低下，无法和德、法两国的陆军相比；奥匈的军队由27万人扩涨至80万人，意大利的军队由20万人扩大至35万人，而奥、意两国的陆军素质皆不及德、法；最后，美国为了应对紧张的欧洲局势，将军队人数由3.4万人扩张至16万人。只要有任何风吹草动，随时都有演变为世界大战的可能。

工业革命特别是第二次工业革命之后，资本主义列强开始向帝国主义过渡。到19世纪末20世纪初，虽然由各帝国主义强国控制的世界殖民体系已基本建立，但是，在工业革命的冲击之下，人类社会发展的进程明显加快，一些技术领先的后起资本主义国家的经济获得了"跳跃式"的发展，并迅速赶上甚至超过了老牌资本主义强国。到20世纪初，经济实力位居欧洲第一、世界第二的德国，其拥有的殖民地面积还不足英国的十分之一、法国的1/3；而且德国的殖民地多在非洲和太平洋上，这些地区人口稀少，资源贫乏，自然条件恶劣，其所能容纳的对外贸易额和资本输出额也极为有限。因此，德国迫切需要从老牌殖民帝国英国、法国等国手中夺取殖民地和其他权益。面对德国咄咄逼人的气势，英国也采取了许多措施，积极应战。它先后同法国、俄国签订协约，结成以英国为首的三国协约集团。19世纪80年代，美国的经济实力已跃居世界第一，成为世界第一工业强国。由于它远离欧洲大陆，其在拉美和亚太地区尚有充足的发展空间，因此，它同欧洲列强关系尚有回旋余地。

二、大战爆发

1908年10月6日，奥匈帝国以保护侨民为理由，派兵吞并了原由其托管的波斯尼亚和黑塞哥维那，这激起了想获得这两地（因有较多塞尔维亚人）的塞尔维亚的强烈反奥情绪。因为塞尔维亚作为斯拉夫国家的"二哥"（"一哥"之名由俄罗斯拥有），极度渴望统治全巴尔干半岛的斯拉夫人，但奥匈帝国的出兵令其希望毁灭，因而塞尔维亚反对此行动。巴尔干半岛成为欧洲火药桶。

1914年6月28日上午10时，巴尔干半岛波斯尼亚首都萨拉热窝。随着几声枪响，前来指挥军事演习的奥匈帝国王储斐迪南夫妇倒在了血泊之中，刺客普林西波是一名年仅17岁的塞尔维亚青年。这名青年人的枪声揭开了第一次世界大战的序幕。

同盟与协约两大军事集团形成后，双方疯狂地扩军备战，并在巴尔干、中东和北非等地进行了激烈的针锋相对的斗争,其中巴尔干地区成为双方争夺的重点。后起的资本主义强国要求按经济实力重新瓜分世界,希望获取更多的殖民地;而老牌帝国主义强国则力图维持旧的世界殖民体系,并遏制新兴资本主义国家的兴起。因此,双方矛盾愈演愈烈。在这样的背景之下,萨拉热窝事件便成了第一次世界大战的导火线。

一个月后,奥匈帝国在德国的支持下,以萨拉热窝事件为借口,向塞尔维亚宣战。接着德、俄、法、英等国相继投入战争。

刺杀斐迪南王储

三、大战进程

战争爆发后,参加同盟国一方作战的国家主要是德国、奥匈帝国、土耳其和保加利亚四国。意大利原先加入同盟国,但到1915年时,则倒戈加入协约国一方作战。参加协约国一方作战的国家除英国、法国、俄国和意大利外,后来不断加入的国家包括中国在内有30多个。从作战双方的力量对比来看,同盟国的总人口数约1.45亿,而协约国中仅英、法、俄、意4国就有2.88亿人;德、奥两国的陆军人数为630万,协约国中仅英、法、俄三国就有837万;德国的经济实力虽然十分突出,其一国的经济实力超过英、法两国的总和,但从同盟国与协约国两大集团比较来看,同盟国处于劣势。虽然德奥集团在军队人数上稍弱于协约国,但是其兵力集中,装备精良,交通便捷,而协约国兵力分散,作战准备不充分。因此,在战争初期,德奥军队作战较为主动,而协约国则处于被动地位。

战争初期,德国将进攻的重点定为法国。9月3日,德军主力部队攻至马恩河附近,但遭到英法联军的激烈反抗,此战双方投入兵力共200万人,结果德军被迫撤退。在德军发动西线作战的同时,俄军在东线主动出击德国东普鲁士,但俄军损兵折将,遭到惨败。德国为了牵制俄国,答应向奥斯曼土耳其提供1亿法郎的贷款,以换取其参战。于是土耳其于1914年10月29日正式参战。1916年,德军再次发动西线作战攻势,进攻军事要塞凡尔登,英法联军进行了拼死抵抗,战况空前紧张激烈。此战持续了

正在冲锋的士兵

二战时的坦克

近一年，双方伤亡达 80 万人，德军未能攻占凡尔登。在德军攻打凡尔登的同时，英法联军为了牵制德军，发动了索姆河战役。在这一战役中，英法联军首次使用新式武器坦克，此战双方伤亡超过 100 万人，结果双方在西线形成僵局。但经过两年多的激战后，德奥同盟集团的实力已受到极大削弱。德国的海军潜艇无差别攻击，对美国军舰造成了威胁，1917 年美国参战，使得德奥的作战完全陷入被动，此后协约国不断发起反攻。1918 年 11 月 11 日，德国被迫宣布投降，第一次世界大战结束。

第一次世界大战期间，交战双方为突破由堑壕、铁丝网、机枪火力点组成的防御阵地，打破阵地战的僵局，迫切需要研制一种火力、越野、防护三者有机结合的新式武器。正在英国远征部队服役的斯温顿中校提出了相应的武器构想。当时的英国陆军对此毫无兴趣，时任海军大臣的丘吉尔却如获至宝。1916 年 9 月，48 辆"马克"Ⅰ型坦克首次投入索姆河战役。为了不让德国人察觉，丘吉尔便以"水箱（tank）"这一海军术语为这个新式武器命名，这一名称被沿用至今。

四、大战结果和影响

第一次世界大战以协约国获胜而告终，战胜国通过巴黎和会和华盛顿会议，重新划分了各自的势力范围，确立了欧洲和亚洲的新秩序。但是历时四年零三个月的第一次世界大战，给交战国人民带来了空前的灾难。这次大战参战国家的人口超过 15 亿，约占当时世界人口的 3/4，参战兵力超过 7000 万人，战火蔓延 14 个国家。在这次大战中，大量新式武器，如飞机、坦克、潜水艇、机枪等被广泛使用。两大集团的军费支出超过 2000 亿美元，这一数字相当于战争前夕英国、德国和法国三国国民财富的总和。

第一次世界大战产生的重大后果是，它严重削弱了帝国主义的力量，摧毁了地处欧洲东部的俄罗斯帝国、地处欧洲中部的德意志帝国和奥匈帝国等欧洲古老的封建帝国，英国、法国和意大利等帝国主义国家被削弱，昔日地跨欧、亚、非三洲的伊斯兰教封建军事帝国奥斯曼帝国也宣告解体。

第一次世界大战是一场非正义的帝国主义之间的战争，给全世界各国人民带来了深重的灾难，另一方面它也带来了科技上的进步，使各国的政治、经济、科技、文化以及军事等许多方面大大加强。同时，一战还加快了人权实现的步伐。民族国家的纷纷建立是这次战争带给人类的最大成果。

知识拓展

矛盾重重的欧洲

第二节 震撼世界的革命——苏维埃的胜利

一、俄国十月武装起义的胜利

第一次世界大战也极大地冲击了资本主义的世界体系，特别是在第一次世界大战的过程中，俄国爆发了十月革命，十月革命的成功极大地改变了世界历史发展的进程。

俄国爆发十月革命绝非偶然。首先，从19世纪晚期开始，国际工人运动的中心开始向俄国转移，到了20世纪初，俄国工人运动不断高涨，仅1914年1—7月，罢工就达到4000次，有近145万人参加。在罢工运动中，无产阶级革命政党日益成熟，并涌现出一批著名工人运动领袖。其次，俄国是一个落后的资本主义国家，正处于早期工业化阶段，加之农奴制残余的存在，外国资本的渗透，以及沙皇残酷的专制统治，这一切使得俄国社会内部的各种矛盾非常尖锐。最后，由于受世界经济体系的影响，沙皇俄国必然参与帝国主义列强之间的争夺战，但是，俄国薄弱的经济基础承受不了大战失利的冲击。因此，在第一次世界大战中，沙俄军队在前线作战的接连惨败，导致国内矛盾日益激化，俄国成为整个帝国主义统治链条上最为薄弱的一环。

1917年2月，俄国爆发了资产阶级民主革命，彼得格勒的工人因为长期的战争、饥饿而走上街头，派去镇压的军队当场哗变。在短短的几天时间内，沙皇尼古拉二世失去了对军队和国家的控制，被迫退位。在彼得格勒成立了一个资产阶级的临时政府。在二月革命中，工人、士兵是反对沙皇的主力军，资产阶级没有领导这场革命。在革命成功后，工人和士兵组织了自己的领导机构——苏维埃。资产阶级在苏维埃中没有任何权力。武装也掌握在

列宁在演讲

工人和士兵苏维埃的手中。苏维埃掌握了实际的权力,却还有一个临时政府凌驾在他们之上,出现了资产阶级临时政府和士兵代表苏维埃两个政权并立的局面。资产阶级临时政府继续进行罪恶的帝国主义战争,继续奴役广大劳动人民,并且千方百计地扑灭革命火焰。

1917年4月17日,列宁在布尔什维克党的会议上做了《论无产阶级在这次革命中的任务》的报告,这就是著名的《四月提纲》。《四月提纲》为布尔什维克党确立了从资产阶级民主革命过渡到社会主义革命的路线。在二月革命后的俄国,临时政府不能完成民主革命的任务。农民不是追随临时政府,就是支持无产阶级专政,他们没有独立的政治纲领。或者是无产阶级夺取政权,开始欧洲的社会主义革命;或者是临时政府取得胜利,埋葬二月革命的果实,没有中间道路可走。

资产阶级临时政府冒险向德意志帝国和奥匈帝国军队发动进攻,妄图用战争消灭革命。这次冒险进攻遭到惨败,10天内俄军损失六万人。彼得格勒的工人、士兵和其他革命群众在1917年7月16日走上街头,举行示威,要求全部政权归还苏维埃。临时政府派出军队进行血腥的镇压,600多名工人死伤。这就是著名的七月流血事变。这次屠杀使人民进一步认识到,必须以革命的暴力打倒反革命的暴力。

9月,布尔什维克在各大城市的苏维埃中取得了绝对多数。布尔什维克的政策和主张渐渐被大多数群众所接受。列宁向党的中央委员会提出组织武装起义的任务,建立了军事革命委员会,成为起义的指挥机构。11月6日,列宁秘密来到起义总指挥部——斯莫尔尼宫,亲自领导武装起义,进展顺利。停泊在涅瓦河上的阿芙乐尔号巡洋舰开炮,发出了总攻的信号。赤卫队员和革命士兵在雷鸣般的"乌拉"声中越过街垒,迅猛地冲向冬宫,在冬宫的楼梯间里和楼梯上,革命士兵和工人赤卫队员与士官生(最后的反抗力量)展开了激烈的白刃战,到8日凌晨1时50分,临时政府的成员(除克伦斯基逃跑外)全部被擒,彼得格勒武装起义取得胜利,资产阶级临时政府被推翻。

进攻冬宫

11月7日晚,在斯莫尔尼宫召开第二次全俄苏维埃代表大会,宣布临时政府被推翻,中央和地方全部政权已转归苏维埃。第二天,列宁在大会上做报告,大会通过了《和平法令》和《土地法令》,组成了以列宁为主席的第一届苏维埃政府——人民委员会,世界上第一个社会主义国家宣告诞生。

彼得格勒武装起义的胜利,奠定了苏维埃政权胜利前进的基础。从1917年10月到1918年2月,革命扩展到俄国各地。

二、苏维埃政权的巩固

十月革命是俄国在第一次世界大战中，在军事、政治和经济崩溃，领土被肢解，执政的资产阶级和地主联盟完全丧失能力的情况下发生的，是保存民族国家唯一现实的机会。首次在科学理论指导下以实现消除阶级剥削、压迫为目标的社会主义革命，创造性地提出了从落后的小农经济占优势的社会过渡到现代社会主义社会的新经济政策。占俄国人口绝大多数的工人和农民第一次摆脱被奴役被剥削地位，成了国家政治生活的主人，在俄国及人类历史上第一次真正实现了社会公正、平等的原则。十月革命后，苏维埃政权加快了工业化步伐，在较短时期内，即在1937年第二个五年计划完成后从一个落后农业国变成了工业国，短期内使俄国成为世界工业强国，向实现现代化迈出了坚实的步伐。

1918年3月3日，苏俄与德国签订《布列斯特和约》后，退出了帝国主义的第一次世界大战。3月9日，第一批英国陆战队就以履行盟国职责，防止德国舰队入侵为由，在苏俄北方重镇摩尔曼斯克登陆。法、美、意的军队也接踵而来。1918年3月9日，协约国开始武装干涉苏俄。日本以保护侨民为名于4月5日出兵占领海参崴。8月，美军也在该地登陆。德国军队则占领波罗的海沿岸地区和乌克兰。旧贵族高尔察克、邓尼金等白卫军对苏维埃政权也发动了进攻。

毛泽东曾在1949年写了一段这样的论述："十月革命一声炮响，给我们送来了马克思列宁主义。十月革命帮助了全世界的也帮助了中国的先进分子，用无产阶级的宇宙观作为观察国家命运的工具，重新考虑自己的问题。走俄国人的路——这就是结论。"可见俄国的十月革命对中国也产生了很大的影响。

十月革命之后，苏俄突破了资本主义一统天下的局面，建立了人类历史上第一个社会主义国家，并成为世界无产阶级革命的基地，这从根本上震撼着世界资本主义体系。在十月革命的影响之下，西方无产阶级革命运动持续高涨，芬兰、匈牙利、德国、意大利和斯洛伐克等资本主义国家的工人革命运动接连不断。与此同时，十月革命的成功也大大鼓舞了世界落后国家人民的反帝斗争。十月革命开创的世界革命运动与民族解放运动的结合在很大程度上影响了20世纪非殖民化运动的进程和方向，在一定时期内使相当一部分新兴国家走上了类似苏联模式的社会主义道路。从此之后，世界上两种不同制度和不同意识形态之间的斗争和竞争深深地影响着世界发展的进程。

经过三年艰苦的国内战争，苏俄政府粉碎了14个帝国主义国家的武装干涉和地主、资本家的武装叛乱，保卫了苏维埃政权。1922年12月30日，苏维埃社会主义共和国联盟正式成立。

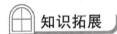

阿芙乐尔号

第三节 为正义而战——第二次世界大战

一、凡尔赛—华盛顿会议

经过四年多的战争，第一次世界大战终于结束。1919年1月18日，在巴黎凡尔赛宫召开了战后协约会议。27个战胜国的代表1000人参加，其中全权代表70人。苏俄没有受到邀请，德国作为战败国也被拒于门外。

早在巴黎和会之前，法国、英国和美国已经表明了对和会的不同目的。法国因深受战争伤害及历史上德国曾数次侵略法国，主张严惩并尽可能地削弱德国；英国出于传统的政策考虑，希望能保持一个相对强大并在经济上能够自立的德国，以保持欧陆均势；美国则希望尽快建立一个能保证长久和平的体系并从该体系中获益，同时主张德国进行战争赔偿。

"法国是这次战争最大的受害者，所以我们理所当然地应该拿更多的战利品。"法国总理克列孟梭对表现出不满的其他国代表说道。

"但我们英国为这次战争出的力可不比你们法国少啊。"英国首相劳合·乔治站了起来，几乎是怒视着克列孟梭。

正当英、法两国吵得不可开交之时，美国总统威尔逊出来打圆场："我们美国可是一分钱不要。你们看这样行不行？法国得56%，英国得28%，利益均沾嘛。"

会议实际都由美、英、法三国代表决定。经过激烈的较量和彼此的妥协，6月28日，各战胜国终于签订了《对德和约》，即《凡尔赛和约》。根据协约国赔偿委员会决定，德国共需赔偿2260亿马克（约合113亿英镑）且以黄金支付。1921年赔偿金额确定为49.9亿英镑，即1320亿马克。除了赔款，德国还损失了10%的领土，12.5%的人口以及所有的海外殖民地。由于大会将战前德国在山东的特权转交给日本，严重损害了中国的利益，中国代表拒绝在《凡尔赛和约》上签字。

在巴黎和会以后，各国列强在欧洲等地区的矛盾暂时得到了缓和，但是其强权政治的霸道措施，未能从根本上协调好各国的争议。和约对德国的苛刻勒索，却埋下了战争的种子。法国陆军福熙元帅在听到签定的和约内容后，就这样评价说："这不是和平，这是二十年休战！"

美国参会的意图很明显，就是想要走向世界，毕竟美国的工业和经济实力已是世界第一；法国只是想要欧陆霸权，而英国要的是殖民霸权和海上霸权以及大陆均势。日本的兴趣点在远东，主要目标是夺取德国在中国山东的租借地和太平洋上的重要岛屿，以确立日本在东亚地区的优势。

一战结束后，帝国主义列强为了争夺海上霸权，掀起了一场如火如荼的海军军备竞赛。美国仰仗自己急速膨胀的工业和金融实力，向世界头号海军强国英国发出了挑战，同时又要限制他国的海军军备。于是，以此为主要议题的华盛顿会议召开了。

1921年11月12日，来自美、英、法、意、日、比、荷、葡和中国的代表齐聚美国华盛顿的独立纪念馆，举行了华盛顿会议。会议有两个主要议题：一是限制海军军备问题，二是远东和太平洋问题。

在华盛顿会议上起主要作用的是美、英、日三国。经过近三个月的明争暗斗，1922年2月6日，华盛顿会议终于宣告闭幕。美、英、日、法、意五国签订《美、英、日、法、意五国关于限制海军军备条约》，通称《五国海军条约》，规定五国主力舰总吨位限额为美、英各52.5万吨，日本31.5万吨，法、意各17.5万吨，即五国的主力舰总吨位比例为5∶5∶3∶1.75∶1.75；并规定了美、英、日要维持太平洋西部区域海军基地现状。这次会议使美国在海军军备上取得了与英国相等的地位，从而标志着英国海上霸权的终结。

当天，与会国签订《九国关于中国事件适用各原则及政策之条约》，通称《九国公约》。实质是确认帝国主义列强在中国实行的"门户开放、机会均等"原则，它结束了第一次世界大战爆发后日本在中国占有的优势地位，使中国再次成为列强共同宰割的对象。关于山东问题，条约规定，恢复中国对山东的主权，中国将其全部开为商埠，并尊重日本在该区域内的既得利益。山东问题得到一定程度的解决，但日本在山东仍继续保持相当大的势力。

华盛顿会议实质上是1919年巴黎和会的继续，因为巴黎和会虽然暂时调整了帝国主义国家在西方的关系，但它们在东亚、太平洋地区的矛盾仍然十分尖锐，日、美之间的矛盾尤为激烈。华盛顿会议的目的是，要解决《凡尔赛和约》未能解决的帝国主义列强之间关于海军力量对比和在远东、太平洋地区特别是在中国的利益冲突，完善第一次世界大战后的帝国主义和平体系。

二、罗斯福新政

1929年10月24日，美国纽约华尔街股票市场突然暴跌，一场资本主义历史上最为严重的经济危机由此引发。股票市场的大崩溃导致了持续四年的经济大萧条，从此，美国经济陷入了危机的泥淖，以往蒸蒸日上的美国社会逐步被商品库存积压、工人失业、商店关门的凄凉景象所代替。

危机导致86000家企业破产，5500家银行倒闭，美国金融界陷入窒息状态，千百万美国人多年的辛苦积蓄付诸东流，失业人数由 150 万猛升到 1700 万以上，占整个劳动大军的 1/4 还多，整体经济水平倒退至 1913 年。农产品价值降到最低点，经营者将牛奶倒入大海，把粮食、棉花当众焚毁的现象屡见不鲜。

富兰克林·罗斯福就是在这种情况下取代了焦头烂额的胡佛，当选为美国第 32 任总统。面对这场严重的经济危机，罗斯福决心领导美国人冲出低谷。他针对当时的实际情况，顺应广大民众的意愿，大刀阔斧地实施了一系列旨在克服危机的政策措施，历史上被称为"罗斯福新政"。

罗斯福新政的主要措施包括：

整顿银行与金融系，下令银行休业整顿，逐步恢复银行的信用，禁止使用美钞兑换黄金，使美元贬值以刺激出口。

调整农业政策，与农场主签订减耕合同，发放经济补贴，限制农产品产量，提高并稳定农产品价格。

颁布《全国工业复兴法》，限制垄断，防止盲目竞争引起的生产过剩，规定了工人最高工时和最低工资，加强了政府对资本主义工业生产的控制与调节，以缓和阶级矛盾。

大力兴建公共工程，推行"以工代赈"，给失业者提供从事公共事业的机会，维护了失业者的自力更生精神和自尊心。这笔钱经过工人的口袋，通过不同渠道和消费又回到了资本家手中，成为以政府投资刺激私人消费和个人投资的重要渠道。

成立急救救济署，为人民发放救济金。政府还建立社会保障体系，通过了《社会保障法》，使退休工人、失业者和子女年幼的母亲、残疾人可以得到补助。

罗斯福新政使美国摆脱了大萧条危机，它基本克服了 20 世纪 30 年代那段最为严重的经济危机，为美国投入第二次世界大战以及战后的快速崛起奠定了坚实的基础。新政的实施为政策的制定提供了宝贵的经验。战后历届美国政府，在 20 世纪 80 年代以前在新的条件下基本上均继承罗斯福的新政措施，采取了不同重点和形式的国家干预经济、调节生产、缓和矛盾等反危机措施。新政开创的福利国家措施至今不失为巩固垄断资本统治的重要手段。罗斯福也因此成为继亚伯拉罕·林肯以后最受美国和世界公众欢迎的总统。

三、战争策源地的形成

《凡尔赛和约》的严酷条款使德国的经济危机格外沉重，德国对第一次世界大战极为怨恨。20 世纪 30 年代，阿道夫·希特勒领导的法西斯政党上台，开始秘密武装德国。德国、意大利与日本相继建立了极富侵略性并反民主的法西斯政权，而且还签订了反共产主义协定。

在世界上，1933 年 11 月，法西斯运动遍及 23 个国家，半年后增至 30 个国家。根本原因：第一次世界大战结束后，帝国主义时代所固有的各种基本矛盾一个也未解决，而又增加了战胜国与战败国的矛盾以及帝国主义战胜国之间的矛盾。法西斯分子上台之后，对内强化法西斯专政，对外积极进行侵略战争，争夺世界霸权，世界再次面临战争的严重威胁。

在亚洲，日本成为发动战争的策源地。公元4世纪，日本出现首个统一政权的大和国，其后于大化革新后确立天皇体制，引入唐朝文化，仿效中国唐朝的政治制度，尝试创建一个律令制的国家。12世纪末，日本开始600多年的幕府时代。1867年，明治天皇整顿内政，富国强兵。一战后短暂经历大正民主时期。到20世纪30年代，日本落入军人控制，实行军国主义。1931年9月18日，"九一八"事变爆发，日本乘机侵占中国东北；1935年，日本发动华北事变，其势力范围扩张到中国华北；1937年，日军又迫不及待地制造了卢沟桥事变，发动了全面侵华战争。中国人民奋起抗日，揭开了世界大规模反法西斯战争的序幕。

在欧洲，德国由20世纪20年代受奴役的战败国演变为最反动的法西斯国家和欧洲战争策源地。1933年，以希特勒为首的德国纳粹党夺取全国政权后，大肆扩军备战，撕毁凡尔赛条约。1938年，德国派兵占领了奥地利。1939年，德国威胁并占领捷克斯洛伐克，随即签订《德苏互不侵犯条约》。对一战之后的分赃深感不满的意大利，其国内法西斯势力也十分猖獗。1935年，意大利入侵非洲的阿比西尼亚；1936年，又联合德国武装干涉西班牙内战。

德、意、日不断扩大的对外侵略，对一战之后的世界格局形成了巨大的威胁，但是由于英、美、法等列强对法西斯本质认识不清，他们希望通过牺牲一些小国的利益来达到利用法西斯进攻社会主义苏联的目的，因此，实施所谓"绥靖政策"。在欧洲，列强希望牺牲奥地利和捷克斯洛伐克，将战争的祸水引向苏联；在亚洲，列强则希望牺牲中国的利益，以换取日本向北进攻苏联。但是，法西斯的最终目标是称霸全世界。随着战争范围和规模的不断扩大，英、美、法列强同德意、日、法西斯的矛盾日益尖锐，这样，由法西斯挑起的许多局部战争逐渐演变为殃及全球的第二次世界大战。

四、大战全面爆发

1939年9月1日，德国出动62个师共160万人进攻波兰，英、法被迫对德宣战，二战全面爆发。此后，德军接连向欧洲西、北和东南方向展开大规模进攻。9月28日，华沙陷落，波兰灭亡。德国利用英、法"幻想等待"，完成了对西线作战的部署。1940年4月9日，德国突袭北欧的丹麦和挪威，将战争的矛头指向英、法，至此，英、法的绥靖政策宣告完全破产。6月，德军占领巴黎，法国投降。7月，德军向英国发动了空中袭击。随着德军在欧洲战场的连连

莱德战场中的士兵

得手，意大利乘机对非洲发动进攻，而日本则实施南进战略，试图建立"大东亚共荣圈"。1940年9月，德、意、日三国在柏林签署了《三国同盟条约》，形成了法西斯轴心国军事同盟。《三国同盟条约》签订后，德国在继续空袭英国的同时，将战火烧到东南欧和巴尔干，罗马尼亚、保加利亚和匈牙利先后加入了三国同盟，而南斯拉夫和希腊则完全为德国控制。到1941年6月，德、意法西斯控制了除英国和苏联以外的整个欧洲。

德军在欧洲战场的连连得手，极大地膨胀了希特勒称霸世界的野心。1941年6月22日凌晨，德国撕毁1938年签订的《苏德互不侵犯条约》，纠集芬兰、匈牙利和罗马尼亚等国，出动550万兵力、近5000架飞机和4000多辆坦克，兵分三路突然向苏联发起全线进攻，企图在三个月内征服苏联，而苏联则仓促准备了2000万名士兵和4000余辆坦克迎战。苏德战争爆发。苏联人民在以斯大林为首的党和政府的领导下奋起反击，开始了卫国战争。

在战争初期，苏联处于防御阶段，因对德国的突然袭击准备不足，加之党内高级军官此前被斯大林以叛党名义清洗，苏军前期作战严重失利。1942年初，苏军在莫斯科保卫战中进行顽强抵抗，粉碎了德军"不可战胜"的神话。1943年2月，苏军取得了斯大林格勒保卫战的胜利，此役苏军歼敌150万人，开始转入战略反攻阶段，从根本上扭转了苏德战争和第二次世界大战的战局。从此，苏德战场的战略主动权完全转入苏军手中。

在亚洲，苏德战争的爆发，使日军解除了北方苏联的牵制，尽管日军并未能彻底击败中国军队，但它还是加快了南进的步伐。1941年12月7日，日军突袭美国海军太平洋珍珠港基地，随后日军攻占了东南亚和西南太平洋各岛，英、美等列强在这一地区的殖民地丧失殆尽。

蒙哥马利

在非洲战场，1942年11月，英军在北非发动阿拉曼战役，将德国军团赶出了非洲。1943年4月，盟军又在突尼斯战役中获胜。5月，北非的25万德意军队投降。在太平洋战场，美军于1943年2月夺占瓜达尔卡纳尔岛，日本从此丧失了在太平洋上的制海权和制空权。1943年7月，盟军在西西里岛登陆。7月25日，意大利发生政变，墨索里尼下台，意大利宣布投降，法西斯轴心国集团开始解体。

1944年，苏军连续对德军进行了十次打击，将德军全部逐出苏联国土并进入东南欧作战，与当地人民的武装斗争配合，推翻了各国的法西斯政权，肃清了其境内的德国军队。为了迅速彻底击败德军，1944年6月，英美盟军在诺曼底登陆，成功地开辟了欧洲第二战场。从此，德军陷入东西两线作战的困境。1945年3月，德国柏林被三面包围。4月30日，希特勒被迫自杀。5月8日，德国正式签署无条件投降书。

欧洲战场结束后，日本法西斯也面临四面楚歌。1945年8月6日和9日，美国先后在日本广岛和长崎投下两颗原子弹。8日，苏军宣布对日作战，并出兵中国东北，与此同时，中国军队也展开了战略大反攻。8月15日，日本宣布无条件投降。

美军占领硫磺岛

至此，世界人民在付出沉重代价之后终于取得了反法西斯战争的胜利，德、日、意等法西斯帝国建立帝国世界、称霸世界的图谋彻底宣告破产。

五、二战后国际秩序的建立

第二次世界大战是一场名副其实的全球战争，先后有六十多个国家和地区参战，波及20亿人口（占当时世界人口的80%），战火燃及欧洲、亚洲、非洲、大洋洲和太平洋、印度洋、大西洋、北冰洋，参战国总兵力超过1亿人。参战国物资总损失价值达4万亿美元，大约有7000万人死亡。

第二次世界大战在给世界带来沉重灾难的同时，大大改变了世界政治格局。大战结束后，资本主义遭到沉重打击，德、日、意三个法西斯国家被彻底击败而丧失了大国地位，英、法等虽是战胜国，但元气大伤，失去了昔日风光。而在第二次世界大战中，美、苏两国的实力却大增，成为世界上两大强国。

战后初期，美国人口仅占世界的6.5%，却拥有全世界大约50%的财富。在军事上，战后美国武装人员总数达到了1250万，拥有1200艘战舰，并拥有原子弹。强大的经济和军事实力，使战后美国成为世界第一强国和资本主义各国的领袖。在世界反法西斯战争中，苏联的国力增长也非常迅速，苏军进驻波、捷、罗、匈、保等东欧和中欧地区，战后苏联武装人员总数达到1200万，其军事实力几乎同美国不分上下。

战后，依照《波茨坦公告》，战胜国分别对战犯进行了审判，并成立了纽伦堡和东京两大国际军事法庭。国际军事法庭在德国纽伦堡经过216次开庭，对24名被告中的22人作了宣判。远东国际军事法庭对东条英机等28名甲级战犯正式起诉，首席检察官基南宣读42页的起诉书，历数了自1928年1月1日至1945年9月2日期间，被告所犯的反和平罪、战争罪和反人道罪等。除了针对德国及日本的纽伦堡和东京审判外，各个同盟国特别是原被占领国均进行了对战争罪犯的审判。

基于第二次世界大战的惨痛教训，根据雅尔塔会议协定，为了维护国际和平与安全，中、英、美、苏、法为首的同盟国在 1945 年 10 月 24 日发起成立了联合国，中、美、苏、英、法成为安理会常任理事国。1948 年以来，安理会共授权进行了 60 余项维和行动。另外，联合国还先后组织制定了从不扩散核武器到和平利用外层空间等数百个国际条约。

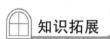

诺曼底登陆

第四节　非直接武装对抗——冷战

一、冷战的到来

在世界反法西斯战争的影响和鼓舞下，东欧和亚洲大陆出现了一系列人民民主国家，在各国共产党的领导下走上了社会主义道路。社会主义力量不断壮大，超出了一国范围，形成了以苏联为首的社会主义阵营。二战后初期，西欧资本主义国家普遍衰落，美国一枝独秀，形成了以美国为首的资本主义阵营。美国对社会主义国家推行霸权主义政策，出现了北约与华约两大军事集团的对峙。

二次世界大战结束后，美国的战略总目标是主宰世界。二战尚未结束时，罗斯福就曾构想战后世界蓝图，其主要的战略构想是大国合作，特别是美苏合作，同时安排战后世界，共同维持战后世界秩序，但是必须由美国充当老大，主宰世界。杜鲁门担任美国总统后，凭借美国作为世界头号强国的地位，公开宣称要"领导世界"，并通过实施霸权主义的政策和手段来追求这一目标，但二战后社会主义力量的壮大引起了山姆大叔的恐慌。

苏联是美国称霸世界的主要障碍，杜鲁门政府对苏联的政策日趋强硬。它的战略构想是摒弃美苏合作，一边搞导弹威胁，一边搞金元外交，使用霸权主义的政治、经济、军事手段，控制其他资本主义国家，争夺亚、非、拉，施压东欧、东亚社会主义国家，遏制苏联，独霸世界。而美国垄断资产阶级要求确保美国的"世界第一，越多越好"的经济利益，这是战后美国最重要的战略利益。

1946 年 2 月 22 日，美国驻苏联大使馆的乔治·凯南发出"八千字电报"，明确提出了遏制苏联的战略理论。随后的九月里，美国总统特别顾问克拉克又向杜鲁门提交了一份题为"美国与苏联的关系"的报告，主张美国应准备与英国及其他西方国家联合起来，努力缔造其想象中的世界，并联合一切反苏力量。这些国家均可得到美国的经济援助和政治支持。这些关于遏制苏联的战略理论被美国决策层采纳，成为美国冷战政策的理论依据。

而苏联在战后初期的战略总目标也是确保头等大国地位和势力范围，巩固苏联在二战中取得的战略利益和势力范围，建立包括东欧在内的保障苏联安全的屏障，增强苏联的国力，扩大苏联的影响，并且发展壮大以苏联为首的世界社会主义体系，推进并领导世界革命。

1946 年丘吉尔访问美国，在这次访问中他发表了著名的铁幕演说："从波罗的海边的什切青到亚得里亚海边的里雅斯特，一幅横贯欧洲大陆的铁幕已经拉下。"1947 年 3 月 12 日，杜鲁门在美国国会两院联席会议上发表咨文，宣称：今日世界的所有国家都面临着对两种不同生活方式的选择，一种是以大多数人的意志为基础的自由制度，另一种是以强加于大多数人的意志为基础的极权政体，而美国政策必须支持那些自由国家人民抵抗武装的少数人。他强调："无论在什么地方，无论直接或间接侵略威胁了和平，都与美国的安全有关。"杜鲁门这篇咨文的发表标志着杜鲁门主义的提出。由此，美国确立了以冷战避免热战、遏制共产主义、稳定资本主义的遏制战略。与以往战争不同的是，美、苏都认为在刚刚经历二战后必须避免双方直接交战，双方都在他国挑起间接的战争对抗，没有一方希望挑动对方直接作战，因为这意味着全面核战争——人类毁灭的危险，双方在这一前提下形成了冷战的态势。

二、美苏抗衡

其实美国和苏联都想"领导世界"。美国要独霸世界，而苏联决不准许美国任意主宰世界。美国要使东欧变成所谓的"自由世界"，而苏联决不容许美国插足苏联的势力范围。美国要关心和扩展它的经济利益，而苏联要担心和保障它的安全利益。美国要在全世界推行资本主义，包括美国的价值观和生活方式；而苏联要在全世界推行社会主义，包括推行无产阶级革命和民族解放运动。

冷战从第二次世界大战结束开始，到 1991 年底苏联解体，冷战正式结束。中国国共内战、朝鲜战争、越南战争、阿富汗战争、中东战争（1947 年 3 月 12 日—1991 年 12 月 25 日）是东西方几个国家发生区域冲突的例子，但是大多数时候只是双方代理人之间的冲突，在这些冲突中，主要强国只是通过资金和武器援助各自支持的国家或组织。这么做就减少了两大阵营冲突的紧张性。

阿姆斯特朗登月

美国与苏联竞争的另一个主要领域就是科学技术,这其中最令人生畏的是军备竞赛,双方囤积了足以让对方毁灭成百上千次的核弹头,并将核弹的打击范围扩大到太空。太空竞赛的唯一积极后果是促进了航天事业的发展,苏联人首次在太空航行,而美国人则抢得了登月的先机。为了完成人类航天这一伟大的事业,双方不断地发展应用最新的科技成果。此外,还包括了双方十分隐蔽的间谍战,和双方的政治宣传战。虽然双方的谍报系统经常采取秘密的暗杀行动,但是由于核武器的威慑,两大阵营一直没有发生全面冲突。当然在当时,人们并不清楚,一个地区性的小规模冲突是否有可能引发核战争,有鉴于此,每一次的冲突都会引发人们极高的关注。这种紧张态势几乎像真正的战争那样改变了全世界所有人的生活。

美苏争霸的历史教训是相当深刻的。各个国家尤其大国应该放弃争夺世界霸权,相互携手合作,维护世界的和平和稳定。各国应该放弃争夺军事优势的做法,这场全面的"东方对西方"的战争并未真正爆发,最大的原因是由于双方都拥有大量的核武器,一旦直接冲突可能导致全人类毁灭,因此双方都尽力避免发生全面的"热"战(相互毁灭),将主要精力和资源用于经济发展和建设,提高以经济和教育实力为核心的综合国力,提高人民的生活水平。

冷战过程及其重大事件

第五节　多股力量的崛起——世界多极化

一、资本主义阵营的分化

经济决定政治。借助第二次科技革命的推动,美国经济迅速发展,取代英国成为世界经济霸主。此后,美国长期保持了世界科技强国的地位。

第二次世界大战后,美国 GDP 总值占世界 GDP 总量曾经超过 50%。美国两度在世界格局中一极独大。在走向多极化的世界经济格局中,美国世界经济霸主地位遭到来自内外两方面的挑战。欧盟经济一体化进程加快,东亚经济合作加强,部分发展中国家经济崛起,都在抵消美国为维持单极化格局付出的努力。在世界经济多极化日趋发展、国际经济竞争日夜加剧、国际政治形势走向缓和的背景下,美国的世界经济霸主地位被动摇。

当今对世界经济全局影响最大的三个世界经济组织是世界贸易组织、国际货币基金组织、世界银行。其中国际货币基金组织、世界银行是 1945 年根据布雷顿森林协议建立的。根据布雷顿森林协议建立了以美元为中心的国际货币体系。虽然 1973 年布雷顿森林体系崩溃，美国的地位相对下降，但其仍然在这些组织中保持核心地位。

欧洲是世界产业革命的摇篮，也是近代许多重大科学技术发明的发源地，但两次世界大战使西欧丧失了世界政治经济中心的地位。在经济的恢复和发展过程中，西欧国家间的联系日益密切，1951 年法、意、荷、比、卢、联邦德国签订《巴黎条约》，决定建立欧洲煤钢共同体，使政治宿敌法、德间的矛盾化解。后来通过《罗马条约》，建立起欧洲原子能共同体和欧洲经济

欧元

共同体。1967 年，三个机构合并为欧洲共同体，欧洲经济实力大增，决定建立欧洲货币体系，并加强政治上的联合。西欧开始摆脱美国的控制，推行独立自主的外交政策，尽量用"一个声音说话"。1993 年，欧洲共同体演化为欧洲联盟，经济货币联盟建设快速发展。2007 年初，欧盟成员国扩大到 27 个。

1994 年 1 月 1 日，欧洲货币局正式成立。1995 年 12 月，马德里首脑会议决定于 1999 年 1 月 1 日正式启动单一货币，并将统一货币定名为欧元。截至 2019 年，欧元区有 19 个成员国，欧元是区内唯一法定货币。

地处东亚的日本曾经是世界第二经济大国，自 2002 年以来日本经济持续增长，至今已超过战后持续时间最长的"伊奘诺景气"（1965 年 11 月至 1970 年 7 月），实现了战后持续时间最长的经济增长。通常认为日本占据世界经济第二强的地位。

二、社会主义阵营的解体

十月革命的胜利，开辟了人类历史的新纪元，证明了在经济文化落后的国家直接走社会主义现代化道路是可能的。但 1991 年 12 月 25 日，克里姆林宫上空的红色苏联国旗在暮色中悄然降下，这标志着苏维埃社会主义共和国联盟的终结。至此，具有 70 余年历史的苏维埃社会主义共和国联盟在戈尔巴乔夫上台后短短几年就在政治剧变和独立浪潮中宣告解体。

导致苏联解体这场悲剧发生的主要原因是苏共的失败。苏共后期部分领导人纵容或直接鼓吹指导思想上的多元化，结果导致党内思想混乱，从而导致了经济的下降、社会矛盾的尖锐、民族的分裂，也为敌对势力和西方思想的渗透打开了大门。高度集中的政治体制存在着许多不利于民主、决策等的因素，国家在经济体制运行上的失效也是苏联

苏联解体

解体的重要原因,民族问题长期得不到妥善解决,解体正是矛盾集聚的结果。

1991年年底,俄罗斯等11个苏联加盟共和国的领导人宣布成立独立国家联合体,苏联不复存在,两极格局也随之瓦解。然而我们也应认识到,苏联的解体,并不意味着社会主义制度的倒退与终结。

1989年至1990年,东欧局势发生了激烈的动荡,急转直下的政局变化,令全世界为之瞠目。在短短两年的时间里,波兰、罗马尼亚、民主德国、南斯拉夫、捷克斯洛伐克等东欧社会主义国家,政权纷纷易手,东欧各国的社会制度也发生了根本性的变化,各国都在寻找自己新的发展之路。

三、第三世界的崛起

第三世界是指亚洲、非洲、拉丁美洲以及其他地区中的发展中国家,这些国家在历史上长期遭受帝国主义和殖民主义的侵略、压迫和剥削,经济上大多比较落后。1952年,法国统计学家和经济学家阿尔弗莱德首先提出"第三世界"这一术语。20世纪70年代,这一术语被广泛应用,与"发展中国家"同义。共同的遭遇和要求使他们意识到只有联合起来,才有力量维护已获得的独立,才能求得共同的发展。第三世界是在二战以后发展起来的,万隆会议、不结盟运动、七十七国集团是第三世界形成和发展的三个标志。

1955年4月18日至24日,29个亚非国家和地区的政府代表团在印度尼西亚万隆召开亚非会议。这是亚非国家和地区第一个在没有殖民国家参加的情况下讨论亚非人民切身利益的大型国际会议。这次会议由于在万隆召开,所以也称万隆会议。

美国为了阻止亚非会议的召开,把矛头首先对准新中国。美国还捏造说中国要"夺取亚非世界领导权",已对远东"构成了尖锐、迫切的威胁",极力挑拨中国与亚非国家的关系,人为制造对中国的恐惧和疑虑。

"不结盟"一词最早可追溯到1954年印度前总理尼赫鲁在斯里兰卡发表的一场演说,中国国务院总理周恩来为处理中、印两国政治分歧所提出的和平共处五项原则(即"互相尊重主权和领土完整、互不侵犯、互不干涉内政、平等互利和和平共处")成为"不结盟运动"的基础。1961年9月,在南斯拉夫总统铁托的努力之下,由埃及、南斯拉夫、印度、印度尼西亚、阿富汗五国发起的第一次不结盟运动首脑会议终于在南斯拉夫首都贝尔格莱德召开,共有25个国家的首脑参与会议并通过了《不结盟国家的国家和政府首脑宣言》,确立了独立、自主、不结盟、非集团的基本原则和宗旨,反对任何形式的"殖民主义、帝国主义和新殖民主义"。这次会议标志着不结盟运动的兴起。

成立于1964年的七十七国集团是由发展中国家组成的政府间国际组织，旨在国际经济领域加强发展中国家团结与合作，推进建立新的国际经济秩序，加速发展中国家经济社会发展进程。它是发展中国家在反对超级大国的控制、剥削、掠夺的斗争中，逐渐形成和发展起来的一个国际集团。

四、多极化的世界

政治是一国根据其本国国情所采取的最为合适的治国方略。政治形式尽管不同，但政治的最终目的是相同的，即体现各国大部分公民的意志和利益，背离大部分公民的意志和利益的政治必然走向衰败。因此，采取何种政治制度，是一个国家根据本国的实际情况决定的，世界上没有哪种政治制度是绝对优秀的，而只有自由、人权与法治在一段时间内相对协调而已。但是，世界经济一体化进程势不可挡，国际间的交往、合作、冲突等日益增多与复杂，世界大战打不起来，但局部战争接连不断（如海湾战争、科索沃战争等）；两大阵营（所谓两大阵营就是社会主义国家阵营和资本主义国家阵营）的对比、大国与小国的对立、南北国家（南指东方不发达国家，北指西方发达国家）、发达与不发达国家之间的冲突，军事的直接或间接对抗，都直接关系到世界政治格局的变化。

随着欧盟东扩，其在国际经济事务中的作用呈现上升趋势，日本经济复苏，东亚经济合作加强，世界政治经济格局呈现出由多个力量（国家）或力量中心（国家集团）不同程度地影响和决定的趋势。在新的世界格局最终定型之前，会有一个较长的过渡期。但是，多极化具有客观必然性，它作为世界格局的一种趋势，不可阻挡。

当今世界正处于一个具有新的历史特点的大发展、大变革、大调整的时期，正处在一个关键的十字路口。中国特色社会主义的成功彰显了人类文明发展的多样性，为人类探索更好的社会制度提供了中国方案，打破了世界对西方发展模式的盲目崇拜和路径依赖，为广大发展中国家摆脱贫困落后的局面做出了示范。中国政府科学把握当今世界发展的总趋势，深刻揭示当今国际关系发展的特征和规律，顺应和平、发展、合作、共赢的时代潮流，高瞻远瞩地提出构建人类命运共同体的重要思想，为促进世界和平与发展，为解决人类社会共同面临的问题贡献了中国智慧和中国方案，为各国抓住机遇共同发展，为解决世界向何处去等问题提供了全新选择，符合世界各国人民的共同利益、整体利益和长远利益。

 知识拓展

"一带一路"倡议

第六节 科技浪潮——快速发展的世界

20世纪四五十年代以来,在科学理论取得重大突破的基础上,一批新兴技术开始兴起,诸如原子能技术、空间技术、电子计算机技术、激光技术等完全是以科学为基础的技术。这些技术的发展,导致了新兴的"知识工业"部门的产生,引起了产业结构的新变化。

一、电子计算机技术

人类计算工具的演化经历了由简单到复杂、从低级到高级的不同阶段,如从"结绳记事"中的绳结到算筹、算盘、计算尺、机械计算机等。它们在不同的历史时期发挥了各自的历史作用,同时也孕育了电子计算机的雏形和设计思路。

计算机俗称"电脑",是20世纪最先进的科学技术发明之一。计算机技术具有明显的综合特性,它与电子工程、应用物理、机械工程、现代通信技术和数学等紧密结合,发展很快。

40年代后期的电子管计算机为第一代计算机。1959年,出现了晶体管计算机,运算速度每秒在100万次以上。1964年达到300万次。60年代中期,出现了许多电子元件和电子线路集中在很小的面积或体积上的集成电路,每秒运算达千万次,它适应一般数据处理和工业控制的需要,使用方便。70年代发展为第四代大规模集成电路,1978年的计算机每秒可运算1.5亿次,80年代发展为智能计算机,90年代出现光子计算机、生物计算机等。大体上每隔5~8年,计算机的运算速度提高10倍,体积缩小9/10,成本降低9/10。

计算机既可以进行数值计算,又可以进行逻辑计算,还具有存储记忆功能,是能够按照程序运行,自动、高速处理海量数据的现代化智能电子设备。其应用领域从科学计算、事务管理、过程控制逐步走向家庭。

随着电子计算机技术的普及,越来越多的人会使用计算机。特别是"上网"已经成为人们获取信息、进行交流的重要手段,给全世界带来了非同寻常的机遇。人类经历了农业社会、工业社会,当前正在迈进信息社会。信息作为继材料、能源之后的又一重要战略资源,它的有效开发和充分利用,已经成为社会和经济发展的重要推动力和取得经济发展的重要生产要素,它正在改变着人们的生产方式、工作方式、生活方式和学习方式。

使用互联网可以将信息瞬间发送到千里之外的人手中,它是信息社会的基础。互联网能够不受空间限制来进行信息交换,信息交换能以多种形式存在(视频、图片、文字等),信息交换的发展趋向于个性化(容易满足每个人的个性化需求),因此使用者众多。

全球互联网自20世纪90年代进入商用以来迅速拓展，已经成为当今世界推动经济发展和社会进步的重要基础设施，迅速渗透到经济与社会活动的各个领域，推动着全球信息化的进程。

二、其他技术

原子能，又称"核能"，是人类历史上的一项伟大发现，这离不开早期西方科学家的探索发现，他们为核能的应用奠定了基础。质能关系式的提出、核蜕变的研究，使20世纪初的许多科学家认识到原子里蕴藏着极大的能量。

19世纪末，英国物理学家汤姆逊发现了电子。

1895年，德国物理学家伦琴发现了X射线。

1896年，法国物理学家贝克勒尔发现了放射性。

1898年，居里夫人与居里先生发现了新的放射性元素钋。

1902年，居里夫人经过三年又九个月的艰苦努力发现了放射性元素镭。

1905年，爱因斯坦提出质能转换公式。

1914年，英国物理学家卢瑟福通过实验，确定氢原子核是一个正电荷单元，称为质子。

1935年，英国物理学家查得威克发现了中子。

1938年，德国科学家奥托·哈恩用中子轰击铀原子核，发现了核裂变现象。

1942年，美国芝加哥大学成功启动了世界上第一座核反应堆。

核能是人类最具希望的未来能源之一。重元素的裂变技术，已得到实际性的应用；而氢元素聚变技术，也正在积极研究之中。大批科学家开始了和平利用原子能的研究，医疗卫生、食品保鲜、原子能发电等是原子能应用的重要领域。

1957年10月4日，苏联成功发射了世界上第一颗人造地球卫星，这标志着人类跨入了航天时代。由此兴起的航天技术在以后的近半个世纪里获得了迅速发展。航天技术的发展正在使人类挣脱地球引力的羁绊进入广袤无垠的外层空间。

1917年，爱因斯坦在用统计平衡观点研究黑体辐射的工作中得出一个重要结论：自然界存在着两种不同的发光方式，一种叫自发发射；另一种叫受激发射。激光由于具有方向性好、亮度高、单色性好等特点而得到广泛应用。激光加工是激光应用最有发展前途的领域之一。

生物技术是人们利用微生物、动植物体对物质原料进行加工，以提供产品来为社会服务的技术。生物技术的核心是基因工程。破解人类自身基因密码，有利于促进人类健康、预防疾病、延长寿命，其应用前景是极其美好的。医生会根据各人不同的基因序列给予因人而异的健康指导，使其养成科学合理的生活习惯，最大可能地预防疾病。

基因工程是指按照人们的愿望，进行严格的设计，并通过体外DNA重组和转基因等技术进行改造和重新组合，然后导入微生物或真核细胞内，使重组基因在细胞内表达，产生出人类需要的基因产物，或者改造、创造出具有新特性的生物类型。

国家空间站

第三次科技革命，不仅推动了社会生产力的发展，而且也造就了一代新人与之相适应，使人的观念、思维方式、行为方式、生活方式逐步走向现代化。第三次科技革命，使得科学技术水平大幅度提高，为世界文化的发展提供了雄厚的物质基础，并使得全球的文化联系越来越密切，全球的现代化呈现出多元化的特点。

科技革命的发展扩大了人类改造自然的活动领域，提高了人类与自然和谐共处的能力，从而把人类社会的物质文明和精神文明推进到一个前人无法想象的新高度。

 知识拓展

克隆羊多利

 评述与思考

1. 萨拉热窝事件发生后，为什么全世界有这么多国家卷入其中，并为此不惜一切代价大动干戈呢？
2. 俄国革命为什么能取得成功？
3. 议一议：美国万般阻挠，竭力阻止亚非会议的召开，中国是如何破除僵局的？
4. 基因工程的前景如何？

【推荐阅读书目】

① ［英］戴维·雷诺兹：《大英帝国与第一次世界大战》，中国友谊出版公司，2019年。

② 程兆奇著：《东京审判》，上海交通大学出版社，2017年。